LE PARTAGE DE L'AFRIQUE

FACHODA

par

GABRIEL HANOTAUX

de l'Académie Française

L'Afrique Française

LE PARTAGE DE L'AFRIQUE

FACHODA

*Il a été tiré, de cet ouvrage,
quinze exemplaires sur papier de Hollande.*

DU MÊME AUTEUR

*Études historiques sur le XVI⁰ et le XVII⁰ siècles en
  France.* Hachette, in-12. Prix . . . . 3 fr. 50
Henri Martin : sa vie, ses œuvres, son temps. Léopold
  Cerf, in-12. Prix. . . . . 3 fr. 50
Histoire du Cardinal de Richelieu, gr. in-8⁰, ouvrage
  qui a obtenu le grand prix Gobert (1896), t. I et
  t. II. Firmin Didot. Le volume . . . . 10 fr.
Le Tableau de la France en 1614. Firmin Didot, in-12.
  Prix . . . . 3 fr. 50
L'affaire de Madagascar. Calmann-Lévy, in-12.
  Prix. . . . . 3 fr. 50
L'Énergie française. E. Flammarion, in-12. Prix. . 3 fr. 50
La Paix latine. 1 volume in-18. Société d'Édition
  contemporaine. Prix . . . . 3 fr. 50
Du choix d'une Carrière. 1 volume in-18. Flamma-
  rion . . . . 3 fr. 50
Histoire de la France contemporaine. 4 volumes in-18.
  Société d'édition contemporaine. Prix . . . . . 30 fr.

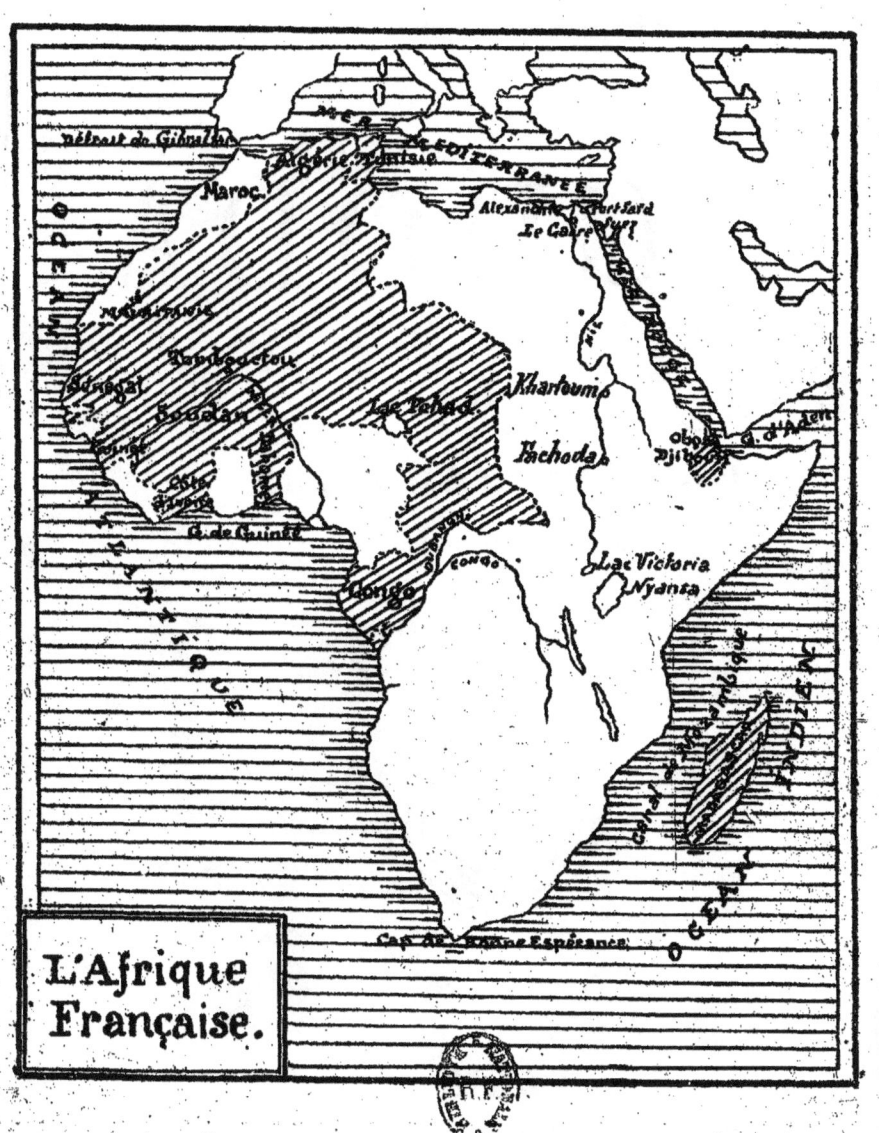

LE PARTAGE DE L'AFRIQUE

FACHODA

PAR

GABRIEL HANOTAUX

DE L'ACADÉMIE FRANÇAISE

PARIS
ERNEST FLAMMARION, ÉDITEUR
26, RUE RACINE, 26

Droits de traduction et de reproduction réservés pour tous les pays
y compris la Suède et la Norvège.

AVERTISSEMENT

Le présent volume est consacré au rôle de la France dans l'œuvre internationale qui consomma, à la fin du XIX⁰ siècle, le partage de l'Afrique.

Cette histoire n'a pas encore été écrite : j'offre ce livre à ceux qui l'écriront comme une contribution émanant d'un acteur et d'un témoin.

Une partie importante de ma vie publique s'est consacrée aux questions coloniales : à ses débuts, auprès de Jules Ferry, elle avait reçu les premiers enseignements, la doctrine, et collaboré aux premières entreprises.

Après la chute de l'illustre initiateur, il y eut, pendant cinq ans environ, une période de rémission dans l'expansion française : mais à partir de 1889, la crise du boulangisme passée, la France se remit avec ardeur à l'œuvre coloniale.

Nommé, à cette époque, par M. Spuller, chef du service des protectorats au ministère des Affaires Étrangères, en cette qualité d'abord, puis comme directeur, puis comme ministre, je m'attachai à ces questions. C'est à ces titres divers que j'ai pris part aux nombreuses négociations qui ont consacré l'expansion française dans les diverses parties du monde.

Tandis qu'au ministère des Colonies, M. Étienne et son école dirigeaient la tâche laborieuse de l'établissement et de la conquête, tandis que les sociétés et les comités d'initiative, la Société de Géographie, la Société de géographie commerciale, l'Afrique Française, entretenaient le feu sacré, tenaient le public en haleine, provoquaient les collaborations et les concours, saluaient au départ et au retour les champions et les héros, le ministère des Affaires étrangères avait pour mission de veiller aux contacts soit avec les puissances voisines, soit avec les populations lointaines, et, quand les résultats paraissaient acquis, de les saisir et de les fixer dans des actes définitifs.

Double tâche où la difficulté s'accroissait encore d'une sorte d'inquiétude permanente de l'opinion.

Il s'agissait d'ouvrir le monde à la pénétration française sans provoquer des résistances trop graves et sans réveiller des oppositions trop redoutables. Il fallait, avant tout, ménager les intérêts vitaux de la métropole dans ses relations générales, ne jamais perdre de vue la frontière continentale quand on étendait au loin, jusqu'à la rompre, la ceinture extraterritoriale, agir sans brusquer, gagner sans risquer.

Le parlement était à la fois ardent et timoré, l'opinion toujours exigeante, mais vite désemparée. On l'avait senti après Langson, le pays se fût facilement irrité contre une entreprise, dont il avait peine à discerner les avantages éloignés, si elle lui eût imposé des sacrifices excessifs ou si elle l'eût exposé à des aléas disproportionnés.

Pour les concurrences européennes, nous les avons devancées grâce à la prescience de Jules Ferry, et grâce à une persistante harmonie dans l'action et la négociation. Soldats, coloniaux, diplomates, tous s'élançaient avec une même ardeur et une même foi vers un objectif unique : quand ces belles collaborations se produisent en France, les qualités de la race emportent aisément le succès !

Les résistances lointaines se sont inclinées devant l'autorité d'une grande nation et la valeur de ses soldats. En Afrique, notamment, il n'y eut, à proprement parler, de campagne militaire qu'au Dahomey, au Soudan et à Madagascar, — toutes infiniment moins importantes que les campagnes initiales d'Algérie et de Tunisie. Ces opérations n'ont jamais exposé la sécurité de la métropole. Que de territoires immenses n'ont connu d'autre emprise que le passage de quelque mission !

Depuis dix ans, l'œuvre est accomplie. La France a maintenu son rang parmi les quatre puissances mondiales. Elle est chez elle sur tous les continents. On parle et on parlera toujours la langue française en Afrique, en Asie, en Amérique, en Océanie. L'erreur du dix-huitième siècle a été, autant que possible, réparée. Des germes d'empires sont semés sur toutes les parties du globe. Ils grandiront à la grâce de Dieu!

Le pape Léon XIII avait applaudi à la campagne du général Duchesne. Quand celui-ci fut de retour en Europe, le Souverain Pontife demanda qu'il vînt à Rome; il disait : « Je veux voir un vainqueur! »

*Le présent volume, complétant celui que j'ai consacré à l'*Affaire de Madagascar, *traite spécialement de l'expansion française en Afrique, de 1890 à 1898.*

Deux études, parues dans la Revue de Paris *et qui présentaient au public, dès 1896, les précédents de la question africaine et les grandes lignes entrevues déjà, du « Partage de l'Afrique »; un récit de la « Négociation Africaine » qui aboutit d'abord à la « Convention de juin 1898 », puis à « l'Incident de Fachoda »; des vues sur « l'Avenir de l'Afrique », développées au Congrès d'Oran en 1902; enfin des études particulières sur certains incidents de la conquête française, des croquis* pris sur les lieux, des récits de voyages dans l'Afrique du Nord, cet ensemble, achevant le cycle commencé dans l'**Energie française** et dans la **Paix latine**, forme le corps de l'ouvrage. Il sert, en quelque sorte, de soubassement au recueil des Conventions Africaines, recueil qui achève le volume.

Ainsi, on voit s'ébaucher, peu à peu, les traits de la nouvelle France Africaine. Le lecteur assiste à la fabrication de l'image depuis les conceptions initiales jusqu'à la fonte dans la matière dure des traités. Théorie et pratique, action et réflexion, méthode et exécution, les divers procédés qui aboutissent au résultat sont exposés ici avec une sincérité absolue, puisque le tableau n'est qu'un décalque des événements. Ce livre est un document. Les faits seuls y parlent et c'est eux qui l'ont dicté.

On trouvera, peut-être, dans les pages qui vont suivre, des traits trop fiers de cet optimisme volontaire avec lequel j'ai toujours envisagé et je continue à envisager les affaires de France. Je ne suis pas un geignard; sur les ruines, je lutterais encore.

L'histoire est un puissant cordial. Du suc du passé elle refait sans cesse de la foi : expérience, espérance !

L'humanité en a tant vu, et elle progresse ! La France a si souvent erré, et elle retrouve ses voies !

En marche dans la nuit, la voyageuse séculaire devine, à l'ourlet lumineux de la montagne, l'aube qui va se lever. Elle reprend vie et force à l'heure qu'on croit qu'elle tombe.

Il suffit qu'elle sache ce qu'elle a à faire pour qu'elle le fasse. Donnez-lui un idéal; elle s'y porte avec une fougue pareille à celle des anciens âges.

Si nos pessimistes avaient assisté au départ de ces jeunes gens qui allaient chercher une mort sans gloire dans des marais sans nom, ils seraient plus indulgents pour ce brave peuple.

Le XIXe siècle a légué au XXe siècle l'œuvre coloniale. Des premiers efforts, il ne restera rien que de noble, et le spectacle des progrès accomplis dores et déjà nous permet d'espérer que l'avenir dépassera notre rêve.

Qui regrettera que plus de France ait été répandu dans l'Univers?

G. H.

[Juin 1909.]

LE
PARTAGE DE L'AFRIQUE

CHAPITRE PREMIER

LES RÉSISTANCES ET LA PÉNÉTRATION

Ceux qui appartiennent à ma génération ont appris la géographie en un temps où elle était beaucoup moins compliquée qu'aujourd'hui. On pouvait être un homme éclairé, il y a quarante ans, et s'en tenir à des notions très vagues sur les parties du monde autres que l'Europe ou qui ne sont pas situées dans son voisinage immédiat. L'Afrique, notamment, exception faite pour ses rivages méditerranéens, était presque entièrement ignorée. Elle est apparue, elle a surgi du fond de l'inconnu, sous nos yeux, comme un monde nouveau.

Oh ! les rudimentaires et discrètes cartes de l'atlas Dussieux, où l'imagination de notre enfance errait parmi les espaces immaculés des déserts et des *terræ incognitæ !* Seule, la chaîne des montagnes de la Lune les parcourait de sa chenille incertaine, et le bon cartographe, élève docile des Hérodote et des Ptolémée, la prolongeait, négligemment, des bords du Niger aux confins du Zanguebar.

Peu à peu, la carte de l'Afrique s'est meublée jusqu'à l'encombrement. Doublée, quadruplée, décuplée, elle est toujours trop étroite. Le burin du graveur la couvre de tailles pressées, la raye de lignes sans nombre, la sème de pointillés qui s'entrecroisent suivant les routes des voyageurs, la peuple des noms naïfs qui distinguent confusément les tribus innombrables. Elle est rudimentaire encore, mais attirante dans sa diversité, tout autant qu'elle était énigmatique et troublante dans son mystère vide et inviolé.

Hier encore, la diplomatie l'ignorait. Elle doit, maintenant, en connaître tous les recoins. Ce n'est plus le temps où un bon « premier commis » des Affaires étrangères était en droit de se tenir pour satisfait, quand, l'œil fixé sur le dédale de la Confédération germanique, il avait rempli sa tâche s'il en avait scruté journellement les détours.

Le bon M. Desages, directeur politique sous M. Guizot, et dont un beau portrait de Chassériau a fixé le profil d'oiseau interrogant, vivait dans une heureuse insouciance de ces questions lointaines, et j'ai connu, moi-même, lorsque je suis entré au quai d'Orsay, les derniers représentants d'une école diplomatique qui ne voyait, dans l'aube naissante de la politique internationale africaine, qu'un mirage décevant.

Avaient-ils tort, avaient-ils raison ? Question qu'il est permis de se poser encore, mais dont il est impossible de ne pas rechercher ardemment la solution. Car ce n'est pas seulement en France que ces problèmes sont à l'ordre du jour. Les diplomates de l'Europe entière ont suivi les géographes, qui marchaient eux-mêmes sur les pas des voyageurs. Le pays, à peine découvert et figuré, est circonscrit et divisé. Sur cette terre, bientôt trop étroite, les derniers territoires vacants sont disputés avec acharnement, et les puissances européennes, au fur et à mesure que l'Afrique apparaît, la partagent entre elles, sans plus attendre.

Cette besogne de prévoyante mainmise est la tâche diplomatique la plus importante de ce quart de siècle. Les ramifications infinies des questions coloniales se mêlent aux difficultés diplomatiques courantes et les embrouillent encore.

Militaires, commerçants, explorateurs, missionnaires, statisticiens, sociologues, simples curieux, poètes, rêveurs, — rêveurs surtout, — tout le monde est pris dans l'engrenage. Que dis-je? Les gens de sang-froid et d'esprit positif ne sont pas ceux qui se livrent, en ces matières, aux spéculations les moins hardies, et la sagesse elle-même se doit de ne pas les traiter avec dédain. Qui voudrait courir le risque du mot si prudent, — si imprudent, — de Voltaire sur les « quelques arpents de neige du Canada »?

Le malheur est, qu'en raison de cette précipitation universelle, et par une sorte de nécessité urgente, on se hâte de conclure avant d'avoir appris et étudié.

Dans l'espèce d'ignorance à demi éveillée où nous sommes encore, au sujet des questions africaines, il est aussi difficile de se taire sur elles que d'en parler avec compétence. Les spécialistes, gens exacts et minutieux, se sont à peine mis en route; ils viennent seulement de lacer leurs souliers que, déjà, les hommes d'imagination et les hommes d'action les ont dépassés. La Science de l'Afrique n'est pas faite. Il faudra des années, je ne dis pas seulement pour l'achever, mais même pour en déterminer les principes et en jeter les bases.

En attendant, au milieu de la concurrence générale, il faut se hâter, marcher sur des notions insuffisantes, avec le risque des généralisations hasardeuses, des affirmations trop promptes, des solutions trop vastes, — mal étreintes.

Il y a là, pour ceux qui aiment la clarté, la précision, la méthode, une inquiétude véritablement douloureuse. Les doutes assaillent l'esprit; on voudrait pouvoir les éclaircir : ils s'obscurcissent encore, dès qu'on approche.

Il faut donc se contenter de peu. Peut-être même suffirait-il pour le moment de définir quelques-uns des problèmes qui se posent devant l'homme public. Rien qu'en déterminant nettement leur formule, on aura fait quelque chose pour leur solution.

C'est dans cette pensée que j'ai été amené à rédiger les pages qui vont suivre. On y trouvera comme une sorte d'enquête sur des sujets déjà touchés par la politique, et qu'il est permis aux loisirs de l'étude de reprendre et de compléter. Est-il besoin d'ajouter que ces développements sont semés, d'avance, de toutes les réserves et de tous les *peut-être* dont un homme de bonne foi, abordant un tel sujet, emporte naturellement avec soi une inépuisable provision?

I

POURQUOI LA COLONISATION DE L'AFRIQUE A-T-ELLE ÉTÉ SI TARDIVE?

On ne peut que s'étonner du long temps que l'Afrique a mis à entrer dans le courant général de la civilisation.

C'est la partie du monde la plus voisine des lieux où le signal a été donné. Que dis-je? l'Afrique a vu, probablement, le premier grand empire civilisé : Thèbes aux cent portes était une ville magnifique avant Homère. Les très anciens Pharaons ont remonté le Nil et semé la Nubie de leurs édifices immortels, à des époques où l'Europe était encore plongée, pour des siècles, dans la barbarie. La côte septentrionale de l'Afrique est baignée par les eaux bleues de cette Méditerranée d'où la culture antique a rayonné sur l'univers.

Or, l'Europe, si voisine de l'Afrique et qui n'en est séparée que par ces flots, qui, selon le mot de Michelet, n'éloignent pas, mais rapprochent, l'Europe s'est découverte et civilisée elle-même; l'Europe a découvert et civilisé les deux Amériques; remontant vers l'Orient, elle a conquis les Indes, entamé la Chine et le Japon, transformé à son image les grandes îles de l'Océanie; partout le marchand et le missionnaire se sont installés et ont fait leur œuvre. L'Afrique seule, pendant de longs siècles, est restée rebelle à toute pénétration. Pourquoi?

Et l'on ne peut pas dire, pourtant, que la conquête de l'Afrique ait été volontairement négligée par les peuples qui ont travaillé à l'aménagement général du monde. Ils se sont, au contraire, appliqués, à diverses reprises et avec une grande énergie, à la tâche de la colonisation africaine. Mais ils ont toujours échoué ou n'ont produit que des œuvres éphémères.

Seule, l'entreprise des Pharaons a, jusqu'à un certain point, réussi. La fissure que le Nil enfonce dans le continent africain les a portés jusqu'à l'antique Méroé. Les rois de la période Thébaine ont soumis ou refoulé dans le désert les tribus errant dans la région des cataractes.

Il fut un temps où « toute la vallée du Nil, depuis l'endroit où il quitte les plaines d'Abyssinie pour entrer dans le lit étroit qu'il s'est creusé au milieu du désert, jusqu'à l'endroit où il se décharge dans la Méditerranée, ne forma qu'un seul empire, habité par un seul peuple, parlant la même langue, adorant les mêmes dieux et obéissant au même souverain (1). »

(1) Maspero.

Au delà, le pays des fables commençait. C'était l'Éthiopie, la contrée de Napata, où les hommes vivaient cent vingt ans, où l'or était si abondant qu'il servait aux usages les plus vulgaires, où les vivres et les mets les plus recherchés étaient toujours servis à la portée de tous, dans une grande prairie voisine de la capitale.

Ce pays de Cocagne avait tenté Cambyse, mais sa campagne, entravée, comme toutes les campagnes africaines, par les difficultés de l'approvisionnement, échoua misérablement, et n'a laissé dans la mémoire des hommes que le souvenir d'un immense désastre.

L'Abyssinie n'a voulu devoir sa civilisation rudimentaire qu'à elle-même. Elle a formé, de tous temps, sur les flancs de la vallée du Nil, une barrière de montagnes que les plus vigoureux conquérants n'ont pas su franchir.

Les Phéniciens ont semé toute la côte septentrionale de l'Afrique de leurs entreprenants *emporia*. L'Hercule tyrien a franchi les colonnes. Il a certainement contourné la bosse occidentale, a parcouru les côtes de la Guinée et s'est enfoncé, peut-être, jusqu'à Fernando-Pô. On peut admettre que le périple de Néchao a réellement eu lieu.

En tout cas, par la côte orientale, les commerçants phéniciens, convoyés probablement par les navigateurs de l'Arabie, ont franchi le cap des Aromates, et se sont aventurés dans la mer Australe pour rapporter les trésors d'Ophir, la poudre d'or, les bois précieux, les singes, les perroquets.

Prolongeant les longues étapes, séjournant sur les côtes, l'hiver, pour attendre une récolte qu'ils avaient semée et s'enfoncer plus au sud, les marins de l'antiquité ont longé le pays de Sofala et entrevu la grande île Ménouthesias « éloignée de la terre ferme d'environ

300 stades, aux rives basses et pleine d'arbres, dans laquelle sont des rivières et plusieurs sortes d'oiseaux, des tortues de montagnes et où il n'y a aucune bête féroce, si ce n'est des crocodiles ».

Au delà, ils ont fréquenté le marché de l'Azanie appelé Rhapta... « Après ces lieux, ont-ils rapporté, l'Océan qui n'a pas été navigué tourne vers le couchant et, longeant, au midi, les côtes situées à l'opposite de l'Éthiopie, de la Lybie et de l'Afrique, il se joint à la mer Occidentale »...

Certes, ces navigateurs étaient entreprenants et même téméraires. Ils n'ont pourtant pénétré nulle part dans l'intérieur des terres, et leurs explorations n'ont fait qu'effleurer les rives du mystérieux continent (1).

Sur la côte Méditerranéenne, les Phéniciens avaient fondé la plus illustre de leurs colonies : Carthage. La plus grande ville de commerce et d'échanges du monde antique était située sur le sol africain. Mais l'Empire punique a toujours tourné le dos au continent et le visage à la Méditerranée. Ses conquêtes dans l'intérieur n'ont été ni profondes, ni durables. Bornant ses ambitions à la domination de la mer, il a péri le jour où elle lui a été ravie.

Les Romains étaient d'autres maîtres, du moins en ce qui touche à l'action militaire et à l'administration. *Le monde connu des anciens* n'a pas lassé le vol des légions : elles en ont reculé les bornes. De la Grande-Bretagne jusqu'à l'Euphrate, tout a été parcouru, hiérarchisé, organisé.

Pourtant, quelle étroite bande forment, au nord de de l'Afrique la Mauritanie tingitane, la Mauritanie césarienne, les provinces de Numidie et d'Afrique, la

---

(1) Voir l'excellent livre du capitaine de vaisseau Guillain, *Documents sur l'histoire, la géographie et le commerce de l'Afrique orientale*. Paris, 1856, in-8°.

Cyrénaïque ! D'un seul côté, l'Empire romain fait une pointe vers le sud et c'est dans cette Egypte où les conquêtes des Pharaons ont tracé le chemin à la domination des Césars. Rome n'a pas été plus apte que Carthage à fonder des établissements durables dans cette Afrique dont ses poètes et ses hommes d'État célébraient, à l'envi, les richesses inépuisables et la ténébreuse horreur (1).

La conquête islamique, s'installant dans les cadres que Rome avait établis, ne fit rien qu'y détruire brutalement les germes répandus sur la côte septentrionale. Ce débordement de l'Asie sur l'Afrique fut un renfort inattendu que la barbarie opposait à la civilisation.

---

(1) Il ne semble pas, d'ailleurs, que Rome se soit lancée sans hésitation dans la politique coloniale : « L'Afrique paraît les avoir encore moins tentés (les Romains), que tout le reste. C'était une terre lointaine, dont la mer les séparait, une mer terrible, *mare sævum*... Les habitants aussi leur inspiraient peu de confiance... Il est probable qu'ils éprouvaient, pour la terre africaine, les sentiments qu'exprimait plus tard Salluste à la vue de ces plaines sans eau et de ces montagnes sans arbres. Appien imagine qu'une discussion s'éleva dans le Sénat après la défaite d'Hannibal, pour savoir ce qu'on ferait de l'Afrique qu'on venait de vaincre, et que, comme on désespérait d'en tirer un profit certain, on laissa subsister Carthage... Il ne manqua pas de politiques qui auraient bien souhaité qu'on pût répudier l'héritage. Cette opinion persista longtemps encore et, sous Trajan, un historien latin qui se croit un sage (Florus) se demande sérieusement s'il n'aurait pas mieux valu que Rome n'occupât jamais ni la Sicile, ni l'Afrique. » — G. Boissier, *l'Afrique romaine* (p. 83).

On connaît les plaintes que Lucain met dans la bouche des soldats de Caton, faisant campagne en Afrique :

« ... *Nil, Africa, de te*
Nec te, natura, queror; tot monstra ferentem,
Gentibus ablatum dederas serpentibus orbem;
Impatiensque solum Cereris, cultore negato,
Damnasti, atque homines voluisti deesse venenis. »

(L. IX, v, 854 et suiv.)

Quand le moyen âge fut fini, et que les peuples européens se remirent en route pour la conquête du globe, leur première préoccupation fut encore l'Afrique. Dès la fin du quatorzième siècle, les marins dieppois allaient, de gîte en gîte, faire du commerce jusque dans le golfe de Guinée. Mais leurs entreprises furent abandonnées parmi les désastres de la guerre de Cent ans, et le souvenir même s'en perdit.

Les peuples de l'Europe méridionale se mirent, à leur tour, à chercher la route de l'Inde par la voie des périples africains. Ils la cherchèrent et ils la trouvèrent. Je ne sais pas de roman plus émouvant que celui des découvertes et des conquêtes portugaises dans l'océan Indien.

C'est d'abord, comme point de départ magistral, le plan, le programme le plus large, le plus simple, le plus judicieux, nettement conçu par l'un des plus grands hommes qu'ait connus l'Europe, Dom Henri, fils de Jean Ier; une volonté intelligente et consciente d'elle-même, soutenue, bientôt, par la plus tenace énergie dans l'exécution et dévouant une vie entière à la poursuite d'une de ces idées passionnées, si je puis employer cette expression, comme l'Afrique en inspire encore de notre temps; puis, le bonheur des circonstances qui mettent à la disposition de ce prince des hommes d'action vigoureux, indomptables, dignes de lui; les incertitudes et les terreurs des premières campagnes, alors que les périls les plus proches paraissaient les plus redoutables; les battements d'ailes inquiets des « blanches caravelles », perdues sur l'océan inconnu; la vue, au loin, sur l'horizon, d'un point noir obstiné, que l'on finit par approcher et qui n'est rien autre chose que *Madère*, « la boisée ».

Après un temps d'arrêt de quinze ans, le cap Bojador

franchi, puis le cap Blanc, puis Sierra-Leone, tout cela se déroulant lentement devant des capitaines qui longent les côtes et qui se hâtent de revenir, surpris de ce qu'ils ont vu, inquiets de ce qu'ils croient deviner. En raison de cette timide audace, Dom Henri, au bout de cinquante ans d'efforts, mourant avec la certitude de l'existence d'un monde nouveau, mais seulement avec l'intuition des immenses espaces et des grandes aventures qui vont s'ouvrir devant ses successeurs.

Une nouvelle interruption, et puis Jean II reprend, sur des bases plus larges, le plan de son oncle, dom Henri : alors c'est la belle audace de Barthélemy Diaz qui quitte la côte, se lance droit devant lui, décidé à naviguer tant qu'il y aura de la mer ; porté au sud, par un de ces coups de vent dont le conteur de *Sindbad le marin* a dit les terribles angoisses, il se trouve très loin de l'Équateur, sous un ciel nouveau ; jeté à l'est, ramené vers l'ouest, il aborde enfin à une terre inconnue qui n'est rien moins que la côte orientale de l'Afrique, bien au delà du cap des Tempêtes qu'il ne découvre qu'à son retour et que le roi de Portugal baptise bientôt d'un nom de meilleur augure : le cap de Bonne-Espérance.

Après la découverte, la conquête : les exploits de Vasco de Gama, ceux d'Almeïda, ceux d'Albuquerque ; ces flottes sans cesse armées, lancées dans cet océan inconnu, et revenant surchargées du poids des découvertes nouvelles; toute la côte orientale d'Afrique parcourue, soumise, toutes les îles africaines conquises, l'importante installation d'Hormouz à l'entrée du golfe Persique, l'Inde, les îles de la Malaisie, la Chine, le Japon !...

Quel rêve que l'édification instantanée de ce vaste empire commercial, qui a son centre dans la péninsule indienne à Goa, Calicut et Cochin et qui, de là, rayonne sur les rivages de cette immense mer nouvelle, domine les peuples les plus divers, se heurte aux rivalités les plus redoutables, déplace l'axe du monde, annihile la Méditerranée, prend l'islamisme à revers, semble appelé aux plus vastes et aux plus nobles destinées... et qui s'écroule aussi rapidement qu'il s'est construit, succombant sous le poids de son immensité même, atteint par l'invraisemblance et la rapidité de ses succès, par la folie de ceux qui, après les premières heures d'enivrement, auraient dû le soutenir, non par la violence, la rapine et la persécution, mais par l'énergie calme et réfléchie, la raison prudente, tolérante et prévoyante.

Deux siècles écoulés, il disparaît et, en Afrique du moins, il ne laisse que des vestiges. Les Portugais ont occupé, parfois développé, trop souvent détruit les établissements maritimes que les Arabes avaient fondés avant eux et où ces mêmes Arabes devaient les remplacer ; mais leur politique, muette et jalouse, n'a rien créé.

Ils n'ont pas davantage pénétré dans l'intérieur. C'est à peine si, allumés par la soif de l'or, ils ont essayé de conquérir le royaume fabuleux et surfait du Monomotapa qui domine ce pays du Rand, où l'avidité moderne ne fait que suivre les traces de la rapacité ancienne. Les expéditions lancées vers l'intérieur jusqu'à Sena, jusqu'à Tété, en somme n'aboutissent pas. Les maîtres de la côte doivent se contenter d'exercer, au dedans, une suzeraineté plus ou moins consentie ; l'éphémère grandeur de leur empire colonial a essayé en vain de forcer ce continent rebelle, fermé pour eux comme pour tous les conquérants qui les avaient précédés.

Il en est de même pour ceux qui viennent à la suite et à l'imitation des Portugais. L'Afrique les repousse ou les rejette. Les comptoirs se multiplient sur les côtes ;

L'Espagne, la France, la Hollande et, — la dernière venue, celle qui recueillera, sur bien des points, la moisson semée par d'autres, — l'Angleterre rivalisent. Mais ces établissements ont toujours quelque chose de précaire et de provisoire.

C'est un vaisseau qui jette l'ancre et repart ; c'est un ponton démâté qui s'accote au rivage et sur lequel les indigènes apportent leurs produits ; c'est un cabacérès métis qui draine, du dedans, les précieuses épices, pour les troquer contre les produits européens.

On s'en tient là. L'expérience semble dégager, peu à peu, la loi de la colonisation africaine, telle qu'elle sera, dit-on, formulée de notre temps par un homme d'État illustre : « L'Afrique est comme un tonneau auprès duquel il faut s'installer ; on fait un trou avec une vrille et on recueille ce qui coule ; mais si on essaye d'entrer dedans, on s'y noie ».

Cependant, par ces trous percés dans la paroi du continent noir, il se vide ; il se vide pour remplir d'autres continents. La traite des nègres constitue, pendant trois siècles, une des branches les plus florissantes du commerce international. Avant l'invention de la vapeur, l'Afrique fournit les bras nécessaires à la mise en valeur et à l'exploitation de la moitié du monde. C'est comme une réserve de houille humaine qui s'exploite et se dépense au profit des autres contrées. Peut-être ce commerce si cruellement florissant, va-t-il permettre, du moins, de pénétrer dans les régions mêmes où il s'exerce ?

Tout au contraire. Les longues marches qui amènent, de l'intérieur, les captifs reliés par la fourche rendent inutile l'effort inverse du voyageur ou du traitant. La caravane conduit à la côte les marchandises, et la plus précieuse de toutes, celle qui porte les autres.

De sorte que le terrible fléau qui décime les populations de ce malheureux continent n'a même pas pour contre-partie l'avantage de le faire mieux connaître. Le nègre, « le bois d'ébène », être anonyme et sans patrie, est un chiffre dans le total, un profit ou une perte, selon qu'il vit ou qu'il meurt. Le calcul indifférent du négoce européen transvase l'Afrique en Amérique, sans se demander d'où viennent les eaux noires qui alimentent, pendant trois siècles, le redoutable siphon.

Ainsi, l'Europe, tournant, pour ainsi dire, autour de sa voisine, l'Afrique, ne la connaît pas, ne la pénètre pas.

Ce n'est pas l'éloignement, ce n'est pas manque de hardiesse ou d'initiative, ce n'est pas faute d'intérêt ou de contact.

Quelle est donc la cause d'un si long retard? Existe-t-il quelque raison permanente qui s'est opposée, en tout temps, aux efforts de l'Europe colonisatrice; et si cette cause existe et subsiste, ne peut-elle pas arrêter ou stériliser encore ceux qu'on renouvelle aujourd'hui?

Parmi les obstacles permanents qui se sont opposés et qui s'opposent encore au succès de l'exploration et de la colonisation africaines, les plus importants tiennent au climat, à la configuration générale du pays, aux dispositions des habitants.

L'Afrique a toujours été considérée comme un des pays les plus insalubres du globe : la science moderne, notamment, est sévère pour ce climat. Le professeur Hartmann s'explique en ces termes : « Dans la zone immense située entre le dix-septième degré de latitude septentrionale et le vingt-sixième degré de latitude méridionale, entre l'océan Atlantique et la mer des Indes, règnent surtout les fièvres intermittentes qui sont produites par les exhalaisons d'un terrain marécageux dans lequel il y a beaucoup de substances végétales en décomposition. »

Sur un fond général de paludisme, se propagent et se développent toutes les maladies auxquelles est exposé le tempérament vite affaibli des Européens.

Non seulement l'Afrique frappe l'étranger avec la brutale énergie des terres nouvelles, mais elle le mine par l'astuce perfidie de ses maladies à apparence bénigne : c'est le pays de l'anémie. Il faut reconnaître qu'elle ne paraît avoir donné naissance, à aucun des grands fléaux qui ravagent l'humanité, le choléra, la peste, la lèpre, le typhus, la fièvre jaune, la syphilis ; il est vrai encore qu'elle échappe presque entièrement à la phtisie ; mais elle n'est indemne d'aucune de ces maladies, et son climat s'attaque d'une façon redoutable aux reins, au foie, aux intestins, au cerveau : la petite vérole y est très répandue ; les dysenteries, les hépatites, les hématuries sont fréquentes et souvent mortelles. Les enfants des Européens y vivent difficilement en bas âge.

Des misères sans nombre importunent les Africains. Aucun pays n'est sujet au ténia comme l'Abyssinie. Un autre ver intestinal atteint près du tiers des Égyptiens et détermine des accidents très graves. Un cruel parasite, terrible pour le soldat indigène en marche, se glisse dans les muscles des jambes, au passage des marais, et, par son lent développement, menace tout l'organisme.

Les maladies nerveuses sont fréquentes et conduisent à la folie. De nombreuses ophtalmies proviennent de l'éclat du soleil, de la poussière sèche, de la chaleur, de la malpropreté. Les blessures sont dangereuses, surtout pour l'Européen.

L'Afrique se défend encore par les aspérités de son

sol, les dards de ses arbustes épineux, parfois vénéneux, par le poison de ses herbes inconnues, par les dents, les cornes, les griffes de ses bêtes féroces, par la morsure des serpents, des myriapodes, des scorpions et par la flèche empoisonnée de ses nains, tapis sous la ronce des forêts.

L'histoire cite de trop nombreux exemples d'expéditions soit pacifiques, soit militaires, entravées ou arrêtées par les rigueurs du climat. Les Portugais, notamment, en souffrirent beaucoup, à la côte orientale.

Cependant, il ne semble pas que ce genre de difficultés ait été considéré par eux comme insurmontable. Ils en sont même moins frappés que nous ne le sommes aujourd'hui. Peut-être avaient-ils plus d'endurance, peut-être aussi, leurs séjours sur le continent ayant été moins prolongés, en ont-ils moins souffert.

Quoi qu'il en soit, on trouve, dans les récits des anciens explorateurs, des indications à ce sujet qui n'ont rien de particulièrement décourageant. Le narrateur des missions d'Édouard Lopez, en 1578, s'exprime ainsi au sujet d'une des contrées réputées, aujourd'hui, pour les plus malsaines de l'Afrique, le Congo : « Ce royaume se trouve précisément situé dans la zone que les anciens appelaient torride, comme qui dirait « brûlée par le soleil », et que, trompés par je ne sais quelle raison, ils estimaient inhabitable.

« L'expérience prouve leur erreur. Cette zone est, en effet, des plus riantes et son climat est plus tempéré qu'on ne saurait croire. Au temps de l'hiver, on n'y redoute aucun froid qui excède celui de l'automne de nos pays ; on n'y a besoin ni de pelleteries, ni d'autres vêtements pour se défendre du froid, ni même de feu pour se réchauffer. La seule différence entre l'hiver et l'été, c'est qu'en hiver, à cause des pluies continuelles, l'air est un peu plus frais. Quand ces pluies s'interrompent, l'hiver aussi bien que l'été, la chaleur est presque intolérable, surtout pendant les deux heures qui précèdent et qui suivent celles de midi. L'hiver, les pluies sont continuelles pendant les cinq mois d'avril, mai, juin, juillet et août, ne laissant voir le ciel découvert que durant très peu de jours...

Pendant l'été de là-bas, qui est notre hiver, des vents très froids tempèrent la chaleur... Ces vents antarctiques, qui nous sont contraires, sont de même secours aux habitants des îles de la Méditerranée, de l'Asie Mineure, de la Syrie et de l'Égypte, pour qui ils sont vraiment ζωηφόροι, « apportant la vie ».

On le voit, pour nos ancêtres, le climat de l'Afrique est chaud, plutôt que malsain. En Amérique, en Asie, ils avaient rencontré des obstacles du même ordre qui ne les avaient pas arrêtés. Tous ceux qui venaient des rivages de la Méditerranée, Espagnols, Provençaux, Italiens, Grecs des îles, étaient frappés plutôt par les analogies que par les différences, entre l'Afrique et les régions qu'ils habitaient eux-mêmes.

Les difficultés qui tiennent à la configuration générale du continent africain sont d'une tout autre importance. La forme de cette terre, sa masse, sa lourdeur la rendent manifestement impénétrable.

Tandis que la petite et élégante Europe, toute dentelée et festonnée, ne présente pas moins de trente-deux mille kilomètres de côtes, l'Afrique, trois fois plus vaste, ne compte approximativement que vingt-huit mille cinq cents kilomètres de pourtour maritime. En Europe, la mer entre et s'insinue partout. En Afrique, elle bat uniformément les flancs du rocher abrupt et sans grâce qui émerge brusquement de son sein.

Pas d'île réellement importante, sauf Madagascar ; pas de golfes, sauf les Syrtes, le golfe de Guinée et le golfe de Tadjourah ; pas de presqu'île ; des côtes infinies, ces « longs rivages » dont parlaient déjà les anciens ; çà et là, des criques peu hospitalières ; souvent, le phénomène décourageant de la *barre* ; partout des caps aux pointes hérissées, allant au-devant du nautonier, non pas pour l'accueillir, mais pour lui barrer la route, et qui, à son approche, s'enveloppent d'un sombre manteau de nuages et de tempêtes.

Cette disposition rébarbative de la côte africaine n'est qu'une image affaiblie du caractère plus hostile encore que présente le continent lui-même et des difficultés qu'il élève sous les pas du voyageur. Je veux laisser encore la parole à un vieux géographe : « Le fleuve Congo, dit Davity, a de l'eau en telle abondance que c'est chose presque incroyable, vu qu'il a de largeur cinq milles et demi avant qu'il s'aille rendre dans la mer, et, lorsqu'il y est entré, son eau coule parmi la salée sans perdre sa douceur, l'espace de huit, dix, voire même seize lieues. On peut aller avec de grands bateaux contre-amont la rivière, l'espace de cinq lieues en toute assurance. *Mais l'on trouve après des eaux rapides et impétueuses, à cause que la rivière tombe en cet endroit d'un précipice avec un grand bruit semblable à celui que le Nil et le Danube font en quelques lieues.* »

Tel est le grand obstacle qui arrête les explorateurs africains. Tandis que leurs petits bâtiments fouillent, partout, les détroits et les encoignures, remontent les estuaires et les rivières qui les portent souvent très loin dans les terres, ici, ils se heurtent à la muraille des cataractes qui enserre la terre africaine comme un boulevard infranchissable.

Maintenant que le pays est beaucoup mieux connu, il

nous est facile de déterminer la portée de l'observation de fait, transmise, avec tant de simplicité, par Davity.

La péninsule africaine présentant, à ceux qui la longeaient, une masse épaisse et des contours abrupts, ne leur offrait guère que l'estuaire de ses grands fleuves, accès faciles aux entreprises des voyageurs partis de la côte. D'autres régions continentales ont largement profité d'un avantage analogue. La Russie, la Chine, la Sibérie, les deux Amériques se sont développées grâce à leur magnifique réseau fluvial. Leur civilisation offre même, par là, un contraste intéressant avec les sociétés plutôt maritimes de l'Europe et de l'Asie méditerranéenne.

Pourquoi l'Afrique, arrosée par les plus beaux fleuves du monde, ne les a-t-elle pas utilisés? C'est qu'une autre cause naturelle annihile ce précieux avantage.

Tandis que la plupart des grands continents se sont constitués autour d'une arête ou d'une échine centrale de laquelle des vallées, allant sans cesse s'élargissant, descendent en pentes douces vers la mer, en Afrique, l'arête, au lieu de s'élever au milieu comme le faîte d'un toit, entoure le continent comme une ceinture, cernant un plateau intérieur, immense et isolé.

Malgré la trivialité de l'expression, on pourrait comparer l'Afrique à *une assiette renversée* : en allant de la périphérie au centre, on trouve, tout d'abord, une région de pentes très rapides : c'est la région côtière; puis, un bourrelet, un ressaut : c'est la région des chutes et des cataractes; puis une plate-forme centrale dont le niveau, relativement bas, laisse s'attarder les eaux des fleuves et dormir celles des grands lacs et des terres marécageuses.

Examinons attentivement la carte, en partant du

point où l'Afrique se sépare de l'Asie, à l'isthme de Suez.

Voici d'abord l'embouchure du Nil. Il faut, il est vrai, remonter assez haut pour trouver le seuil. Mais il est fortement marqué, dans la région des grandes cataractes, entre Assouan et Wadi-Halfa. Il laisse, au-dessous de lui, la riche Égypte, la plus vaste des vallées de l'Afrique, communiquant aisément avec la mer.

En Cyrénaïque et en Tripolitaine, le bourrelet, formé par les hauteurs de El Hammada, serre la côte de très près. Plus à l'ouest, l'Atlas s'élève et coupe, de ses ramifications transversales, toute communication avec l'intérieur, déterminant seulement d'étroits bassins côtiers qui forment la Tunisie, l'Algérie et le Maroc.

Sur la côte occidentale, les bassins du Sénégal, de la Gambie, des Scarcies présentent des obstacles moins infranchissables. Le seuil, ici, recule parfois à près de mille kilomètres de la mer; mais on le rencontre encore, dans la région de Kayes et de Médine, et la chute de Félou interrompt la navigation.

Bientôt les montagnes de Sierra-Leone et de Kong se rapprochent du rivage de la Guinée et tous les fleuves de cette région, le Cavally, le Bandama, la Volta, le Niger sont coupés par des chutes ou des dépressions assez importantes pour que, jusqu'à présent, aucune communication permanente ne se soit établie entre les régions internes et celles qui confinent à la mer.

Dans le Cameroun, de hautes montagnes trempent leur pied dans l'océan Atlantique et les gradins élevés qui s'étagent en arrière annulent, ou peu s'en faut, les avantages d'une région si bien située, au creux du grand enfoncement formé par le golfe de Guinée.

Les fleuves du Gabon français, l'Ogoué, le Quiliou, ne pourront être rendus navigables que sur des parcours restreints ; dans l'état actuel des choses, c'est à peine si le commerce peut profiter du raccourcissement, pourtant si précieux, qu'ils offrent pour communiquer avec le bassin moyen du Congo.

Voici maintenant le grand fleuve. Il est, lui aussi, étranglé, presque sur le mer, par les premières cataractes qui forment véritablement « le seuil type », celui dont la configuration présente, avec le plus de force et de netteté, les difficultés de la pénétrabilité africaine : « De la station de Brazzaville à celle de Matadi, sur un espace d'environ deux cent soixante-quinze kilomètres, se succèdent *trente-deux cascades* et de nombreux rapides, ayant ensemble une hauteur verticale approximative de *deux cent cinquante-cinq mètres.* Parmi ces cataractes, les unes se suivent à quelques kilomètres d'intervalle ou sont unies par des pentes inclinées où l'eau s'abaisse et se redresse en longues vagues bouillonnantes ; les autres sont séparées par des espaces considérables, sans déclivité apparente, où la masse du fleuve descend avec une majesté tranquille.

« En maints endroits, le Congo, resserré entre les collines de ses bords, a seulement de trois cents à quatre cents mètres de largeur ; même dans une cluse du parcours, en aval d'Issangila, il n'aurait pas plus de deux cent vingt-cinq mètres ; ailleurs, il s'arrondit en vastes « chaudrons » où ses eaux tournoient dans un cirque de roches. Son aspect change incessamment. Partout de brusques détours dans le défilé : cascades, flots, entreheurtés, tourbillons grondants, nappes fuyantes, baies tranquilles ; puis, de nouvelles chutes dans le gouffre écumeux se suivent sur le parcours du fleuve... A l'étroit dans sa vallée, il doit gagner en profondeur et en vitesse de flot ce qui lui manque en largeur : en quelques parties de son cours, *il fuit avec une rapidité de plus de quinze mètres à la seconde* et le fond de son lit est *à plus de quatre-vingt-dix mètres au-dessous de la surface* (1). »

Cette rupture gigantesque, à proximité de la côte, n'a pas seulement pour effet de rendre presque inaccessible l'immense domaine où le Congo se déploie ; par elle, le second fleuve du monde, la plus grande artère de l'Afrique, est réduit à n'avoir pour ainsi dire pas de vallée côtière. Que l'on compare cette disposition à celle des cours d'eau européens, au point de vue de la navigation, du commerce, de l'agriculture. En Afrique, les fleuves ne viennent pas en aide à la civilisation; ils l'entravent.

Cette loi se vérifie encore pour le fleuve Orange : après avoir fourni les trois quarts de son cours, il tombe, d'une hauteur de cent vingt mètres, par la cataracte des Anghrabies ou des « Cent Chutes ». De l'autre côté, le Limpopo, qui se déverse dans la mer des Indes, voit son cours suspendu par la cataracte de Tolo-Azimé au droit des Zoutpans-Bergen. Au sud de ces deux rivières, au fur et à mesure que l'on descend vers la pointe, les montagnes se poussent, s'entassent en gradins superposés; leurs âpres contreforts, trop serrés dans le voisinage de la mer, refluent bientôt vers la côte orientale et, par les montagnes maintenant fameuses du « Rebord », *Randberg*, amorcent la ligne faîtière qui longe l'océan Indien.

Le Zambèze, qui est comme le Congo de l'Afrique orientale, est coupé également, soit que l'on suive son affluent oriental, le Chiré, qui relie la côte au grand lac Nyassa, mais qui est interrompu aux chutes de Murchison; soit qu'on remonte le fleuve lui-même, qui, il est vrai, présente un bassin côtier plus vaste, mais dont

---

(1) Elisée Reclus.

le cours moyen est entravé, d'abord, par les chutes de Kebrasaba, et surtout par le majestueux ensemble des chutes de Victoria, la fameuse « Fumée tonnante », si puissante, si violente, si terrible, qu'avant l'arrivée de Livingstone, les tribus indigènes, vivant dans le voisinage du gouffre, n'osaient, dit-on, s'en approcher, effrayées qu'elles étaient par la voix du Dieu.

A partir du Zambèze, en remontant vers le nord, un bourrelet de montagnes épaisses encombre l'Afrique orientale et sa muraille, qui sépare la région des Grands Lacs de la mer, suit, à l'est, le bassin du Nil, présentant parfois des cimes inaccessibles, parfois des hauteurs plus abordables, mais toujours difficiles, jusqu'au moment où elle s'élance, s'élargit et s'étale dans la masse montagneuse de l'Abyssinie.

De là, elle se glisse le long de la mer Rouge et rejoint ainsi, à l'isthme de Suez, la sentinelle perdue du Mont Sinaï qui, grimpée sur sa péninsule, sépare et surveille deux continents et deux mondes.

Il suffit de refaire le même circuit, en s'attachant seulement à relever la marche de l'histoire, pour constater, qu'en Afrique, l'influence de la civilisation extérieure, avant notre siècle, s'est arrêtée partout au pied de l'immense ceinture de montagnes qui détermine le plateau central.

Comme si la nature ne s'était pas contentée des difficultés résultant de cette circonvallation, elle l'a doublée par le glacis de déserts qui, au nord et au sud, isole encore les régions centrales ; si bien que, de partout, les efforts des plus vaillants se sont brisés contre la muraille ou enlisés dans les sables.

L'Égypte jusqu'aux cataractes, la Cyrénaïque, la Tunisie et le Maroc sur le revers septentrional de l'Atlas, quelques établissements dans les bassins côtiers du Sénégal, de la Gambie, de la Guinée, du Congo portugais, l'étroite colonie du Cap, les conquêtes un peu plus vastes du Portugal dans le bassin du Zambèze, l'imanat de Zanzibar, telles sont les seules parties de l'Afrique qui aient offert une amorce sérieuse à la colonisation. Partout, au nord, à l'ouest, à l'est, le plateau central a repoussé l'Européen.

Telle est, assurément, la raison déterminante du retard apporté à la conquête de l'Afrique. Pas de pénétration maritime, pas de pénétration fluviale. L'Afrique se dérobait aux deux moyens d'accès qui peuvent faciliter la tâche de l'homme. Le long de ses côtes, sur la cime de ses montagnes, dans les plaines infinies de ses déserts, la nature avait multiplié ses plus rudes obstacles et redoublé les gardiens de son mystérieux isolement.

Elle y a employé l'homme lui-même. L'habitant a aidé le sol et le climat.

Il ne peut être question, assurément, d'entrer ici dans le débat scientifique ouvert sur la question de l'origine des populations qui habitent l'Afrique. Sont-elles autochtones? Viennent-elles du dehors? Quels sont les liens de parenté qui unissent entre eux des types aussi différents que les Hottentots, les Bushmens du sud, les Berbères du nord, les Gallas et les Niam-Niam du centre? Faut-il supposer des couches d'hommes successives se superposant les unes au-dessus des autres; ou bien l'avènement de races nouvelles chassant peu à peu les anciens habitants jusqu'aux confins des déserts ; ou bien encore, faut-il admettre des décadences, des dégénérescences, tenant à l'invasion de certains fléaux, aux mauvaises conditions d'existence matérielle ou de vie sociale? Ces questions ne sont pas encore tranchées et, en raison de l'incohérence et de l'incertitude des renseignements réunis, toute conclusion scientifique serait, certainement, prématurée.

Il semble, pourtant, qu'au point de vue ethnographique, on se trouve en présence de deux races bien distinctes : l'une plutôt asiatique et l'autre spécialement africaine.

Quand les soldats français ont commencé la conquête de l'Algérie, ils donnaient à leurs adversaires un nom générique, *les Arabes*. Or, l'Arabie est en Asie, et cette appellation suffit pour marquer dans quel sens nous croyons pouvoir dire qu'une partie au moins de l'Afrique est occupée ou, si l'on veut, dominée par un afflux de populations asiatiques.

Cet afflux est-il antérieur à la conquête islamique? Se produisit-il seulement à cette date relativement moderne? Fait-il partie d'un courant général et régulier se prolongeant presque jusqu'à nos jours, mais remontant aux plus anciens âges de l'humanité? Ce sont là des questions qu'on ne peut encore que poser : les deux thèses sont en présence. Cependant, les indices et les vraisemblances sont en faveur de l'opinion, généralement adoptée, qui rattache l'ensemble des populations de langage sémitique habitant l'Afrique méditerranéenne à une immigration très ancienne de peuples venus de l'Asie.

Tout en tenant compte des gradations imperceptibles qui, en raison du mélange des sangs, ménagent les transitions entre les populations des bords de la Méditerranée et celle de l'Afrique centrale et méridionale, il semble qu'on peut distinguer, sans difficulté, les deux grands types africains : l'Asiatique du nord et le Nigritien du centre et du sud. Le type du *nègre*, à la peau vraiment noire, aux lèvres proéminentes, au prognathisme accentué, aux cheveux crépus, est trop marqué, trop répandu, trop fidèle à lui-même à travers les âges et sous des climats différents, pour qu'on puisse en nier l'existence distincte.

Quoi qu'il en soit, au point de vue social et politique, le seul qui nous occupe ici, il faut attacher une haute importance à une observation qu'un analyste perspicace des mœurs africaines, M. de Fréville, formule même comme une loi, à savoir que *nulle part le nègre ne s'établit sous le régime patriarcal de la famille*. Combien cette disposition générale ne le distingue-t-elle pas des peuples du nord de l'Afrique qui tous, pasteurs, cavaliers, vachers, chevriers, chameliers, vivant sous la tente ou dans des villes, nomades ou sédentaires, fils d'Abraham ou fils d'Hiram, restent soumis à l'organisation patriarcale qu'ils tiennent de leurs ancêtres asiates et sémites !

Irons-nous jusqu'à dire, comme l'auteur des *Sociétés africaines*, qu'il faut reconnaître, dans ce caractère des populations nigritiennes, comme une trace de la malédiction biblique, poursuivant, à travers les siècles, les fils de Cham, contempteur de l'autorité paternelle? Le rapprochement est tout au moins curieux, et on peut admettre que l'humanité, si loin que remontent ses souvenirs, a remarqué les tendances sociales distinctes, qui nous frappent encore aujourd'hui, et que les fils de Sem, vénérateurs du père, ont considéré comme frappés d'anathème les hommes errants et vagabonds, les émigrants hardis, qui, peu soucieux des ancêtres et dédaigneux du foyer, se levaient par bandes et partaient pour la lointaine aventure.

Il semble, en outre, que cette tendance soit bien puissante et invétérée, puisque, en fait, le nègre n'a jamais su constituer de ces sociétés puissantes, solidement organisées autour d'un système politique permanent, comme on en a vu dans les autres parties du monde; puisque les populations nigritiennes sont restées, pour la plupart, à l'état de poussière d'hommes; que l'indiscipline et l'anarchie ont été, en somme, leurs seules lois et que là civilisation européenne n'a trouvé parmi elles, qu'une ébauche d'organisation sociale à peine suffisante pour encadrer ses premiers essais.

En cela, l'Afrique centrale et méridionale se distingue manifestement des Indes et même de l'Amérique. Quand les Espagnols mirent le pied sur le continent occidental, ils se trouvèrent, sur plusieurs points, en présence d'empires fondés depuis longtemps, avec une population sédentaire et hiérarchisée, une culture, un art, des villes, des capitales commandant à des territoires considérables, en un mot une discipline sociale et politique. Ils bénéficièrent de cet état de choses qui leur était antérieur, et leur conquête fut aidée, en quelque sorte, par la puissance même des sociétés avec lesquelles ils entraient en lutte. Un coup de main heureux sur la capitale d'un empire centralisé jetait tout un peuple dans la servitude.

En Afrique, les hommes venus du dehors rencontrèrent, de la part des habitants, une double résistance contre laquelle leurs efforts se brisèrent, et cette résistance se caractérise différemment, — active ou passive, — selon que l'on avait affaire aux populations semi-asiatiques du nord ou aux vrais Africains du centre et du midi.

La partie de l'Afrique occupée ou dominée par les Asiates est la plus voisine de l'Europe; c'est la côte méditerranéenne. Egyptiens, Abyssins, Berbères, Arabes, Kabyles, Tunisiens, Maugrabins, à quelque race qu'ils appartinssent et à quelque date que remontât leur établissement, ces peuples vivaient sous un régime social, et politique très différent de celui des nègres, et plus semblable à celui des peuples qui occupent l'autre rive de la Méditerranée.

Dans le grand duel qui se poursuivit entre les chrétiens de l'Europe et les musulmans de l'Afrique pendant le moyen âge, les premiers ne furent pas toujours les agresseurs. Les armes étaient au moins égales. Leurs adversaires, entraînés d'abord par l'enthousiasme religieux, puis par l'esprit de conquête, puis par l'esprit de rapine, infligèrent souvent aux armées chrétiennes de terribles échecs.

Il est à remarquer que les tentatives faites par l'Europe pour mettre, de ce côté, le pied sur le continent noir ont toujours échoué. Les croisades de saint Louis en Égypte et à Tunis, les expéditions de Charles-Quint et de Louis XIV sur les côtes barbaresques, les courses interminables des chevaliers de Malte, la campagne de Bonaparte en Égypte, toutes ces entreprises ont eu le même sort. L'Europe n'a pas pu, avant l'expédition d'Algérie, s'installer solidement sur les rivages africains placés le plus près d'elle.

Ces résultats n'avaient rien d'encourageant, et il n'est pas étonnant que, malgré l'urgente nécessité de détruire les nids de pirates qui infestaient la Méditerranée, les plus grandes puissances de l'Europe y aient regardé à deux fois avant de renouveler des tentatives vouées, d'avance, à un sort si funeste : les guerres d'Afrique ont toujours été sanglantes, et, la plupart d'entre elles, sans issue et sans gloire.

Il est vrai que l'on n'eût pas rencontré d'aussi grandes difficultés dans les contrées plus reculées où l'élément asiatique et l'Islam n'avait pas pénétré. Mais, sans parler du climat, de l'éloignement et de la longueur de la navigation qui rendaient extrêmement onéreuse toute expédition un peu importante, on se trouvait là en présence d'un état de choses offrant aussi de sérieux inconvénients. La barbarie de ces régions immenses était vraiment trop profonde pour donner prise à une conquête facile et avantageuse.

Une organisation rudimentaire, des roitelets infimes, des tribus pressées parfois les unes contre les autres, parfois disséminées sur des espaces infranchissables, aucun centre sur lequel se diriger, aucun point où s'arrêter, des populations hagardes et stupides, n'ayant ni art, ni luxe et, par conséquent, inaptes au commerce et à l'industrie, des agglomérations mobiles, faites et défaites selon les hasards d'une chasse heureuse ou d'une conquête éphémère, des démons noirs allumant, en quelque clairière, le feu d'un festin de cannibales, des faces sinistres apparaissant ou disparaissant au coin d'un buisson, des tribus vagantes s'empiffrant de nourriture à l'aubaine de quelque bonne proie, puis, le lendemain, décimées, réduites à rien par la misère et la faim, errant le ventre creux ou plein de terre et d'insectes immondes, telle était la vie sur cette terre maudite. Et c'était cela qu'il s'agissait de coloniser ! (1)

(1) On pourrait objecter l'insistance avec laquelle les anciens géographes parlent de deux grands royaumes : celui du Congo et celui du Monomotapa. Mais il suffit de lire avec attention les ouvrages qui nous renseignent à leur sujet, par exemple, Barros et les relations de Lopez, pour s'apercevoir qu'il n'y avait, dans ces formules, qu'une sorte de fiction provenant de l'état d'esprit des narrateurs. Quand ils parlent de « villes », de « palais », il faut lire des amas de huttes, avec quelques demeures plus élevées ou plus vastes. Ces prétendus royaumes se faisaient et se défaisaient constamment sous les yeux de ceux qui les entrevoyaient de la côte. Rien de plus amusant que le sérieux avec lequel l'écrivait portugais traite « de la mort du roi Don Alphonse (c'est un nègre nommé Maüi Sango), et de la succession de Don Pedro ». On dirait qu'il s'agit de Francus ou de Pharamond, rois de France, comme chacun sait.

Comment s'y prendre ? Par où commencer ? Quelles routes ? Quelles relations ? Marcher devant soi, dans ces plaines stériles ; traverser, sans y laisser de traces, des pays qui résistent à peine, mais qui n'offrent aucun point, aucune base solide où s'appuyer ; courir devant soi, le fusil au poing, à travers les sables, les marais, la forêt ténébreuse, les déserts, à la poursuite d'un mirage qui recule toujours : et pour quel profit ?

Tout compte fait, le spectacle de l'anarchie noire était encore plus décourageant que celui des blanches villes de l'Islam, hérissées de minarets, casquées de la coupole des mosquées et mirant leurs murailles vigilantes dans les eaux bleues de la Méditerranée.

Ainsi, tandis que le reste du monde se colonisait, l'Afrique se défendait pied à pied. Mer, sol, climat, population, tout s'armait pour elle. Au dix-huitième siècle, comme dans les temps les plus reculés de l'antiquité, le seul voyage africain était toujours le « périple ». L'Europe tournait autour d'elle sans l'aborder.

II

L'EXPLORATION

Je ne sais rien de plus réconfortant que le spectacle de la lutte engagée, depuis un siècle, par les fils de l'Europe civilisée contre le sphinx barbare qui veille sur le mystère africain.

De quelque point de vue qu'on l'envisage, l'entreprise a de la noblesse et de la grandeur.

L'exploration est éminemment héroïque. Elle élève l'homme au-dessus de lui-même, le met face à face avec le péril, ne lui laissant pour compagne et pour servante que sa propre énergie. Climat, sol, fatigue, maladies, faim, soif, hostilité des choses et des hommes, guerre sourde ou déclarée, isolement, abandon, appel vain, tout s'oppose, désarme, décourage. Il faut tout endurer, bouche close.

A chaque détour de route, à chaque buisson, le but que le rêve s'est proposé au départ échappe. Goutte à goutte, s'épuise la provision d'endurance que rien ne renouvelle, ni les résultats entrevus, ni la trêve des haltes, ni une âme fraternelle, ni l'applaudissement de ceux qui regardent l'œuvre s'accomplir.

L'explorateur est comme perdu à la surface d'un océan rebelle. Quand on lit les récits qu'il fait au retour, on s'étonne qu'il ne se soit pas laissé couler à pic, plutôt que de continuer, les bras morts, une lutte impossible.

Ceux qui le recueillent, à l'arrivée, sont effrayés de le

voir apparaître, maigre, haillonneux, meurtri, blanchi, flambé, rompu jusqu'aux moelles. « Êtes-vous donc, disent-ils, cet homme qui était perdu et dont on n'a plus parlé depuis si longtemps (1)? » Ils doutent et font cette suprême injure au vagabond... Et celui-là, au moins est revenu !

Quelle est donc la vocation étrange, faite de soif de nouveau, de lassitude de la vie courante, de goût pour le risque, de curiosité scientifique et de foi, qui destine, de bonne heure, ceux qui doivent devenir les héros de cette Odyssée ?

François Levaillant, né à Paramaïbo, dans la Guyane hollandaise, est pris dès l'enfance, du goût passionné de l'histoire naturelle. A dix ans, il avait des collections importantes; chasseur, anatomiste, empailleur même, il vient compléter ses études à Paris. Il est frappé de l'incohérence des classifications alors admises. Il veut étudier directement la nature et la voir face à face, dans des contrées non encore explorées. Il part pour le cap de Bonne-Espérance et commence, en 1780, ses belles explorations du Sud africain.

René Caillié, fils d'un boulanger des Deux-Sèvres, orphelin, apprenti cordonnier, lit, à douze ans, l'*Histoire des Voyages* et le *Robinson*. Plus tard, la vue des cartes de l'Afrique, vides et blanches, éveille en lui les premières curiosités. Peu à peu l'enthousiasme s'empare

---

(1) C'est ainsi que Cameron fut accueilli quand, au bout d'un voyage inouï, il parvint à la côte occidentale : « Le consul d'Angleterre, en m'ouvrant sa porte me regarda d'un air assez rude, se demandant quel pouvait être l'individu pâle et défait qui se présentait ainsi : « Je viens vous rendre compte de ma personne, » lui dis-je, j'arrive de Zanzibar. » Il me regarde en fou : « A pied, ajoutai-je... » Il recula d'un pas et laissant retomber ses mains sur mes épaules : « Cameron ! mon Dieu ! s'écria-t-il. » Le matin, il répétait au vice-consul que je devais être mort. »

de lui. Avec soixante francs dans sa poche, il part en 1816, s'embarque à Rochefort pour cette colonie, alors si modeste, du Sénégal et, va-nu-pieds du désert, se jette droit devant lui, à la découverte de tout ce qu'on ignore dans le continent africain.

Barth est un savant, un professeur. Né à Hambourg, il fait d'excellentes études classiques. Sa thèse de doctorat est une dissertation sur le commerce des Corinthiens. Tout ce qui, dans le passé, a rempli le cadre méditerranéen, l'attire. Il veut voir les choses de plus près. Après plusieurs excursions archéologiques préliminaires, il part pour « les lieux où fut Carthage », de là pour Tripoli, et enfin, à partir de l'année 1850, il s'enfonce dans le Sahara et le Soudan, où il passera les meilleures années de sa vie.

Burton est un officier de l'armée des Indes, philologue et grand connaisseur en langues orientales; il apprend l'hindoustani, le persan, l'afghan, le moultani et l'arabe. Celui-ci voyage pour compléter ses connaissances, pour en faire usage et aussi un peu par paradoxe, pour tenter ce que personne n'a fait avant lui. Déguisé, il se joint au pèlerinage musulman et il visite les villes saintes de l'Arabie. C'est une gageure. Après son second voyage, commencé en 1857, il s'en propose un autre plus hardi : découvrir les sources du Nil. Avec Speke, autre officier, autre téméraire, il réalise l'impossible, et les grands lacs sont reconnus.

Le meilleur de tous, Livingstone, celui que le noble Duveyrier appelait « le noble Livingstone », est fils d'une famille d'Écosse où l'honnêteté est héréditaire. Son père faisait un petit commerce de thé, « où il avait trop de conscience pour pouvoir s'enrichir ». Ouvrier dans une filature, Livingstone s'instruit par un travail opiniâtre. Mais sa conscience est en éveil : il se replie

sur lui-même. Des sentiments religieux le pénétrent :
« il résolut de vouer son existence au soulagement des
misères humaines et de se faire le pionnier de la foi ».
C'est dans cette pensée qu'il étudie la médecine, puis la
botanique et la géologie, tout en continuant à travailler
à la filature pour subvenir à ses besoins. Quand il se fut
fait recevoir docteur en médecine et qu'il eut achevé ses
études théologiques, il partit pour l'Afrique et débarqua
au Cap, en 1840.

Savant, missionnaire, officier, vagabond, aventurier,
aucun de ces hommes n'est animé d'un esprit de lucre.
C'est une passion forte et généreuse, un trop-plein de
vie, une soif de se donner qui les jette dans l'action.
Parmi eux, pas un marchand. Le marchand, prudent, se
tient à la côte, quand l'homme de foi et l'homme de
science, téméraires, se lancent dans l'inconnu.

Bientôt, une autre pensée, plus généreuse encore, les
pousse en avant et les soutient. A peine ont-ils fait les
premiers pas, qu'une grande pitié les a saisis. Ils voient,
en effet, passer auprès d'eux, traînant l'angoisse, la
« caravane de traite ». Ils se heurtent au grand mal qui
désole ce continent.

Leur rôle se hausse encore, leur mission s'élargit. Ils
deviennent des témoins et des arbitres. Partout, leur
survenue a dérangé l'affût séculaire de l'homme traquant
l'homme.

L'Europe chrétienne a reçu de l'Islam, qui la tenait
lui-même de l'antiquité, la tradition lucrative du redoutable négoce. Les maux se sont accrus à raison
de l'étendue des besoins à satisfaire. A son retour,
l'explorateur, qui a vu le mal à sa source, dénonce la
misère effroyable, les meurtres, les populations en
fuite, les tribus tout entières détruites pour amener au

rivage les quelques enfants et femmes qui survivent.

L'un des plus anciens et des plus hardis explorateurs du continent noir, Bruce, qui voyageait en 1770, en Abyssinie, s'exprime en ces termes : « Tous les hommes faits sont tués, puis mutilés ; les lambeaux de leurs cadavres sont emportés comme des lauriers de victoire ; plusieurs des vieilles femmes sont aussi égorgées, tandis que d'autres, dans la frénésie de la terreur et du désespoir, se tuent elles-mêmes. Les garçons et les filles d'un âge plus tendre sont ensuite emmenés en triomphe avec la brutalité digne d'un pareil exploit. »

C'est ainsi que commence cette triste litanie. Depuis Bruce, tous les voyageurs la reprennent, l'un après l'autre. « Quand on attaque un village, disent Denham et Clapperton, qui voyagent dans le Bornou, en 1828, la coutume du pays est d'y mettre le feu. A l'instant même, les malheureux habitants s'empressent de fuir, et tombent entre les mains de l'ennemi qui bloque le théâtre de l'incendie. On massacre sur place tous les hommes et on attache ensemble les femmes et les enfants, que l'on fait esclaves. »

Le major Laird, en 1830 et en 1832, voyage dans la région du Tchad : il écrit à son tour : « A peine il se passait une nuit, sans que nous entendissions les cris de quelques malheureuses créatures que d'infâmes brigands emmenaient en esclavage... Une colone de fumée s'élevant soudain dans l'air annonça la présence des Fellatahs, et, en deux jours, toutes les villes, y compris Addah Guddah et cinq ou six autres, furent la proie des flammes.

« Les cris des malheureux qui n'avaient pas réussi à s'échapper, auxquels repondaient les clameurs perçantes et les lamentations de leurs amis et de leurs parents, campés sur le bord opposé de la rivière et qui les voyaient traînés en esclavage, et leurs habitations réduites en cendres, tout cela formait un spectacle qui, bien qu'assez ordinaire dans ces contrées, ne s'était pas souvent offert aux yeux d'un Européen. Jamais il ne m'était encore arrivé de voir, dans un jour si frappant, toutes les horreurs qui marchent à la suite de l'esclavage. »

Dans le Sud, même spectacle, mêmes descriptions. C'est Cameron écrivant, et cela à une époque bien plus voisine de nous, en 1875 : « Ce marchand arriva, un soir, conduisant une file de cinquante à soixante pauvres femmes, pesamment chargées de butin, et quelques-unes portant encore leurs enfants dans leurs bras. Ces femmes esclaves représentaient ce qui restait de la population de cinquante à soixante villages qu'on avait détruits et ruinés, dont presque tous les hommes avaient été tués, et dont les autres, chassés dans la jungle, allaient s'y nourrir de fruits sauvages et peut-être mourir de faim. Elles étaient attachées les unes aux autres par la taille avec de fortes cordes à nœuds, et on les frappait impitoyablement quand elles ralentissaient leur marche... »

Et c'est Livingstone, résumant en une seule phrase la terreur planant sur tout le continent et les responsabilités de l'Européen : « Dans cette partie de l'Afrique, comme en d'autres, le blanc passe pour un ogre ou pour un diable. Quand j'arrive près d'un village, les femmes regardent par la fente de quelque porte jusqu'à ce que j'approche, puis elles se cachent dans leur cabane. L'enfant qui me rencontre jette les hauts cris et marque une épouvante qui fait craindre des attaques de nerfs. Je le comprends, à cause des horreurs commises par les négriers. *Mais pourquoi, à ma vue, les chiens eux-mêmes s'enfuient-ils, la queue entre les jambes, comme si j'étais une bête féroce ?* »

Ce qui est pis, en effet, que l'esclavage et que la traite,

ce sont les horreurs épouvantables commises par la capture. Le pays tout entier est mis en guerre contre lui-même; les tribus, les nations sont jetées, sans cesse, les unes sur les autres par l'appât du gain.

C'est le seul commerce rémunérateur. La guerre est partout; elle est perpétuelle. Elle a pour suite nécessaire le meurtre de tous les hommes faits, qui ne peuvent jamais être soumis complètement; la plupart des vieillards, hommes ou femmes, qui n'ont aucune valeur marchande, sont tués de sang-froid; restent les enfants, les adolescents et les femmes qui partent pour la côte. Combien en laisse-t-on en route? Le chemin des caravanes est jalonné d'ossements. Si on les suit, on trouve l'air infecté derrière elles.

Peut-être, dans ces conditions, n'arrive-t-il pas, sur le bateau négrier, un être vivant pour cinq qui ont péri ou disparu pendant la guerre, ou durant les marches, par les fatigues, par la faim, par la douleur physique et morale?

Or, des calculs très minutieux ont permis d'affirmer, qu'aux environs de l'année 1850, époque à laquelle ont commencé les grandes explorations, la traite exportait, bon an mal an, environ deux cent mille nègres à destination soit de l'Amérique, soit des pays musulmans de l'Afrique ou hors d'Afrique. C'est donc, probablement, un million d'hommes qui disparaissaient chaque année de la surface du continent noir. — Quel étrange tribut ces pauvres races inférieures, insouciantes et rieuses, payaient ainsi, depuis des siècles, à celles qui exploitaient ce qu'on appelait leur barbarie!

C'est encore un voyageur qui écrit : « La traite a produit les plus funestes effets en Afrique, en y amenant l'anarchie, l'injustice et l'oppression, et en suscitant nation contre nation, homme contre homme, elle a fait de ce pays une vaste scène de désolation. Tous ces maux et beaucoup d'autres, c'est l'esclavage qui les a enfantés et, en retour, les Européens ont apporté aux naturels simples et sans artifice, le poison des boissons spiritueuses, les guenilles de coton ou de soie et de méchants colliers de grains de verre. »

Cette lourde responsabilité, qui pèse sur le trafiquant européen, — non pas toute, car l'Islamisme a été le premier coupable, comme il sera certainement le dernier, — cette responsabilité, l'Europe allait l'effacer par l'héroïsme des explorateurs, des hommes de science et de foi qui, surgissant de partout, ajoutent cette tâche à leurs autres tâches, et, par leurs paroles, par leurs actes, par le sacrifice même de leur vie, s'efforcent de racheter le passé et de réparer le mal que, pendant de si longs siècles, la cupidité universelle avait produit.

Trois grandes équipes, l'école anglaise, l'école allemande et l'école française, se sont partagé la besogne.

D'autres nations certainement ont eu des explorateurs hardis. Le Portugal n'a pas oublié le rôle d'initiateur qu'il avait joué au seizième siècle : le lieutenant Serpa Pinto, partant de Benguéla et débouchant au Transvaal, a, au prix de souffrances inouïes, tracé la route qui relie la côte occidentale à la côte orientale.

L'Italie qui avait eu, au treizième siècle, Marco Polo, a compté quelques pionniers hardis : Piaggia, explorateur du Bahr-el-Ghazal et du pays des Niam-Niam, Casati, le compagnon d'Emin ; la Suède réclame Grenfell, l'Autriche, Slatin-Bey ; la lointaine Russie, elle-même, a envoyé des voyageurs qui ont pénétré en Abyssinie ; un des plus beaux noms de l'exploration africaine lui appartient : c'est le vaillant et érudit Junker qui, après un long séjour dans les zéribas du haut Oubanghi, nous a guidés, avec une précision extrême, dans le labyrinthe embrouillé de ces importantes régions.

L'école belge enfin, quoique toute récente, compte parmi les plus actives et les plus entreprenantes; elle mériterait, ici, une place à part, si l'exposé de ses efforts ne se rattachait, plus naturellement, à la campagne de conquête et de prise de possession, dirigée, dans un esprit politique, par la surprenante activité du roi Léopold.

Ces noms glorieux et tant d'autres qu'il faut négliger, dans l'impossibilité de tout dire, honorent toutes les puissances européennes. On peut affirmer, cependant, qu'il n'y a eu véritablement esprit scientifique, activité soutenue et effort d'ensemble, que dans l'œuvre des trois groupes anglais, allemand, français; et, encore, convient-il de remarquer que les plus illustres, parmi les voyageurs allemands, Barth, Overweg et leurs compagnons se rattachent au groupe anglais, puisque l'initiative de leurs missions appartient à la Société de Géographie de Londres.

L'école anglaise est remarquable par l'énergie soutenue et le sens pratique. Son action dépend peu de l'État. Elle puise ses ressources et trouve son appui dans des associations particulières qui, le plus souvent, préparent spontanément l'œuvre dont le pays est appelé à bénéficier.

En 1788, date importante, fut fondée à Londres la « Société pour le progrès des découvertes en Afrique ». En 1839, est instituée une autre « Société pour l'extinction de la traite des esclaves et la civilisation en Afrique ». — Voilà les deux idées maîtresses de l'exploration africaine nettement dégagées et affirmées, non par quelques individus isolés, mais par des groupements permanents qui tiennent l'opinion en haleine, harcèlent les gouvernements et passionnent leurs adhérents jusqu'à l'enthousiasme. Ces organisations sont prêtes à tous les sacrifices. Ceux qui veulent se consacrer à l'œuvre savent, d'avance, à quelle porte il faut frapper, et ils savent qu'on leur répondra.

Au début du xixᵉ siècle, l'Angleterre était peut-être, de toutes les puissances maritimes, celle qui avait le moins d'intérêts en Afrique. Les peuples latins n'avaient pas encore, de ce côté, perdu l'empire des mers.

Deux amorces, la Guinée anglaise et la colonie du Cap, cédée par la Hollande à l'Angleterre, ont servi de point de départ aux explorations qui ont planté les premiers jalons du vaste domaine que la Grande-Bretagne est en train d'annexer à son empire colonial.

Le premier problème africain qui se posait pour les géographes et pour les explorateurs fut celui du Niger. Les voyageurs arabes avaient parlé, dans des termes ambigus, d'un grand fleuve reliant le Nil d'Égypte avec le « Nil du Soudan » ou Niger : on croyait que leurs eaux, confondues, entouraient, au sud du Sahara, parallèlement à l'Équateur, toute l'Afrique du Nord. Au fond, on retrouve, dans cette croyance, quelque chose de l'opinion des géographes anciens qui traçaient, sur leurs cartes, un bras de mer contournant l'Afrique et rejoignant l'Égypte à la côte de Guinée.

Dans la première partie du siècle, la Société de Géographie de Londres poussa vivement le travail d'exploration en ce sens. Les voyages de Mungo-Park sont célèbres. On doit beaucoup à M. Bodwich, dont les études sur les Ashantis tournèrent les yeux sur les régions où devait se fonder plus tard les colonies de la Côte-d'Or. L'expédition du major Laing, et surtout l'exploration poursuivie, avec persévérance, par Denham et Clapperton, puis par John Lander, ont jeté, de bonne heure, la lumière sur le problème du cours du Niger et du bassin du lac Tchad.

Mais, si importantes que soient ces prémisses, les efforts de l'école anglaise, de ce côté, s'arrêtent court, aux environs de l'année 1840 ; la raison qui, au fond, suspend l'élan déjà donné, c'est probablement le fait nouveau et considérable qui vient de se passer dans le nord de l'Afrique : la conquête de l'Algérie par la France.

L'Anglais ne s'entête pas contre le fait accompli. La place est prise : instinctivement, il se détourne et cherche ailleurs.

La colonie du Cap avait été déjà le point de départ de plusieurs explorations intéressantes. Au temps de la domination hollandaise, des voyageurs avaient pénétré dans l'intérieur : au premier rang, les Français La Caille et Levaillant.

En 1806, les Anglais s'emparèrent définitivement de la colonie du Cap, étroite, mais déjà florissante. Leur politique rencontra deux adversaires : tout d'abord les débris des colonies hollandaises et de l'émigration calviniste française qui s'étaient réfugiés vers le nord, cherchant toujours plus loin l'indépendance, la plaine non encombrée de la présence du colon européen, et, en outre, les populations locales, les vaillants Cafres Zoulous, une des plus fortes races de l'Afrique, à peau bronzée plutôt que noire, fils probablement de l'Asie et survivants des grandes invasions qui sont venues du nord par la grande fissure du Nil.

Ce chemin, les Anglais étaient portés tout naturellement à le suivre, en sens inverse. Ils étaient attirés par la vague tradition de l'antique splendeur du Monomotapa et par le bruit courant que l'or était en abondance dans ces régions. La lutte politique fut engagée à la fois contre les Européens et contre les races indigènes vigoureuses et relativement organisées, avec des alternatives de succès et de revers.

Des hommes clairvoyants et meilleurs comprirent qu'il y avait une autre méthode à inaugurer. Livingstone montra ce qu'on peut attendre du courage et de la persévérance, joints à la prudence et à la bonté.

A partir de 1840, au moment où les grandes explorations anglaises du nord de l'Afrique s'arrêtent, Livingstone aborde, par le sud, le problème du plateau central. Sa première grande expédition (1852) se résume en cette formule : jonction de la côte méridionale avec la côte occidentale par les bassins du Limpopo, du Zambèze, les hauts tributaires du Congo, et les rivières de la côte portugaise.

C'est la région la plus sombre de l'Afrique, la plus âpre par son climat, par ses marais, par les difficultés de toute nature qui tiennent au sol, à la barbarie des habitants, presque tous anthropophages, à la réputation terrible que les chasseurs d'hommes et leurs massacres ont faite, d'avance, aux étrangers. Pour rester ferme au milieu de tant de périls, debout parmi tant de maux, froid dans un tel bouillonnement de haines et de menaces, il faut l'âme fière et droite de l'homme qui va devant lui, pacifiant les plus rebelles, rien que par la sérénité et la bonté qui rayonnent de lui.

On sait l'importance des résultats acquis par les explorations de 1859 et de 1865. Toute l'Europe a les yeux tournés vers le grand voyageur. On le croit perdu. Il reparaît, après des années, pour dire, en hâte, ce qu'il a vu et pour repartir. Le sud de l'Afrique se débrouille. On commence à se rendre compte du lien qui l'unit aux régions centrales ; voici qu'apparaissent les grands lacs, ceux du sud tout au moins, le Nyassa, le Tanganyika. Livingstone va plus loin. Il se croit sur la voie de la découverte des sources du Nil. Il aperçoit, dans son rêve, le grand fleuve sortant des quatre fontaines mystérieuses dont parle Hérodote. Il pense qu'il s'agit de ces lacs du sud qu'il vient de découvrir. Il se trompe. Mais il tient, sans s'en douter, les sources d'un autre grand fleuve, le Congo.

D'ailleurs, sur le Nil et dans la grande fissure occidentale, ses propres compatriotes l'ont devancé et, par le Tanganyika, les résultats qu'ils ont obtenus s'adaptent, avec une justesse merveilleuse, à ceux qu'il a dégagés lui-même.

Pour préparer Burton et Speke, Livingstone et Stanley, il avait fallu Bonaparte. La conquête de l'Égypte avait arraché cette terre à l'influence exclusive de l'Islamisme. Elle était rentrée, comme aux temps les plus reculés de son histoire, dans l'orbite méditerranéen. L'Europe, lui rendant ce qu'elle avait reçu du vieil empire des Pharaons, avait réveillé les germes de civilisation endormis dans les hypogées millénaires. Mehemet-Ali avait été, sur cette terre, le véritable successeur du conquérant français. L'empire khédivial à peine ébauché, il avait senti grandir en lui la vieille convoitise pharaonique pour les terres du sud et les contrées nigritiennes.

En 1838, Khartoum était fondée, d'après les conseils des Saints-Simoniens, au confluent du Nil blanc et du Nil bleu. Disposant de moyens plus puissants que les Pharaons antiques, les successeurs de Mehemet-Ali avaient franchi les cataractes. Le Soudan avait été entamé. Mais là, on avait dû s'arrêter devant la résistance des esclavagistes des régions équatoriales. Explorateur ou soldat, personne ne pouvait passer. Le Nil gardait son secret.

C'est alors que Burton et Speke, suivant une inspiration vraiment géniale, se décident à saisir, par le centre et par la côte orientale, le problème que Livingstone abordait par le midi et les Égyptiens par le nord. Ils partent de Zanzibar, en 1857 et 1858, et, alors, tout le chapelet des grandes découvertes dans l'Afrique centrale et orientale se détache : Burton, Speke, Grant, Baker, Cameron, Stanley, noms qu'i' suffit de rappeler, activité individuelle prodigieuse qui, avec le concours toujours généreux des grandes sociétés scientifiques, religieuses et humanitaires de la métropole, accumule, en moins de trente ans, des succès géographiques qui évoquent le souvenir des plus belles époques du quinzième et du seizième siècle.

Découverte des grands lacs et des massifs montagneux qui donnent naissance à la plupart des fleuves importants de l'Afrique : le Nil, le Congo, le Zambèze ; reconnaissance de la grande vallée que le bassin du Nil prolonge, parallèlement à la côte orientale, jusqu'au sud de l'Équateur ; traversée de l'Afrique en largeur entre la côte orientale et la côte occidentale, depuis les États du sultan de Zanzibar jusqu'aux colonies portugaises qui bordent l'océan Atlantique, c'est dans ce champ immense que s'exercent les qualités de la race anglo-saxonne : la vigueur, le sang-froid, la ténacité, la noble ambition de mettre son pays au premier rang des grands serviteurs de l'humanité.

Voici donc que la carte de l'Afrique s'éclaire. Le voyageur qui a franchi le rebord, la ceinture intérieure, à l'un des points où elle se rapproche le plus de la côte, s'est trouvé au pied des hauteurs considérables qui déterminent et dominent, à l'est, l'immense plateau central.

La région des grands lacs donne la clef de tout le système. Là, les pluies périodiques alimentent les grands réservoirs d'où partent les fleuves qui vont poussant paresseusement leurs eaux à travers le vaste plateau, jusqu'au moment où elles tombent soudain du haut des cataractes dans la région côtière et se précipitent à la mer. L'exploration de ces cours d'eau a été faite, pour la première fois, en partant non de l'embouchure, mais de la source, par Burton et Speke pour le Nil, par Stanley pour le Congo.

On n'a pas remonté ces grands fleuves, on les a descendus. L'obstacle des cataractes n'a pas été franchi ; il a été tourné. Mais, maintenant qu'elle est maîtresse du problème, l'exploration peut le manier à sa guise.

La pénétration par la Méditerranée n'a pu obtenir les résultats qu'obtient la pénétration par le Cap et par la côte orientale. Celle-ci paraît, à son tour, moins avantageuse que l'accès par la côte occidentale. Tel est le sens de la dernière exploration de l'école anglaise, celle qui clôt la série, couronne l'œuvre, mais, en même temps, l'achève, en jetant un voile de deuil et d'abandon sur la brillante carrière que ces trente années vigoureuses venaient de parcourir.

C'est la dernière exploration de Stanley, celle que l'homme qui avait retrouvé Livingstone organisa pour aller au secours d'Emin-Pacha, celle qu'il a si bien nommée : « Dans les Ténèbres de l'Afrique. »

Par un de ces bonheurs trop faciles, dont l'ironie de la fortune favorisa, le plus souvent, le début des expéditions africaines, l'Égypte avait, en dix ans, fondé, au sud des cataractes, un vaste empire : l'empire soudanais.

La politique avait marché presque aussi vite que l'exploration ; sitôt un pays reconnu, il était annexé et organisé. En 1874, au moment où Gordon était nommé gouverneur du Soudan équatorial, cette nouvelle Égypte comprenait

« toute la vallée du Nil, de Berber aux Grands Lacs ; à l'est, les vallées du Nil bleu et de l'Atbara depuis leur sortie de l'Abyssinie ; à l'ouest, les pays arrosés par le Bahr-el-Ghazal et le Bahr-el-Arab jusqu'aux confins de l'Ouadaï : en un mot, la Haute-Nubie, l'ancienne Méroé, le Sennar, le Bagrara, le Kordofan, le Darfour, le Chekka, le Dar Fertit, et, dominant les tribus barbares qui avoisinent le Nil, s'étendait jusqu'à l'Ounyoro (1). »

Il avait fallu dix ans pour édifier cette immense et fragile construction ; il fallut moins de temps encore pour la détruire. En 1879, Ismaïl est détrôné, Gordon est rappelé. Tout le pays se soulève. Emin-Bey (le docteur allemand Schnitzer) est cerné sur l'Équateur, Lupton-Bey, dans le Bahr-el-Ghazal, et Slatin-Bey au Darfour.

L'insurrection du Mahdi, après avoir écrasé toutes les armées envoyées contre elle, s'installe dans le Soudan égyptien et y donne un nouvel exemple de ces redoutables résistances africaines, qui n'ont pas dit leur dernier mot. Emin reste en perdition dans la province équatoriale. Officiers, soldats, femmes, enfants, Européens, Égyptiens, Arabes et noirs, environ huit mille hommes, sont groupés autour de lui et ce « peuple d'Emin » est comme la sentinelle perdue de la civilisation européenne, au cœur de cette Afrique qui s'est refermée sur lui. C'est alors que Stanley décide, sur l'appel de l'illustre Junker et sur l'initiative de la Société de géographie d'Edimbourg, de partir au secours.

Le trait saillant de cette expédition est le choix de la route qu'elle devait suivre. Contrairement à tous les précédents, on ne songe plus ni à la voie du Nil, ni à celle de Zanzibar. On préfère le chemin le plus long en apparence, le plus court en réalité : on part de la côte occidentale. Le Congo apparaît maintenant comme la

(1) Wauters.

grande voie de pénétration. Les premières cataractes franchies, on est, par lui, maître du plateau central et on prend, de flanc, la grande fissure du Nil. Un des affluents du Congo, l'Arouhouimi, portera l'expédition en droite ligne jusqu'au lac Albert, dont les eaux baignent la province d'Emin.

On sait les terribles épreuves que dut supporter une expédition qui résume et ramasse, pour ainsi dire, dans un exemple unique, à la fois toute la misère et toute la grandeur des explorations africaines : cent soixante jours dans l'obscurité ; la forêt épaisse, humide, spongieuse, laissant couler, sur la troupe qui l'éveille, les larmes de sa pluie éternelle ; les mouches, les moustiques, les taons, bourdonnant, vibrant, piquant et poursuivant, dans la nuit insomne, leur fanfare et leur charge obstinée ; les fourmis rouges aux talons, la fièvre aux dents, la dysenterie au ventre et la faim qui enlève le quart des effectifs ; toutes les embûches de la forêt : le troupeau d'éléphants qui passe comme un tonnerre ; un sifflement, un homme qui tombe, se débat, râle et meurt : c'est la flèche empoisonnée du nain qu'on n'a ni vu ni entendu ; puis la guerre ouverte, les tribus soulevées, brandissant la lance et qu'il faut disperser à coups de fusil ; l'apparition inquiète et inquiétante du traitant arabe qu'on trouble dans son négoce ; enfin, la course en avant, désespérée, le *marche ou crève* final, qui jette l'expédition, toute pantelante, sur le revers occidental du lac Albert!...

Du haut des falaises, on découvre au loin, sous le soleil vertical, l'immense étendue vide. L'œil interroge et cherche le vapeur d'Emin. Rien. Appel désespéré.

Alors, c'est le retour pour chercher les retardataires, l'arrière-garde, les approvisionnements ; Stanley faisant une prodigieuse navette entre les divers camps dont il a jalonné sa route, ramasse les blessés, les traînards, les éclopés. Toujours infatigable, il remonte jusqu'au camp de Yambouya, à l'embouchure de l'Arouhouimi et, là, il pleure des larmes de sang en trouvant une misère pire que toutes les misères : l'ennui, la faim, la discorde, l'incapacité des chefs, la rébellion des soldats ont tout brisé, sali. Il faut repartir encore. En route pour le lac !

Cette fois, on prend contact avec Emin. Mais ce n'est nullement le chef qui, vu de loin, paraissait si grand. C'est un vieillard mou, ânonnant, sans autorité, sans prestige, ballotté, discuté, parfois maître de sa troupe, parfois dominé par elle, attaché à ces rebelles qui l'emprisonnent et qui l'aiment. Il ne sait s'il veut rester, s'il veut partir, marmonne ses résolutions, embrouille ses devoirs et ses responsabilités. Stanley, à la fin, le met au pied du mur ; l'énergie a le dessus, et, parmi les difficultés des hommes et des choses, le chef emmène à la côte orientale, à Bagamoyo, les débris du *peuple d'Emin* — quelques centaines d'hommes, — et sa propre troupe décimée, mais fière du travail herculéen qu'elle vient d'accomplir.

C'est en effet, le plus vigoureux tour de force qu'ait entrepris l'exploration africaine et peut-être la volonté humaine. Cette expédition magistrale ferme le cycle des grands voyages ; mais, en même temps, elle arrache à l'Afrique centrale les derniers représentants de la civilisation.

Après cet exploit, on dirait que l'école anglaise épuisée a renoncé, d'elle-même, à sa tâche. Depuis vingt ans, pas un seul explorateur de cette nationalité n'a entrepris d'œuvre importante sur le continent africain.

Elle peut, d'ailleurs, se déclarer satisfaite ; après avoir contribué aux premières découvertes dans l'Afrique occidentale, elle s'est consacrée au problème de la vallée du Nil et des lacs ; elle l'a résolu. Vraiment créatrice, elle a découvert une Afrique nouvelle, inouïe. Elle en a dressé, ligne à ligne, trait à trait, toute la carte. Ses pionniers, à la fois savants, missionnaires et soldats, ont dépensé, avec prodigalité, les qualités physiques et morales dont s'enorgueillit cette grande et noble race.

Ce n'est pas leur faute si, après avoir soulevé tant de voiles, ils les ont vus s'épaissir de nouveau. Le secret de l'Afrique est bien gardé. L'Isis noire ne veut pas être devinée. Le sphinx veille sur elle et barre la route.

Cette fois, c'est le Mahdi. Son empire, fils du désert, forme le dur tampon qui fait obstacle au milieu de la grande fissure, attaquée par en haut et par en bas. Le plateau central n'a été qu'entamé. Il n'est pas conquis. Stanley a ramené à la côte les derniers défenseurs de l'œuvre de Mehemet-Ali. L'Afrique s'est refermée.

L'école allemande fut plutôt individualiste et scientifique. Au début même, elle se subordonne à une direction étrangère. Plus récemment, il est vrai, la fondation de colonies allemandes sur les côtes de l'Afrique, au Tologand, au Cameroun, à Angra Pequena, dans les États du sultan de Zanzibar, a précisé et localisé ses efforts ; mais ils ont perdu, en même temps, de leur ampleur. L'exploration allemande a accompli, entre 1850 et 1880, une œuvre désintéressée, remarquable par l'abondance, la précision et la richesse scientifique des résultats. Ses plus glorieux champions furent Barth, Owerweg, Vogel, Beurmann, Gérard Rohlfs, Lenz, Schweinfurth et Nachtigal.

De même que la gloire de l'école anglaise moderne peut se rattacher à une pensée prédominante : la recherche des sources du Nil ; de même celle de l'école allemande se résume en un seul mot : le Soudan.

Le plateau central se divise en deux vastes régions : l'une, qui s'allonge au sud de l'équateur et forme le triangle de l'Afrique sud-équatoriale ; l'autre, qui s'arrondit au nord et qui forme la masse joufflue comprise entre le Sénégal et l'Égypte. C'est cette seconde région qui est parcourue par les voyageurs allemands. Ils y sont en plein pays musulman. Ce n'est pas tant une Afrique qu'ils y rencontrent qu'une Asie. Comme but, ils se proposent un double mystère : une ville, Tombouctou ; un lac, le lac Tchad.

Henri Barth et Owerweg, l'un professeur, l'autre docteur, l'un et l'autre hommes cultivés, s'enrôlent dans dans une importance expédition dirigée vers le Soudan par la Société de géographie de Londres, en vue de poursuivre, dans un de ses centres les plus importants, l'abolition de la traite. Cette expédition est, tout d'abord, placée sous le commandement de l'Anglais Richardson.

On part de Tripoli en 1850. Richardson meurt en 1851 ; Barth devient le chef effectif de l'expédition, ou plutôt, s'abandonnant à sa seule inspiration, il transforme en exploration scientifique la mission politique à laquelle il avait été attaché. Il réside longtemps à Kouka, gagne l'amitié du cheik et de son visir et, suivant tantôt le sultan, tantôt ses lieutenants dans leurs expéditions, emportant les lettres de recommandation qu'ils lui donnent et qui, partout, lui servent de sauf-conduit, il rayonne dans toutes les directions autour du lac Tchad, faisant les pointes les plus hardies, tantôt vers l'est, dans le Baghirmi, tantôt vers le sud, dans la direction du Chari, ou bien encore au sud-ouest, vers la Bénoué qu'il découvre et qu'il proclame, avec raison, « la plus belle voie de pénétration au cœur de l'Afrique ».

Ou bien encore, reprenant à revers les voyages de

Mungo-Park et de René Caillié, il se dirige vers l'ouest, traverse tout le Bornou, visite Kano, Katsina, le royaume du Sokoto, arrive à Saï sur le Niger, franchit le fleuve sur ce point et, s'enfonçant de nouveau dans les terres, marche droit sur Tombouctou. Il atteint cette ville, y séjourne sept mois et repart de plus belle pour Kouka et le lac Tchad.

On le croyait mort ; on avait dispersé ses papiers : le lieutenant Vogel, venu au-devant de lui, avait abandonné tout espoir de le retrouver. Les deux voyageurs ont la joie de se rencontrer. Ils restent quelque temps ensemble, puis se séparent : Vogel pour aller mourir dans le Ouadaï, Barth pour traverser de nouveau le désert et revenir par Mourzouk et Tripoli en Europe. Ces admirables voyages ont duré cinq ans. La relation qu'en a donnée Barth est un document magistral pour la connaissance du Soudan central.

Tous les voyageurs allemands qui succèdent à Henri Barth s'efforcent de rattacher leurs itinéraires à celui du maître. Son compagnon, Owerweg, qui entreprend d'explorer le lac Tchad, meurt comme le lieutenant Vogel. Un autre officier allemand, parti de Darfour, Beurmann, est également tué dans le Ouadaï. La contrée située entre le lac Tchad et l'Égypte oppose une résistance farouche aux tentatives qui l'assiègent de toutes parts.

Cependant, tandis qu'un autre Allemand, le docteur Lenz, parti du Maroc avec des lettres du Sultan, accomplit une brillante exploration qui complète, vers l'ouest, l'itinéraire de Barth et rejoint Tombouctou au Sénégal par Bassi-Koundou et Médine, tandis que Gérard Rohlfs, porteur des présents du roi de Prusse pour le sultan du Bornou, traverse l'Afrique septentrionale, de part en part, de Tripoli à Lagos, un simple particulier, un homme distingué et instruit, qui cherche la santé en Afrique, s'engage peu à peu dans une belle expédition dont les résultats égalent, ou peu s'en faut, ceux des voyages d'Henri Barth : c'est le docteur Nachtigal.

Parti en février 1869, lui aussi gagne d'abord Kouka, par Tripoli. Il explore les coins les plus reculés et les plus farouches du grand désert et revient, par miracle, d'une terrible expédition chez les mystérieux et solitaires Tibbous. Il trouve, à Kouka, les traces de son illustre prédécesseur et les bonnes dispositions préparées par le souvenir qu'il évoque. Comme Barth, il part du lac Tchad et de Kouka et s'étend, dans tous les sens, à travers le Soudan ; il s'enfonce, vers l'est, dans ces terribles contrées du Ouadaï, du Baghirmi, du Darfour, où tant d'autres ont péri avant lui. Il réussit : deux importantes explorations le portent, au nord-est, dans le Borkou, en plein Sahara ; puis au sud-est, sur le Chari, sur le Logone, et il n'est pas loin de mettre les pieds dans le bassin du Congo ; enfin, au retour, il traverse, parmi les dangers sans cesse renouvelés, le Ouadaï et le Darfour, et rentre en Égypte, par El-Obéïd, juste au moment où éclate l'insurrection mahdiste. L'Afrique va donc, de ce côté encore, se fermer pour longtemps devant l'explorateur qui l'a, à peine, entrevue.

Par la Haute-Égypte, l'itinéraire de Nachtigal se rejoint à celui de Schweinfurth, qui, parti en 1863, pour herboriser et augmenter ses collections, remonte le cours du Nil au delà des cataractes, accompagne un traitant arabe, pénètre dans le Bahr-el-Ghazal, séjourne dans le pays des rivières, franchit la ligne de partage des eaux entre le bassin du Nil et le bassin du Congo, parcourt, en tous sens, le pays des Niam-Niams, arrive sur le M'bomou, sur l'Ouellé, observe que ces cours d'eau se dirigent tous vers l'ouest et s'imagine avoir découvert les affluents orientaux du lac Tchad, quand il a, en réalité, atteint, par le nord, le haut bassin du Congo et de l'Oubanghi.

Par l'exploration de Schweinfurth, un dernier nœud de la question africaine est saisi : c'est celui qui établit le contact entre l'Afrique du centre et l'Afrique du nord c'est-à-dire le point de rencontre des trois bassins du Nil, du Congo et du lac Tchad. Schweinfurth et, après lui, Piaggia et Junker posent le problème sans le résoudre. Mais l'hypothèse hardie de Desbuissons et de Wauters le dénouera bientôt et en marquera, du même coup, la haute importance politique.

Ainsi, par les voyages de Barth, de Nachtigal et de Schweinfurth, le deux Soudans, le Soudan égyptien et le Soudan nigérien se rejoignent, ou plutôt, se confondent. Il n'y a qu'un seul Soudan. C'est cette vaste région qui s'étend parallèlement à l'équateur, au sud du Sahara, depuis le Sénégal jusqu'au Nil, et dans laquelle se fait, sous l'œil de Islam qui progresse, le mariage des deux Afriques : celle du Nord ou des Arabes, celle du Sud ou des noirs. C'est ici que le puissant agglutinant du mahométisme dompte, assouplit et discipline l'anarchie nègre.

Sur ce confin de deux mondes, les voyageurs ont vu, avec surprise, surgir devant eux tout un spectacle des *Mille et une Nuits* : vastes empires à populations agglomérées, dynasties régulières dont les origines remontent à plusieurs siècles, villes aussi vastes que des cités européennes où les constructions mauresques, blanches sous le soleil, dominent les paillotes au toit pointu ; armées superbes, comptant parfois cent mille soldats, avec des corps d'élite composés de vingt ou trente mille cavaliers armés comme des sultans saladins, de la cotte de maille et du casque pointu, ou enfoncés dans le lourd casaquin d'étoffes de coton épais et rembourré.

A la tête de ces troupes, un sultan noir, vêtu du burnous blanc, montant un cheval blanc richement caparaçonné, s'avance sous le parasol; on dirait le sultan du Maroc d'aujourd'hui ou le bey de Tunis d'hier. Près de lui, son vizir; non loin, les cheiks, les ulémas, le harem, le sérail. Dans les villes, des mosquées, des turbés, des fontaines sacrées, des prêtres, des savants, des philosophes, des annalistes écrivant les fastes des règnes qui se succèdent, les étudiants en grand nombre, qui font comparer telle ville à une « Florence africaine ».

La campagne cultivée, verte, animée, abondante en fourrages, en bestiaux; les chemins peuplés de voyageurs, piétons et cavaliers. Dans toute la société, une hiérarchie sociale traditionnelle et rigoureusement observée; des mœurs qui, souvent, par leur simplicité, par leur gravité, par leur humanité, étonnent le voyageur ; un commerce actif, ingénieux, une industrie ; la langue répandue sur de vastes régions, le haoussa, crée un lien entre ces populations et sert au commerce : tels sont les traits principaux de cette vaste contrée qui a vu des empires comme ceux des Sonraï, des Peuls, du Sokoto, qui compte des villes comme Tombouctou, Sokoto, Kano, Katsina, Kouka, Abesch, El-Facher, El-Obéïd, qui vit sur elle-même, loin de l'existence et des agitations des autres parties du globe, mais qui a, dans sa propre histoire, de quoi surprendre par la variété, la richesse, la portée des épisodes.

Quand on entrevoit confusément les grandes lignes de ce passé perdu à jamais, quand on considère le présent, si semblable par sa force d'expansion et sa mobilité aventureuse à ce qu'était l'Islam du moyen âge, quand on réfléchit à ce que révèlent de foi intense et d'énergie repliée sur elle-même, en face de l'Europe agressive, des forces comme le snoussisme et le mahdisme, quand on fait le compte des distances, qu'on envisage les difficultés des routes et du climat, quand on embrasse l'étendue de ce vaste territoire continental compact et sans accès, on se demande quelle sera la résistance que l'Afrique saura opposer, un jour, à ceux qui prétendent la vaincre.

C'est ici, en tout cas, que cette résistance aura son réduit. On la sent qui se prépare, qui s'organise instinctivement. Crampel, au premier pas qu'il fait, venant du sud, rencontre des gens à cheval, armés de carabines Remington, qui, écartant les Sénégalais de sa troupe, marchent sur lui, disant : « C'est au blanc que nous en voulons ». Musulmans venus du nord, le nom même de leur chef est symbolique : il s'appelle *Snoussi*.

Déjà, les Abd El Kader, les Omar, les Ahmadou, les Samory, les Rabah, le Mahdi et ses successeurs sont connus dans plus d'un foyer européen, où ils ont, de si loin, porté le deuil. D'autres viendront après eux. Depuis Pierre l'Ermite, il a fallu cinq cents ans à l'Europe pour repousser l'Islamisme des rivages de la Méditerranée. Elle le retrouve, replié sur cette seconde ligne, faisant tête, plus ramassé, mieux gardé, plus sauvage et plus rude.

La part de la France dans l'exploration africaine est considérable. L'école française a commencé de bonne heure et elle est encore en pleine activité. Au début, elle est individualiste et, si j'ose dire, fantaisiste. C'est la curiosité, l'attrait du nouveau, qui met en mouvement le voyageur français. Mais, dans les dernières années, elle a pris un caractère de méthode et d'activité pratique dû, en grande partie, il faut ne pas se le dissimuler, à l'intervention de l'État. L'institution des Missions scientifiques joue, en ces matières, un rôle prépondérant.

D'ailleurs, l'impulsion qui porte la France vers le continent africain est trop ancienne et trop soutenue pour qu'on ne la considère pas comme une sorte de loi historique. La situation de Marseille sur la Méditerranée suffit pour tout expliquer.

Trois grands faits d'initiative française marquent, depuis un siècle, l'évolution décisive de la terre africaine : c'est l'occupation de l'Égypte par Bonaparte, la conquête de l'Algérie et le percement du canal de Suez.

La campagne d'Égypte n'est pas seulement une brillante opération militaire. Elle laisse, dans le pays, des germes d'organisation et de civilisation qui se développent après le départ du dernier soldat de Menou. Sous l'influence des Français, qui vont et viennent de Marseille à Alexandrie, l'Égypte se développe, s'enrichit, s'étend. Les successeurs de Mehemet-Ali poussent rapidement son œuvre vers le Soudan, et l'exploration est suivie, sans délai, de l'occupation accomplie par des troupes que des officiers français ont formées.

La conquête de l'Algérie a été le seconde entaille dans la bordure d'États que l'Islam déroulait sur les côtes de la Méditerranée. Le pays a été occupé et colonisé. Des méthodes nouvelles ont été appliquées. L'expérience du climat, du sol, des races est née. Les troupes indigènes ont été enrégimentées. Les officiers d'Afrique, les fonctionnaires algériens, les enfants des colons, établis maintenant depuis plus d'un demi-siècle sur le continent, sont devenus les pionniers naturels des œuvres ultérieures. La question du Sahara a été abordée pratiquement et scientifiquement.

Depuis les découvertes accomplies sous la direction

d'Henri le Navigateur, rien de plus grand ne s'est fait, pour l'Afrique, que le percement du canal de Suez, œuvre d'un simple particulier.

La Méditerranée a repris, tout à coup, l'importance que la découverte du cap de Bonne-Espérance lui avait enlevée. En même temps que le commerce général du monde reprenait sa route traditionnelle, l'Afrique orientale, depuis la mer Rouge jusqu'à Madagascar, était, soudain, rapprochée de l'Europe et mise en contact immédiat avec la civilisation.

Il y a cinquante ans, pour aller de l'Europe à l'île de Zanzibar, on touchait terre au Sénégal, au Brésil, on parcourait tout l'Océan Atlantique : on doublait le cap redoutable et la navigation devait longer ensuite les rivages monotones de l'océan Indien. Aujourd'hui, ce revers de l'Afrique est à quelques semaines de Marseille, à deux pas d'Alexandrie. Aussi, quelle importance n'a-t-il pas prise soudain? M. de Lesseps n'était pas mort que de nouveaux empires, autrement réels ou durables que le Monomotapa et que les établissements portugais, s'esquissaient sur cette côte.

Comparés à ces faits considérables, les travaux de l'exploration française semblent peu de chose et, pourtant, comme ils sont étendus et variés ! C'est Le Vaillant qui a fait les premiers grands voyages dans le Sud africain ; c'est René Caillié qui, le premier, a visité Tombouctou ; c'est la Croix, c'est Caillaud, qui, avec l'Anglais Bruce, ont procédé aux premières investigations scientifiques sur l'Abyssinie et le Nil Bleu, et leur œuvre spéciale, dans cette difficile région de l'Afrique, a été poursuivie par les d'Abbadie, les Rochet d'Héricourt, les Lefebre, les Révoil.

Cependant l'école française n'a revêtu son véritable caractère que dans les trente dernières années. Il semble qu'elle ait attendu, pour prendre son essor, le déclin de ses rivales. Si l'on veut embrasser son œuvre d'un coup d'œil, il suffit d'énumérer les points d'attache que la vieille colonisation française avait laissés sur la terre d'Afrique.

Les commerçants de Dieppe, de Marseille et de Bordeaux trafiquaient, de longue date, au Sénégal, sur la côte des Esclaves et la côte de Guinée, au Gabon, à Madagascar. Ils avaient, sur ces différents points, planté les premiers jalons. Ajoutez à ces établissements anciens les nouvelles acquisitions qui sont l'œuvre du dix-neuvième siècle, l'Algérie au Nord, l'échelle d'Obock, dans la mer Rouge, et vous aurez énuméré les bases d'opérations de la campagne convergente qui va s'engager de toutes parts.

Sur le continent, et abstraction faite de Madagascar, toutes les explorations françaises accomplies dans la dernière moitié du dix-neuvième siècle ont un objet parfaitement déterminé : c'est à savoir, l'union, à travers le continent, des établissements que la France avait su, de longue date, s'assurer sur la côte. On trouve, là, comme une théorie de l'hinterland avant la lettre, qui pousse les uns vers les autres les hardis pionniers s'éloignant tous du rivage.

Suivez-les. Prolongez indéfiniment les lignes que leurs entreprises amorcent. Il y a un point où elles se coupent, où les territoires qu'elles traversent se rejoignent : c'est vers ce point idéal que se dirigent instinctivement les voyageurs français, ceux qui partent de l'Algérie ou de la Tunisie, ceux qui partent du Sénégal ou de la côte d'Ivoire, ceux qui partent du golfe de Tadjourah : et ce point c'est le lac Tchad.

La vieille colonie du Sénégal donne le branle. Même avant René Caillié, des voyageurs français ont pénétré dans l'intérieur. De Brue, en 1698, avait parcouru le royaume de Galam. En 1715, un autre voyageur avait visité le Bambouk. La Compagnie du Sénégal y envoya ses agents, à diverses reprises, à partir de 1730. Mollien pénétra également dans l'intérieur, sans pouvoir aborder le bassin du Niger. René Caillié couronne cette série d'efforts par son célèbre voyage à Tombouctou.

Une période d'abandon succède à l'activité du siècle précédent. Mais, en 1854, Faidherbe est nommé gouverneur du Sénégal et, alors, commence, dans l'organisation politique et militaire, dans l'étude scientifique, dans l'exploration, la période vraiment moderne. On ne peut citer que des noms. Le capitaine Vincent visite l'Adrar; Mage et Bourrel vont chez les Maures; le capitaine Fulcrand étudie les parages du Cap Blanc et de la baie d'Arguin; le capitaine Azan explore le Oualo, et le lieutenant de vaisseau Mage les rivières du Siné et de Saloum.

On touche enfin au bassin du Haut-Niger, le Djoliba. On le parcourt; on l'étudie; on prépare les voies. Le lieutenant Pascal va dans le Bambouk, le lieutenant Lambert dans le Fouta-Djallon, Mage et Quintin auprès du successeur d'Omar, le sultan de Ségou, Ahmadou. Ils séjournent à Yamina, à Sansandig; c'est ce voyage qui établit en quelque sorte la jonction définitive du bassin de Sénégal et de celui du Haut-Niger. Galliéni y séjourne de nouveau, en 1880.

Cependant, du côté de l'Algérie, les premiers efforts sont faits pour répondre aux appels qui commencent à se faire entendre de l'autre côté du Sahara. A la période de conquête, la période d'organisation et d'étude a succédé. On veut connaître l'Algérie, elle-même, tout d'abord; d'où les beaux travaux de notre corps d'officiers, au premier rang desquels les Hanoteau et les Daumas.

On veut savoir aussi ce qu'il y a derrière elle. Une inspection méthodique commence. Elle a son point culminant dans la remarquable exploration de Henri Duveyrier chez les Touaregs (1859-1861). Les relations qu'il se crée, l'étude approfondie qu'il fait du passé, du présent et de l'avenir de ces races du désert, mettent ses travaux parmi les plus importants et les plus féconds.

En même temps, une idée plus audacieuse, suite naturelle de la campagne de jonction déjà entreprise, se fait jour dans les esprits : celle du chemin de fer transsaharien. Cette conception, ce rêve, hante désormais les voyageurs qui vont toujours plus loin, toujours plus avant dans le Sahara : Paul Soleillet en 1872, Dournaux-Dupéré, égorgé par les Chambaas en 1874, Victor Largeau qui échoue, en 1876, à Ghadamès.

Deux projets sont en présence, l'un oriental, qui se dirige vers le lac Tchad et le Bornou, l'autre occidental qui, par le Touat, doit gagner Tombouctou. Le colonel Flatters qui part, en 1881, pour reconnaître le tracé oriental est surpris avec sa troupe et massacré; Pouyane échoue dans sa reconnaissance du tracé occidental; Palat périt à son tour, sur le même chemin; puis, c'est Camille Douls, en 1889. Le Sahara se défend bien.

Cependant, tout à coup, du côté du sud, un autre appel retentit. Un jeune officier de la marine française, Savorgnan de Brazza, avait commencé, dès 1875, à la suite de du Chaillu et de Compiègne, les belles explorations dans l'intérieur de notre colonie du Gabon. Étendant sans cesse le cercle de ses pérégrinations pacifiques, il avait reconnu l'Ogoué, l'Alima, le Niari-Kiliou, pénétré dans le bassin du Congo, découvert, successivement, les affluents de la rive droite du grand fleuve et, notamment, l'amorce du majestueux Oubanghi.

Enfoncé, pendant vingt années, dans ce vaste champ

d'exploration, Brazza, tout fumant d'idées et d'activité, avait été à la fois voyageur, administrateur, diplomate, colonisateur, et parmi tant de labeurs, toujours souple, toujours prudent, toujours bon. Il avait créé de toutes pièces notre nouvelle colonie, surpris Stanley par son arrivée impétueuse sur les bords du Congo, arrêté à la rive droite du Congo et de l'Oubanghi l'élan vigoureux de l'État indépendant.

Et, tout à coup, voilà qu'un plan gigantesque, longtemps caressé comme une chimère, lui apparaît réalisable : lui aussi, il veut aller vers le Tchad, mais par le Gabon. L'idée de l'union de notre colonie équatoriale avec celles de la côte méditerranéenne et de la côte occidentale s'empare de lui. Il devine l'avenir de la Sangha, de ce grand affluent du Congo qui descend du nord en droite ligne et qui, par conséquent, à la remonte, doit conduire le voyageur vers le Chari, vers le Logone, vers les grandes artères du bassin du Tchad.

Nous sommes en 1889. C'est alors que, sous une impulsion énergique, une pensée unique anime, tout à coup, simultanément, et sur tous les points à la fois, tous ceux qui ont au cœur, pour la France, l'ambition africaine.

Le Comité de l'Afrique française est fondé ; l'administration des colonies est dirigée par un esprit à la fois pratique et vigoureux, M. Étienne ; les diplomates se saisissent de ces intérêts trop souvent négligés ; des négociants français se réunissent ; la fleur de notre jeunesse, et surtout de notre jeunesse militaire, s'offre, le sourire aux lèvres ; il n'est pas jusqu'aux auxiliaires indigènes qui n'apportent leur discipline, leur endurance, leur infatigable courage. Toutes ces bonnes volontés s'entr'aident et se combinent. Un grand effort, ayant pour but la jonction définitive de toutes nos colonies continentales, par un système d'exploration simultané, est décidé.

Binger est parti du Sénégal et, traversant le pays de Kong, il est arrivé à la Côte d'Ivoire, après avoir rencontré Treich-Laplène, venu au-devant de lui. Ménard, en sens inverse, essayera bientôt de rejoindre la côte occidentale en partant de ce même pays de Kong et périra tragiquement. Monteil, partant de Saint-Louis, pénètre dans le bassin de Niger, le traverse tout entier, gagne le Sokoto, le Bornou, le lac Tchad et, de là, rentre en France par la Tripolitaine, achevant, dans le désert, le voyage le plus complet et le plus hardi qui ait été accompli jusqu'alors.

Mizon remonte la Benoué, s'enfonce dans l'Adamoua et, après des péripéties sans nombre, rejoint Brazza lui-même, dont la brillante campagne sur la Sangha n'est pas seulement une exploration, mais une véritable prise de possession. Sur le Haut-Oubanghi, Crampel, qui remonte également vers le Tchad, rendez-vous commun de tous ces efforts, meurt au moment où il pénètre dans le Baghirmi. Mais la tâche est reprise par Maistre, par Dybowski.

Et, depuis lors, c'est un assaut constamment renouvelé contre le sphinx africain, auquel on arrache, jour à jour, une parcelle de son mystère. C'est Decazes, c'est Ballay, c'est Liotard, c'est d'Uzès, c'est Julien, c'est Bonnier, c'est Decœur, c'est Toutée, c'est Brosselard-Faidherbe, c'est Ballot, c'est Hourst, c'est Beau, c'est Marchand... et combien de noms ne faudrait-il pas ajouter à cette liste glorieuse?

En somme, le but est atteint. Le fait symbolique de cette marche combinée, c'est la rencontre de Mizon et de Brazza au sortir de l'Adamaoua, l'un venant du Niger et l'autre du Congo; partis de si loin, ils se retrouvent, sans rendez-vous précis, portés, pour ainsi dire, par l'idée maîtresse qui les conduit l'un et l'autre.

Ainsi le mince ruban des itinéraires a relié, à travers le continent, les colonies françaises disséminées selon le hasard de l'occupation des côtes. Si la formule : *A chacun selon ses œuvres* s'applique, l'exploration française aura préparé, pour la politique de la France et pour la civilisation, des résultats dont elles n'auront qu'à tirer parti.

Le mérite de nos explorateurs s'accroît encore du fait de la méthode employée. Elle est uniquement pacifique, douce aux indigènes, tolérante pour l'ignorance, les préjugés, les dispositions hostiles. Il n'y a pas de travail plus curieux que celui de Brazza, allant et venant, ne s'entêtant pas, palabrant sans cesse, plein de mansuétude, quand, parfois, la réplique par la force lui serait si facile.

Comment ne pas admirer le judicieux bon sens du froid Binger, que rien n'émeut ni ne déconcerte, qui poursuit son chemin d'un pas tranquille traversant, sans coup férir, des contrées qui, avant lui, paraissaient si âpres et qui s'ouvrent devant sa douceur obstinée ?

D'ailleurs, cette méthode de lente et patiente pénétration est commune à tous ceux qui ont réussi en Afrique. A moins que l'exploration ne trouve un objet en elle-même et qu'elle ne se contente d'être un terrible et périlleux tour de force, elle doit se préoccuper de laisser, là où elle passe, des souvenirs qui disposent les confiances et préparent les cœurs. C'était la méthode de Barth ; c'était la méthode de Livingstone qui, dans une parole profonde, remerciait Dieu « d'avoir rencontré, dans ce monde nouveau qu'il venait de parcourir, un si grand nombre de braves gens ».

L'exemple du seizième et du dix-septième siècle doit,

en sens contraire, nous servir de leçon. L'Assemblée constituante, après les encyclopédistes, a flétri, avec raison, l'odieux *mercantilisme* qui a déshonoré les premiers pas de la colonisation européenne et n'a laissé, derrière lui, qu'un héritage de honte et de deuil. Les campagnes farouches des navigateurs du seizième siècle, la soif de l'or, la chasse des nègres, toutes les passions et toutes les violences surexcitées par une cupidité sans frein et sans avenir, n'ont produit partout que la ruine et la dévastation.

Ces pauvres races inférieures méritaient-elles un si dur traitement ?

Les explorateurs modernes en ont jugé autrement. Leur œuvre, qui s'achève, a ennobli de sa gloire pacifique, la seconde moitié du dix-neuvième siècle. Elle a, en même temps, posé les fondements de la politique africaine moderne sur les bases inébranlables de la paix, de l'humanité et du désintéressement.

Mais elle n'eut laissé, sur la face du continent noir, que des pistes inutiles, hâtivement recouvertes par la brousse, si l'expansion nationale et les sanctions politiques n'eussent appuyé ses efforts et estampillé l'Afrique de l'empreinte européenne par excellence : l'organisation.

« L'exploration » a préparé le « partage de l'Afrique » : Les armes et la diplomatie l'achevèrent.

(1896.)

CHAPITRE DEUXIÈME

FACHODA

ET

LA NÉGOCIATION AFRICAINE

Le souvenir de la blessure cuisante que fut, pour la France, l'affaire de Fachoda s'efface peu à peu. Les problèmes posés alors sont résolus ; les peuples sont occupés à d'autres travaux, l'opinion est agitée par d'autres soucis : il est permis de présenter maintenant l'exposé loyal d'une affaire, considérable en son temps, et qui ne fut, en somme, que l'épisode final de la longue négociation engagée entre les deux grandes puissances principalement intéressées, en vue du partage de l'Afrique.

Pour l'histoire, pour la vérité, pour la justice, il n'est pas inutile de préciser le fait et le droit, il n'est pas inutile d'établir que la partie engagée était légitime et qu'elle méritait d'être jouée. N'eût-elle fait que soutenir le bon renom de la race française, elle avait sa raison. Un peuple ne puise ni autorité ni respect dans l'abandon de soi-même.

Mis à sa place, dans le cours des événements, l'incident s'éclaire, et l'histoire le jugera avec plus d'équité que ne l'ont fait les contemporains.

L'Angleterre avait occupé l'Egypte dès 1880 (1). La France, complétant son expansion algérienne, avait établi son protectorat sur la Tunisie (2).

L'Angleterre, par des initiatives hardies, avait étendu son autorité sur l'Afrique Orientale en prenant pour directive la fameuse formule : « du Cap au Caire ».

La France, pénétrant par les trois portes de l'Algérie, du Sénégal et de la côte de Guinée, s'était imposé à l'Afrique Occidentale ; en outre, par le Congo, elle s'enfonçait au loin dans l'intérieur des terres et prenait de flanc l'Afrique Orientale (3).

Les situations étant telles, en quel point devaient se faire la démarcation et le partage des influences? C'est le problème qui fut posé au temps de la mission Marchand.

Il fut résolu dans des conditions assez mal expliquées jusqu'ici, et qui ne furent pas toutes au désavantage de la France.

Cinq cents Sénégalais, ayant à leur tête un homme, auraient pu obtenir des résultats plus avantageux encore, tels que ceux qui ont récompensé, souvent, des efforts moins méritoires. Si des difficultés inouïes n'eussent pas retardé leur marche, si un arrangement fût intervenu plus tôt, comme il était à prévoir, — c'est-à-dire avant la rencontre des forces anglaises et françaises sur le Nil, — la face des choses eût été sans doute modifiée. Une entente amiable eût mis fin, dignement, à cette concur-

---

(1) Voir les origines de l'affaire d'Egypte, dans l'*Histoire de la France contemporaine* (t. IV, p. 385).
(2) Voir *ibid.* (t. IV, p. 639).
(3) Sur l'ensemble des événements de cette expansion parallèle, voir les deux volumes du regretté JEAN DARCY : *Cent années de rivalité coloniale*. Perrin, in-8°.

rence honorable, à cette rivalité émouvante qui avait jeté les deux pays, face à face, sur les mêmes voies.

Le but qu'on s'était proposé ne fut pas atteint.

Pourtant les sacrifices ne furent pas inutiles. Ce passé, trop mal connu, a planté, pour l'avenir, les jalons de distributions meilleures et plus avantageuses à la fois pour les deux puissances et pour la civilisation.

La France et l'Angleterre, qui se heurtèrent à cette heure, avaient usé, au cours des longues et complexes négociations antérieures, de ménagements réciproques et s'étaient abordées dans des sentiments de conciliation et d'estime. Ce corps à corps unique avait été précédé de vingt ententes (1). On n'avait jamais perdu de vue la considération dominante de l'harmonie nécessaire entre les deux puissances et de la collaboration finale aux mêmes œuvres.

Un jour viendra où la nécessité de cette collaboration, non seulement partout dans le monde, mais spécialement dans les régions sur lesquelles portait le litige, apparaîtra. Ce ne sera pas trop du concours de toutes les puissances limitrophes pour pénétrer ces immenses et farouches provinces.

On verra bien, alors, que la communauté des efforts est préférable à des revendications exclusives et hostiles. Au sein de ces marécages où les eaux indécises des deux plus grands fleuves africains hésitent avant de séparer leurs cours, les politiques qui furent rivales se rapprocheront et se trouveront unies.

L'avenir, repassant alors l'œuvre interrompue, reconnaîtra que la vigilance française, portée jusqu'à ces confins éloignés, était justifiée. Si l'esprit de concorde et la bonne grâce l'eussent emporté — et peu s'en

(1) Voir, ci-dessous, le recueil des traités entre la France et l'Angleterre pour le partage de l'Afrique (p. 269 et suiv.).

fallut — les résultats eussent été meilleurs pour tous, sans les risques d'une rupture redoutable et la douleur d'un choc pénible. Entre vieilles nations et camarades de route dans l'histoire, les égards mutuels sont le plus sage : on se retrouve.

Quoi qu'il en soit, pour que l'avenir sache et que l'histoire juge, il faut qu'ils soient éclairés et que, — les brouillards de la polémique étant dissipés, — la vérité se lève.

L'exposé qui va suivre a pour objet de mettre, une fois pour toutes, hors de cause l'honneur de la France et la bonne foi de ceux qui l'ont représentée. Il est consacré, uniquement, au débat diplomatique qui, remontant aux années antérieures, s'est terminé par le rappel de la mission Marchand.

Quant à l'expédition elle-même, je n'entreprends pas de la raconter : le plus simple et le plus fort des témoignages, c'est le journal de marche, écrit au jour le jour, par les chefs. Ils ont fait, pour le pays, tout ce qui pouvait être fait. Leur étonnante randonnée achève superbement la série de ces « aventures françaises » qui, pendant vingt années, ont sillonné, de leur piétinement, le continent noir. Une telle gloire est hors d'atteinte.

Il reste à dire les circonstances internationales dans lesquelles la mission s'est produite, à rappeler par qui elle fut décidée, comment soutenue et pourquoi elle a échoué.

I

Il est avéré, — après les précisions données par M. André Lebon (1), — que la mission Marchand fut

(1) Voyez, dans la *Revue des Deux Mondes* des 15 mars, 15 mai, 15 juin et 15 septembre 1900, les articles de M. André Lebon,

décidée sur l'initiative de M. Léon Bourgeois, président du Conseil et ministre des Affaires étrangères, au début de l'année 1896, et qu'elle fut constituée par M. Guieysse, alors ministre des Colonies (1). Les instructions concertées entre les deux départements furent signées, par ce dernier ministre, le 24 février 1896. C'est donc au cabinet Bourgeois qu'appartiennent l'honneur et la responsabilité de cette mesure prise en connaissance de cause, après longue et mûre délibération.

La décision n'était pas un fait isolé dans le développement de l'expansion française en Afrique : elle avait ses origines dans une politique nationale antérieure ; mais elle eut sa raison d'être immédiate dans un programme général d'action en Afrique conçu à la suite des événements qui ont marqué les derniers mois de l'année 1895.

M. de Freycinet a rappelé, dans un livre admirable de pondération et de sang-froid, quelles raisons la France opposait à l'occupation de l'Egypte par l'Angleterre. Il n'est pas utile d'évoquer ici, à nouveau, ce passé pénible pour les deux parties. Car, si l'une des puissances a été expulsée de ses titres et de son influence, l'autre n'a obtenu son succès que par une procédure diplomatique laborieuse dont le moins qu'on puisse dire c'est que les diverses phases n'en sont pas toujours conciliables entre elles.

Il fallut une sagesse extrême aux deux gouverne-

---

recueillis en volume sous le titre : *la Politique de la France en Afrique*, 1896-1898. Plon, 1901, in-8°.

(1) La constitution de la mission est annoncée en ces termes dans les journaux du temps : « Une décision du ministre de la Marine, en date du 17 janvier 1896, porte que la garnison de l'Oubanghi sera composée de trois compagnies de tirailleurs sénégalais... — M. Marchand, capitaine d'infanterie de Marine, est désigné pour servir à la 12ᵉ compagnie des tirailleurs sénégalais détachée dans l'Oubanghi. » *Bulletin de l'Afrique française* février 1896 (p. 40).

ments pour que l'irritation réciproque, se manifestant par des réclamations véhémentes et des échappatoires embarrassées, n'ait pas causé de plus graves conflits. Ni les excitations téméraires, ni les vivacités périlleuses n'ont manqué, de part ni d'autre, et l'on peut affirmer que, dans la phase suprême, certains hommes d'Etat étaient plus notoirement hostiles en Angleterre qu'en France.

La rivalité de la France et de l'Angleterre, en Egypte, fut certainement une des causes initiales de l'incident de Fachoda ; mais on n'en comprendrait pas le véritable caractère si on ne le mettait à sa place dans cette vaste question du partage de l'Afrique qui fut une des grandes affaires du dix-neuvième siècle à son déclin.

Les voyages de Stanley avaient démontré, par la découverte du Congo, que l'accès vers le Nil et les Grands Lacs est plus facile, peut-être, par la côte occidentale que par la côte orientale. A l'Ouest, en effet, la région des cataractes franchie, on dispose d'un parcours relativement aisé sur un bief immense. Le Congo, c'est, pour l'Afrique équatoriale, le fameux « chemin qui marche. »

Les regards se portèrent donc sur cette côte jusque-là si négligée. La France, en raison de la possession du Gabon, d'où partait Brazza, l'Etat Indépendant, par une extension hardie des titres plus récents que lui avait attribués la conférence de Berlin (1884), poussèrent leur pointe vers les hautes terres arrosées par le fleuve et ses affluents.

L'hypothèse qu'on qualifie, à tort, d' « hypothèse de Wauters », mais qui fut, dès la conférence de Berlin, l'hypothèse de Desbuissons, se vérifia : un affluent considérable du Congo, l'Oubanghi, a sa source dans des régions très voisines de l'Egypte équatoriale et recueille les eaux qui, partant du Bahr-El-Ghazal, prennent le chemin de l'Atlantique.

Quand des traités, longuement débattus et remaniés à diverses reprises (1885-1887), eurent assuré à la France la possession légitime de la rive droite de l'Oubanghi, avec la frontière prolongée jusqu'au 30° méridien par le 4° parallèle(1), cette puissance se trouva, sur une étendue considérable de son territoire colonial, limitrophe du bassin du Nil. Une ligne de partage imperceptible distingue à peine, parmi les eaux dormantes des marécages herbus, les vallées des deux fleuves.

Cette situation remarquable ne devait pas échapper à l'attention des hommes chargés de suivre, pour le gouvernement français, l'avenir de l'expansion européenne en Afrique. Un mémoire soumis par la sous-direction des protectorats à M. Spuller, ministre des Affaires étrangères, remanié ensuite pour M. Develle, relevait l'importance de ces contacts et de cette pénétration de flanc que les affluents du Congo enfoncent vers le cours du Moyen-Nil : « S'il se construit un chemin de fer pour relier les deux grands fleuves africains, il passera là ; s'il se fait un canal, il passera là. »

La France avait le plus haut intérêt à s'approcher, par le Congo, des régions que les entreprises du Mahdi avaient arrachées à leur contact bien précaire avec la civilisation. OEuvre d'autant plus urgente que, par une campagne extraordinairement aventureuse, les officiers de l'État Indépendant du Congo avaient, au mépris des traités, franchi le 4° parallèle, établi des postes sur le haut Oubanghi et s'étaient dispersés dans l'Afrique nilotique.

Aussi, dès l'année 1892, sur l'initiative de M. Étienne,

---

(1) Voir ci-dessous aux *Annexes* (p 337).

député, d'accord avec les départements compétents des Colonies et des Affaires étrangères, la Commission du budget avait inscrit, au compte du sous-secrétariat des Colonies, un crédit de 300.000 francs à l'effet d'envoyer une mission d'études et d'établissement dans ces régions : c'etait, à une heure singulièrement propice, le premier projet de la mission Marchand.

Personne, en Europe, ne s'intéressait à ces régions abandonnées depuis le départ d'Emin. L'occupation se fût faite sans coup férir.

Mais le projet n'eut pas de suites. Les fonds étant votés, les mesures nécessaires furent préparées et soumises au sous-secrétaire d'État des Colonies, qui ne se décida pas à les signer. Les crédits restèrent inemployés.

Cette période, de 1886 à 1892, fut, en général, une époque de stagnation et même de recul pour l'expansion coloniale française. Les tâches étaient multiples, les frais considérables, les gouvernements et les parlements inquiets.

Quel poids à soulever que celui des affaires de Tunisie, d'Indo-Chine, de Madagascar, du Congo, de la Nigeria, de la Côte d'Ivoire, de l'Égypte, des Nouvelles-Hébrides, de la Guyane, tandis que l'opinion publique ne se passionnait que pour l'aventure boulangiste et l'affaire du Panama !

L'État Indépendant du Congo mettait à profit nos tergiversations : ses agents, après avoir franchi le 4e parallèle, s'efforçaient de contourner les possessions françaises et de leur interdire tout développement à l'Est et au Nord. Ils agissaient d'après un dessein combiné et prémédité. On savait que le roi Léopold cherchait partout des appuis.

Ces empiétements donnèrent lieu à de multiples protestations de la part du gouvernement français : sous le ministère Casimir-Perier, des négociations s'engagèrent à Paris et à Bruxelles, entre les représentants de la France et ceux de l'État indépendant du Congo. Comment ceux-ci eussent-ils justifié la conduite des agents belges, quand les textes étaient formels ? Cependant, ils ne cédaient pas : « Possession vaut titre », arguaient-ils. Les choses traînaient en longueur.

Enfin, ces étranges obscurités se dissipèrent : le 12 mai 1894, les journaux belges et anglais publièrent la fameuse convention signée entre l'Angleterre et l'État du Congo. L'Angleterre, sans songer même à prévenir le Cabinet de Paris, attribuait à l'État Indépendant la partie du bassin du Congo située au Nord du 4e parallèle et reconnue à la France par les traités.

En outre, elle cédait *à bail*, à l'État du Congo, toute la partie du bassin du Nil située sur la rive gauche du fleuve et comprise entre le lac Albert et le 10e degré de latitude (c'est-à-dire jusqu'à Fachoda), y compris la région indécise du Bahr-El-Ghazal, étant entendu que, pour la partie la plus voisine du fleuve (à l'Est du 30e degré Est de Greenwich), le bail ne durerait que jusqu'à la mort du roi Léopold. Le bail s'étendait au port de Mahagi sur le lac Albert avec les accès nécessaires.

En revanche, l'État Indépendant cédait à bail à l'Angleterre une bande de terre de vingt-cinq kilomètres de largeur entre la pointe du lac Tanganiyka et la pointe Sud du lac Albert-Édouard, c'est-à-dire le passage pour le chemin de fer projeté « du Cap au Caire. »

Enfin, le traité, mentionnant, pour les écarter, « les prétentions de l'Égypte et de la Turquie dans le bassin du Haut-Nil (1) », contenait une clause par laquelle

(1) Une annexe de l'acte est ainsi rédigée : « Les signataires

l'État Indépendant « reconnaissait la sphère d'influence britannique telle qu'elle est délimitée dans l'arrangement anglo-allemand du 1er juillet 1890. »

C'était la plus grave disposition du traité, puisque l'Angleterre, qui s'était assuré déjà des reconnaissances analogues, de l'Allemagne d'abord et, ensuite, de l'Italie, achevait, par l'adhésion obtenue de cet autre État voisin, la prise de possession, du moins théorique, de tout le bassin du fleuve. Bien plus, pour se mettre tout à fait à l'abri des voisinages inquiétants, elle glissait, en quelque sorte, le Congo belge en tampon entre ses possessions françaises et cet immense territoire qu'elle s'attribuait tout entier.

Si on laissait faire, la question d'Égypte et, on peut même ajouter, la question d'Afrique étaient réglées d'un seul coup. La politique suivie par la France, depuis quinze ans, n'était qu'une vaine parade. Ni moyen de reprise, ni élément d'échange ou de compensation ne lui restaient, au moment où s'engageait la grande « négociation africaine. »

Par l'arrangement, la France se trouvait lésée dans ses droits immédiats sur le Congo, au nord du 4e parallèle; elle était lésée dans ses droits éventuels de préemption sur l'État Indépendant; elle était lésée en sa qualité de signataire des traités assurant l'intégrité de l'Empire ottoman, et elle était lésée, surtout, dans sa situation de puissance africaine.

Déjà écartée, sans plus de façons, malgré les traités, à Zanzibar, puis dans l'Ouganda, évincée au Bas-Niger,

---

n'ignorent pas les prétentions de l'Égypte et de la Turquie dans le bassin du Haut-Nil. » — « Les prétentions de l'Égypte !... » La timidité de cette allusion marque les hésitations de la thèse anglaise.

contestée sur la Côte occidentale, à Madagascar, en Abyssinie, au Maroc, elle était désarmée, vaincue avant de combattre.

Une politique d'exclusion et d'enveloppement était, ainsi, opposée à la France : les deux partenaires du traité s'accordaient, l'un à l'autre, aux dépens d'une puissance voisine et amie, ce qui ne leur appartenait pas.

L'Allemagne protesta immédiatement et obtint, sans autre forme de procès, l'abandon de la clause cédant à bail la bande de terre de vingt-cinq kilomètres.

La France allait-elle s'incliner, renoncer à la défense de ses droits, de sa dignité, de ses intérêts?

Répondant au mouvement de l'opinion, à l'émotion du Parlement, le Cabinet Charles Dupuy, qui succédait au Cabinet Casimir-Perier s'éleva contre l'arrangement anglo-congolais. L'exposé que le ministre des Affaires étrangères fit à la Chambre, huit jours après la constitution du ministère, le 7 juin 1894, en réponse à une interpellation de MM. Deloncle et Étienne, présentait les arguments de droit et les arguments de fait.

Au point de vue du droit, il alléguait « les traités internationaux qui garantissent l'intégrité de l'Empire ottoman »; il y avait, de ce chef, un engagement pris directement avec la France comme à l'égard des autres puissances : c'était « un statut général, une des bases de la paix universelle (1) » qui était atteinte. Si les actes qui consacrent l'équilibre international, comme le traité de Berlin, devaient être violés arbitrairement par leurs propres signataires, sur quelles bases pourrait-on fonder l'ordre public entre les puissances et maintenir la paix?

(1) Ce sont les propres expressions employées par sir Edward Grey à propos de l'occupation de la Bosnie et de l'Herzégovine par l'Autriche-Hongrie, en 1908.

Quant à l'État Indépendant, en traitant avec l'Angleterre dans les conditions indiquées, il se mettait en contradiction avec la charte de son existence; il s'arrachait à la protection de sa neutralité. De même que l'arrangement était en violation du droit international européen, il « était en contradiction formelle avec le droit international africain. »

Le droit une fois établi, l'exposé ministériel abordait les points de fait et les réalités. La convention « portait atteinte à l'équilibre des forces en Afrique et dans le monde »; elle était contraire aux intérêts comme au droit de la France. L'Allemagne avait fait rayer la clause qui la touchait : la France déclarait, qu'en ce qui la concernait, « la convention était nulle et de nulle portée. »

En même temps, le ministre priait la Chambre d'opposer, s'il y avait lieu, le fait au fait et l'occupation à l'occupation : puisque les agents congolais parcouraient, sans obstacle et sans protestation, le Bahr-El-Ghazal, rien n'empêchait d'autres missions de se porter vers les mêmes régions : « Mon collègue le ministre des Colonies a déjà donné les ordres nécessaires pour que l'officier supérieur qui commande dans le Haut-Oubanghi rejoigne son poste sans délai. Les premiers détachements de sa mission sont déjà arrivés sur les lieux. Ils seront renforcés sans retard si la Chambre accorde, comme nous n'en doutons pas, les crédits nécessaires. Le chef de la mission a reçu, du gouvernement, les instructions et les ressources destinées à assurer la défense et le maintien de nos droits. *Il quittera la France par un prochain paquebot.* »

Au lendemain de la séance du 7 juin, la presse anglaise fulmina. Lord Dufferin, alors ambassadeur d'Angleterre à Paris, accourut au quai d'Orsay. Il parla, d'abord, d'un ultimatum qu'il avait, disait-il, dans la poche de sa redingote et qu'il y garda, finalement, après s'être laissé conduire jusqu'à la sortie. Cet ultimatum, M. d'Haussez l'avait vu poindre, en 1830, à la veille de l'expérience d'Alger, et puis M. Develle, lors des affaires du Siam... Les ultimatums, alors même qu'ils sont produits, se discutent.

Le débat engagé avec lord Dufferin prit une tournure plus conciliante. L'Angleterre ne contesta pas la thèse invoquée par le ministre français sur le respect des traités internationaux, elle laissa le roi Léopold se dégager de l'arrangement et n'insista pas, pour sa part, sur la clause du bail avec ses conséquences (1). Les difficultés, depuis si longtemps pendantes entre l'Etat Indépendant et la France, furent réglées par l'arrangement du 14 août 1894 (2).

Mais, ce qui est infiniment plus important, aussitôt cet arrangement conclu, le Cabinet de Londres, entrant dans les vues du Cabinet de Paris, se prêta à une négociation d'ensemble sur les questions contestées, notamment sur la vallée du Nil jusqu'à Fachoda et au-delà.

Négocier, et négocier avec la France, c'était reconnaître, tout au moins, que la situation juridique de ces provinces était sujette à litige et que l'intervention de la puissance limitrophe par le bassin du Congo n'était pas

(1) Voir l'exposé tout platonique des arguments invoqués par le *Foreign Office* pour la défense de l'arrangement, dans le memorandum adressé, *le 14 août* (lors de l'arrangement franco-belge), par lord Kimberley à lord Dufferin (*Blue book* d'octobre 1898, appendice n° 2). Le gouvernement britannique fait observer « qu'un discours au sein d'une assemblée parlementaire ne peut être considéré comme une communication diplomatique, » observation qui s'applique exactement au discours de sir Edward Grey prononcé quelque temps après.

(2) Voir le texte de l'arrangement, ci-dessous aux *Annexes* (p. 338).

de celles que l'on écarte par une fin de non-recevoir.

Cependant, le gouvernement français prenait les mesures conservatoires annoncées au parlement. Le crédit de 1.800.000 francs étant voté « pour renforcer nos postes dans le Haut-Oubanghi et les relier à la côte par des communications télégraphiques et fluviales, » l'envoi d'une mission fortement organisée était décidé.

Depuis le mois de mai 1893, sur une démarche du groupe colonial de la Chambre, le commandement de cette expédition, qui devait comprendre plusieurs centaines de tirailleurs sénégalais et avoir à sa disposition des bateaux démontables, était confié au lieutenant-colonel Monteil. Plus d'une année s'était écoulée ; les Sénégalais et les officiers placés sous les ordres du lieutenant-colonel, le capitaine Decazes, le lieutenant Julien, étaient sur le M'Bomou. Toutefois le chef de l'expédition était resté en Europe.

Après le vote des Chambres, il fallait agir : le colonel Monteil s'embarque, le 17 juillet, avec plusieurs officiers ; il devait prendre 150 Sénégalais à Dakar et rejoindre son poste. Mais l'arrangement avec l'État Indépendant ayant été signé le 14 août 1894, le colonel Monteil, au lieu de gagner le Haut-Oubanghi, est arrêté par des instructions nouvelles, le 12 septembre, à Loango. Il est envoyé à la Côte d'Ivoire pour s'épuiser en une pénible campagne contre Samory : « Les 1.800.000 francs votés par les Chambres pour améliorer les communications entre la côte et le Haut-Oubanghi furent dépensés à Loango et sur la Côte d'Ivoire (1). »

Pour la seconde fois, un projet de mission, décidé par le gouvernement avec le concours du parlement et à une

---

(1) De Caix, *Fachoda* (p. 123). — Voyez la discussion, dans la séance de la Chambre des députés, du 2 mars 1895.

époque encore opportune, avortait. Si le colonel Monteil eût été sur les lieux dès 1895, trois ans avant Marchand, alors qu'aucune action par l'Égypte n'était même prévue, n'est-il pas évident que les événements eussent tourné autrement ?

Toutefois, une certaine suite fut donnée aux premières intentions du gouvernement. En septembre 1894, M. Liotard fut nommé commissaire dans le Haut-Oubanghi avec mission d'étendre ses relations dans le Bahr-El-Ghazal et jusqu'au Nil : « C'est moi, dit plus tard M. Delcassé (il était alors ministre des Colonies), qui ai envoyé M. Liotard dans l'arrière-Oubanghi, en lui désignant le Nil comme terme de sa mission. »

Mais le projet primitif était singulièrement diminué; les moyens d'action laissés à M. Liotard étaient trop insuffisants pour assurer rapidement le résultat visé par les Chambres et prévu dans la discussion.

Cependant, à Paris, les négociations se poursuivaient avec l'Angleterre.

C'est un fait acquis historiquement que toute expansion coloniale de la France a été vue, en Angleterre, avec inquiétude et humeur. Pendant longtemps, l'Angleterre a pensé que, pour la domination des mers, elle n'avait pas d'autre rivale à considérer que la puissance douée, par la nature, du triple développement côtier de la Manche, de l'Océan Atlantique et de la mer Méditerranée.

Quand, à partir de 1880, la France, poussée par les circonstances et stimulée par le génie initiateur de Jules Ferry, entreprit de reconstituer son domaine colonial démembré, elle rencontra, du même côté, les mêmes résistances.

En Égypte, en Tunisie, à Madagascar, en Indo-

Chine, même au Congo, même en Océanie, c'est l'Angleterre qu'elle trouve toujours devant elle.

Pour les générations actuelles, ces faits sont de l'histoire déjà vieille ; mais, pour le public de 1894, ils étaient réalité vivante et émouvante. L'affaire d'Egypte, notamment, apparaissait comme un post-scriptum douloureux et imprévu du traité de Francfort. La presse et le parlement ne cessaient de stimuler l' « inertie » du gouvernement. La discussion des budgets des Affaires étrangères n'était qu'une longue objurgation.

Le parti colonial, que ses premiers succès enflammaient, s'irritait de cette opposition qui se dressait partout contre ses desseins. Une agitation énervante, — assez vaine d'ailleurs, — menaçait, des deux côtés de la Manche, les relations entre les deux pays.

Au même moment, l'Angleterre, inquiète de ce réveil des questions extra-européennes qui, depuis le dix-huitième siècle, paraissaient réglées à son profit, l'Angleterre s'ébranlait. Sa politique d'expansion africaine prenait un caractère de hardiesse imprévue ; elle avait conçu un triple dessein : se poser en héritière des possessions portugaises, détruire l'indépendance des républiques sud-africaines, s'installer définitivement en Egypte et sur le canal de Suez.

Une conception, une formule gigantesque, digne de l'imagination active, propre aux compatriotes de Shakspeare, résumait ce prestigieux projet : « le rail du Cap au Caire. » On baptisait l'Afrique « les Indes-Noires (1). »

(1) En octobre 1894, le rédacteur d'un journal égyptien, M. Picard, en présence des conventions signées simultanément avec l'Italie et l'Etat du Congo, et d'une action parallèle engagée au Bornou, définissait ainsi la conception britannique : « Ces conventions, signées par l'Angleterre, lui servent à bâtir un empire des Indes Africaines, taillé à vif dans le cœur des pays qu'elle était venue protéger et d'où elle espère bien dominer, en même temps que

Il serait impossible d'énumérer les preuves de l'activité nouvelle qui résulte de ce grand dessein : c'est comme une pesée de tous les agents de la grandeur britannique sur les limites de l'influence anglaise : un branle-bas général réveille les litiges, ravive les conflits. La brousse et la diplomatie voient surgir, en même temps, les grand'gardes de cette soudaine avancée.

Lord Rosebery, « l'orateur de l'Empire », annonçait cette phase nouvelle de l'expansion britannique, dès 1888 : « Votre politique coloniale doit être un des facteurs dominants de votre politique étrangère. »

Il la justifiait, en 1893 : « On dit que notre Empire est assez grand, que nous avons assez de territoires. Ce serait vrai si le monde était élastique... Nous devons considérer, non ce dont nous avons besoin à présent, mais ce dont nous aurons besoin dans l'avenir... Nous devons nous rappeler que c'est une partie de notre devoir et de notre héritage de veiller à ce que le monde reçoive notre empreinte et non celle d'un autre peuple. »

Les faits réalisent aussitôt, en Afrique, un plan visiblement arrêté et prémédité. Le premier acte avait été, en 1887, la réouverture du conflit avec le Portugal, suscité par les ambitions de la Chartered. La crise aboutit, en juin 1891, au traité imposé au Portugal, traité qui attribue à l'Angleterre les territoires aurifères des Matabalés, qui sépare définitivement la colonie d'Angola de la colonie de Mozambique, étend l'empire colonial britannique du Cap jusqu'au lac Nyassa, et qui permet, dès lors, d'établir, sur une étendue de plus de 20 degrés, le plus important tronçon du fameux transafricain.

---

l'Égypte, le monde entier : car, le monde appartiendra au maître de la Mer-Rouge. » *Bulletin de l'Afrique française*, 1894 (p. 169). — Voyez aussi, dans la *Revue des Deux Mondes* du 1er novembre 1890, l'article de M. Eugène-Melchior de Vogüé, *Les Indes Noires*.

Le second acte se joue au centre du continent. Ici, l'Angleterre se trouve en présence de l'Allemagne. Les deux puissances sont en lutte pour la possession des territoires de l'Est africain, l'Ouganda, l'Ounyoro, la province Equatoriale. Le sort de l'imanat de Zanzibar, sur lequel la France possède des droits garantis par les traités, est en question.

Après un conflit dramatique dont les phases célèbres sont la « délivrance » d'Emin Pacha par Stanley et la contre-campagne du docteur Peters, l'Allemagne, en juillet 1890, signe un traité qui lui assure, il est vrai, la côte et toute sa colonie de l'Est africain jusqu'aux Grands Lacs et au Kilimandjaro, mais qui reconnaît à l'Angleterre les îles de Zanzibar et de Pemba, le protectorat de l'Est africain anglais jusqu'au lac Albert Nyanza et, en plus, *la vallée du Nil jusqu'aux confins de l'Egypte.*

Cet arrangement n'est pas communiqué à la France qui, à tant de points de vue, cependant, y était directement intéressée. Il ne pouvait donc l'engager ni lui être opposé.

Bientôt l'Angleterre, poursuivant cette procédure de prise de possession sur le papier, traite avec l'Italie qui s'est implantée à Massaouah, à Assab et sur la côte des Somalis.

Autre délimitation fictive qui permet de renouveler l'affirmation de droits indéterminés sur la vallée du Nil : les provinces égyptiennes de la rive droite sont divisées entre les deux sphères d'influence par des finesses de rédaction où les droits établis sont à peine ménagés. L'Italie est autorisée à occuper temporairement Kassala jusqu'à la vallée de l'Atbara : « Il est convenu, entre les deux gouvernements, que toute occupation militaire temporaire de ce territoire n'abrogera pas les droits du gouvernement égyptien sur ledit territoire, mais que ces droits demeureront simplement *en suspens*, jusqu'à ce que le gouvernement égyptien soit en mesure de réoccuper le district en question... »

« Droits du gouvernement égyptien », « droits en suspens », « droits de l'Italie », tout cela se contredit. Mais, qu'importent les formules?

Un pas encore dans le même sens, en août 1893. C'est l'Allemagne qui, une seconde fois, prête l'office de sa bonne volonté. On traite pour les territoires des bassins du Niger et du lac Tchad. La diplomatie anglaise saisit l'occasion de faire un bond jusque dans la vallée du Nil : « Il est également convenu que l'influence allemande *ne combattra pas l'influence anglaise* à l'Ouest du bassin du Chari et que les pays du Darfour, du Kordofan et du Bahr-El-Ghazal, tels qu'ils sont définis dans la carte de Justus Perthes d'octobre 1891, seront exclus de la sphère d'intérêts de l'Allemagne (1). »

Toujours le même procédé : des négations tendancieuses et mal définies.

L'Allemagne et l'Italie n'avaient que faire dans ces problèmes si éloignés de leurs champs d'opérations. Ces clauses visaient, indirectement, une puissance tierce : c'était leur objet unique.

A quel titre l'Angleterre traitait-elle pour le Nil? Elle occupait l'Égypte, il est vrai; mais un fait ne constitue pas un droit. Même, sans tenir compte des déclarations, multipliées par le gouvernement anglais, sur le caractère précaire de l'occupation, M. Gladstone n'avait-il pas affirmé, officiellement, devant la Chambre des com-

---

(1) Voyez le texte dans le *Bulletin de l'Afrique française* de décembre 1893 (p. 9).

munes que « la frontière de l'Egypte était ramenée jusqu'à Ouady-Halfa, à la deuxième cataracte du Nil? » (1)

Voilà une base positive et qui, appuyée elle-même sur un [...] abandon, suivant le conseil de l'Angleterre, de c[...] régions, occupées par l'Ég[...] pendant dix ans seulement, affaiblissait singulièrement toute prétention exclusive sur ces provinces.

L'arrangement anglo-congolais éclate en mai 1894 : on comprend, maintenant, sa raison d'être : il bouclait, en quelque sorte, la négociation africaine. Poursuivant le travail élaboré avec l'Allemagne et le Portugal, il achevait, dans le Nord, ce qui avait été si heureusement commencé, dans le Sud et le Centre, par la série des actes précédents.

La France, évincée, sur le papier, des territoires du Haut-Oubanghi, qui lui appartiennent incontestablement, écartée de la région du Nil sans autre forme de procès, doit-elle rester sous le reproche d'avoir pratiqué « la politique des coups d'épingle », quand c'est elle qui l'a subie ?

En 1894, comme en 1893, comme en 1890, ainsi qu'on l'avait fait à Zanzibar, dans l'Ouganda, sur le Niger, on espérait l'opérer de ses droits et de ses titres, par un simple geste. Lord Rosebery était alors aux affaires : c'était le grand maître de la politique impérialiste. Il traitait la France comme on avait fait le Portugal. Si la France avait cédé cette fois encore, les victoires britanniques par voie de simple déclaration eussent disposé de l'Univers.

La réplique française à l'arrangement de mai 1894 [mit] fin à ces procédés. L'Angleterre était obligée ou

---

(1) Sur les origines et la portée de cette déclaration, voyez Freycinet, la Question d'Égypte (p. 395).

de se découvrir ou de négocier. Elle prit le parti de négocier.

II

Depuis des siècles que la France et l'Angleterre travaillent ensemble au progrès de la civilisation, il semble que les deux peuples devraient se bien connaître et se comprendre aisément. Il n'en est rien : le détroit oppose les esprits comme les rivages. La mer, qui unit d'habitude, disjoint ici. Pourtant, la similitude des origines, des idées, des intérêts, maintient, entre les deux rivaux, une habitude, une recherche de rapports cordiaux dont les alternatives créent un drame, parfois décevant, mais toujours animé.

La négociation anglo-française est l'épreuve suprême des diplomates et le gage le plus assuré d'une paix heureuse dans l'Univers : pour les hommes du métier, il est normal et, pour ainsi dire, fatal que Talleyrand ait achevé sa carrière à Londres. Entre Londres et Paris, la conversation doit être constante, si elle est parfois laborieuse.

Le négociateur anglais est solide, d'aplomb et plein de sens ; il est extrêmement prudent et, visiblement, tenu de court par la chaîne du Foreign Office. La marche du négociateur français est plus capricieuse, parce qu'il cherche les raisons générales ; un idéalisme vague le tourmente assez inopportunément. Le négociateur français veut convaincre, tandis que le négociateur anglais se contente de vaincre. Dans les pourparlers, des préliminaires, parfois verbeux d'un côté, parfois contraints et embarrassés de l'autre, sont souvent une cause de malentendus.

Les méthodes diffèrent et les langues plus encore. On ne s'imagine pas à quel point la dissemblance fondamentale des deux idiomes trouble le jeu. C'est « la catégorie verbale » qui n'est pas la même. Dans les traductions les mieux faites, les mots ne s'ajustent pas. Même quand les interlocuteurs savent les deux langues, leurs pensées ne se recouvrent pas toujours exactement. Les mots ne sonnent pas, aux oreilles différentes, le même son; ils servent difficilement de monnaie d'échange.

La langue anglaise est pleine, directe, sans condescendance; elle affirme, elle n'explique pas. C'est une langue d'infinitifs; le sujet et le verbe se confondent, c'est-à-dire le mobile et l'acte; elle ne distingue pas, ne nuance pas; elle frappe. J'admire beaucoup les lettres des hommes d'affaires anglais; elles sont pleines de suc: le nécessaire est dit, rien que le nécessaire. Mais leur technicité un peu fruste se prête souvent à des interprétations diverses, parfois entre les nationaux; et, si les intérêts s'en mêlent, il arrive qu'elle facilite, même de bonne foi, des retraites surprenantes. La langue anglaise est une personne autoritaire, un peu bourrue, qui parle par interjections et veut qu'on la comprenne à demi-mot.

Le diplomate britannique a, dans la négociation, une supériorité dont il use, non sans une certaine hauteur: la fermeté des vues qui tient à la stabilité gouvernementale. Cette unité admirable que forme l'histoire de l'Angleterre depuis deux siècles, donne, au moindre des insulaires, une foi en la supériorité de sa race, une certitude du succès, qui s'étonne, d'une façon quelquefois amusante, de la fermeté et du droit inverses de ses adversaires. Trop poli et humain pour faire sentir cette nuance, le diplomate anglais renferme son impression en soi-même : mais elle perce dans un regard, un geste, un demi-sourire qui avertit et met en garde. Sous cette ironie raffinée, le *bluff* est aux aguets.

En revanche, personne n'apprécie, comme l'Anglais, les affaires bien menées, les positions solidement prises, les réalités positives. Et puis, la personne compte beaucoup auprès de ces personnalités fortes. J'ai obtenu des résultats imprévus en présentant subitement, au cours d'une négociation, l'*homme du fait;* il n'était pas besoin qu'il parlât : sa présence suffisait. La responsabilité est, aux yeux de ces maîtres hommes que sont les Anglais, une grande maîtresse et une grande autorité.

Sans m'appesantir sur ces observations qui ont toujours quelque chose de particulier et d'imprécis, je conclus en rappelant, qu'avec les Anglais, il faut toujours traiter, mais toujours agir ; saisir et nouer promptement ; en tout cas, ne jamais perdre le contact, s'expliquer, insister, y revenir pour être assuré qu'on est bien compris, marcher sans détour et sans feinte, être exact pour être fidèle et compter sur la fidélité dans l'exactitude.

Par suite des circonstances, tenant, sans doute, à la hâte de la vie publique en France pendant la période de fondation de la Troisième République, ces tractations, si utiles, avec la puissance voisine, avaient été, depuis longtemps, négligées. On ne « causait » plus. Les motifs de dissentiment se multipliaient, les malentendus s'aggravaient dans l'échange pédantesque de notes de chancelleries, quand les visées coloniales françaises et le réveil de l'Impérialisme anglais, agitant soudain tous les vieux litiges, créèrent, partout, un état d'irritation ou de « friction », auquel il fallait parer, sous peine d'exposer les relations cordiales des deux pays au caprice des événements.

Amener l'Angleterre à négocier; négocier de bonne foi, avec la volonté arrêtée de soutenir fermement les revendications françaises, mais aussi de sacrifier beaucoup à l'entente; enfermer le partenaire dans un cercle de droits évidents et de faits précis; se proposer pour but une liquidation générale, compensant, au besoin, les solutions l'une par l'autre; travailler, par cette liquidation, à l'union des deux politiques sur un pied d'honneur réciproque et de dignité équitable, telle fut la méthode adoptée, tel fut le but poursuivi par la France avec une persistance qui ne fut pas sans causer un certain embarras chez la partie adverse.

Pour l'Angleterre, consentir à discuter, c'était se limiter. On ne s'y prêta pas du premier coup.

Les litiges, pendants alors entre les deux pays, se précisaient ainsi qu'il suit : en Tunisie, le protectorat français était gêné par les traités de commerce et d'établissement, dont un seul sans durée déterminée, celui que les Beys avaient passé avec l'Angleterre; or, l'opposition de cette puissance à l'abolition des traités était formelle et appuyait celle de l'Italie.

A la Côte occidentale d'Afrique, c'était un enchevêtrement de difficultés à propos de la Gambie, de Sierra Leone, de Liberia, du pays de Kong, de la Nigeria; autres conflits aigus au sujet de la navigation du Niger et de la Benoué (affaire Mizon), au sujet de la ligne Say-Barroua et des territoires du Tchad.

Dans le Centre de l'Afrique, rivalité au Congo et dans le Haut-Oubanghi. Au Sud, concurrence non moins périlleuse à Madagascar : malgré l'engagement pris, en 1890, de reconnaître le protectorat de la France « avec ses conséquences », l'activité passionnée des missionnaires et des aventuriers anglais, un vague appui toujours attendu de Londres excitait la résistance des Hovas; en tout cas, une querelle économique subsistait sous la querelle politique.

Difficultés aux Nouvelles-Hébrides, difficultés à Terre-Neuve, difficultés au Siam, difficultés sur la côte des Somalis et rivalité d'influence en Abyssinie. Autre conflit en Indo-Chine, où les relations des deux puissances étaient en pleine crise à propos du Haut-Mékong et de la constitution du fameux « État-tampon », qui, au dire de lord Rosebery, avait failli ouvrir les hostilités dès 1893.

Il faut s'être trouvé dans cette situation presque désespérée, avoir manié, à la fois, tous ces charbons ardents, avoir assisté à cette explosion constante de pétards partant de tous les points à la fois, pour savoir combien il était difficile de s'avancer sur ce terrain brûlant, croulant et miné.

Et la question égyptienne dominait tout, exaltait tout!

Or, l'idée maîtresse de la diplomatie française, en 1894, fut que cette question du Nil, nœud de toutes les questions pendantes, pouvait devenir, précisément, le nœud d'un arrangement général.

C'est ce qui fut indiqué, d'abord, en réponse aux observations présentées par lord Dufferin, et c'est l'idée que lord Dufferin, avec sa haute autorité, paraît avoir fait prévaloir auprès du Cabinet de Londres. Le principe d'une négociation d'ensemble fut accepté. Des plénipotentiaires furent désignés, de part et d'autre : c'étaient, sous la haute direction de l'ambassadeur, M. Phipps, ministre à Paris, esprit conciliant, mais avisé et extrêmement appliqué, et un fonctionnaire du Colonial Office, conseiller technique. Du côté de la France, le ministre des Affaires étrangères négociait en personne, assisté de M. Haussmann, directeur au ministère des Colonies.

De nombreuses conférences eurent lieu, pendant l'automne de 1894, au quai d'Orsay. Tous les dossiers relatifs aux questions d'Afrique, notamment, furent tirés des cartons et étudiés. Peu à peu, les solutions se dégageaient. De part et d'autre, les gouvernements étaient tenus au courant et paraissaient se prêter à l'espoir d'un accord final.

Enfin, dans les derniers jours de l'année 1894, l'entente se précisa entre les commissaires : un arrangement général sur les questions africaines et, notamment, sur la vallée du Nil, fut libellé, clause par clause, non sans instructions et autorisations préalables, bien entendu.

De part et d'autre, de sérieux sacrifices étaient consentis ; mais l'idée d'une entente primait tout.

Il n'y avait plus qu'à en référer aux deux gouvernements. Or, cet accord, si laborieusement élaboré par les hommes techniques et qui devait parer aux complications et aux divers périls qu'il était facile de prévoir, cet accord, qui ménageait, sans à-coup et sans arrière-pensée, l'entente véritablement cordiale entre les deux puissances, cet accord fut écarté, simultanément, par les deux gouvernements.

Le gouvernement français, dans une séance du Conseil des ministres présidée par M. Casimir-Perier, refusa son adhésion à l'entente négociée par le ministre des Affaires étrangères du cabinet Dupuy. En même temps, le Cabinet de Londres désavoua ses plénipotentiaires.

Les faits et les documents officiels seront connus un jour. Il suffit de dire, en ce qui concerne spécialement l'affaire du Nil, que la France obtenait une définition et une limitation des prétentions que l'Angleterre avait affirmées sur les régions équatoriales : les provinces en litige étaient, en quelque sorte, neutralisées sous la haute surveillance des deux puissances.

L'échec de cette négociation fut particulièrement sensible au ministre des Affaires étrangères. La méthode droite et réaliste qu'il avait cru devoir adopter à l'égard de l'Angleterre, au moment où les difficultés coloniales arrivaient à leur période critique, était en échec. On lui reprochait un esprit de conciliation excessif. On prétendait obtenir davantage et, en parlant plus haut, faire reculer l'Angleterre bien au-delà. Les raisons qui déterminèrent le ministre à rester aux affaires, malgré l'insuccès de l'effort considérable qu'il avait tenté, appartiennent à une autre histoire.

Les pourparlers rompus, les deux parties reprenaient leurs positions antérieures. Il n'en restait pas moins que le gouvernement anglais, en traitant avec la France pour la vallée du Nil, avait admis le principe des revendications françaises. A Londres, le parti impérialiste avait blâmé vivement le Cabinet libéral. Pour répondre à ces reproches, celui-ci ne songea qu'à reconquérir le terrain perdu, et voici comment on s'y prit.

Le 28 mars 1895, le Cabinet Rosebery était interrogé, à la Chambre des Communes, sur l'attitude qu'il comptait adopter au cas où une intervention française se produirait dans le bassin du Nil.

Sir Edward Grey était, alors, sous-secrétaire d'État aux Affaires étrangères : « L'Angleterre, déclara-t-il, est, en qualité de tutrice, chargée de la défense des intérêts de l'Égypte... et, par suite des revendications de l'Égypte dans la vallée du Nil; la sphère d'influence britannique couvre toute la vallée du Nil ; on me demande maintenant si, oui ou non, une expédition française se dirige du Congo vers la vallée du Nil, en vue de pénétrer jusqu'à la rive gauche du fleuve... Nous n'avons aucune raison de le supposer, ajoute le sous-secrétaire d'État... Je ne crois pas possible que ces rumeurs méritent créance, parce que la marche en avant d'une expédition française, munie d'instructions secrètes et se dirigeant, de l'Afrique occidentale, vers un territoire sur lequel nos droits sont connus depuis longtemps, ne serait pas seulement un acte inattendu et inconséquent ; le gouvernement français doit savoir parfaitement que ce serait un acte anti-amical (*unfriendly*) et qu'il serait considéré comme tel par l'Angleterre. »

Pour la première fois, la France se trouvait en présence de telles affirmations. Elles tendaient à créer, par une simple manifestation unilatérale (1), une situation juridique, une sorte de doctrine de Monroë appliquée à une partie considérable de l'Afrique. Ce n'était ni plus ni moins qu'un *noli me tangere*, un *hands off !* comme l'a dit M. Labouchère. On en revenait à la politique des « déclarations. »

Le ministère des Affaires étrangères français pria, immédiatement, l'ambassadeur de France à Londres, M. le baron de Courcel, de se rendre auprès de lord Kimberley, chef du Foreign Office, et d'avoir avec lui un entretien sur la portée des paroles du sous-secrétaire d'État, sir Edward Grey. La conversation fut longue et précise ; le ministre anglais expliqua, en propres termes, « que ni le sens ni la portée des déclarations du gouvernement anglais à la Chambre des communes n'allaient aussi loin que l'ambassadeur paraissait le croire. »

Lord Kimberley n'entendait nullement désavouer sir Edward Grey ; mais on ne devait pas oublier que ces paroles *étaient celles d'un simple sous-secrétaire d'État* ; que par conséquent, elles avaient moins de solennité, étaient moins retentissantes que si elles avaient

---

(1) Voir, ci-dessus (p. 77), l'appréciation de lord Kimberley sur ces déclarations parlementaires unilatérales.

été prononcées par le ministre des Affaires étrangères ou par le premier ministre en personne.

« *Quant au fond des choses, ce que sir Edward Grey avait dit, du cours du Nil, ne devait pas être considéré comme équivalent à une prise de possession;* ses affirmations représentaient seulement la thèse, la prétention (*claim*) de l'Angleterre. Cette thèse, cette prétention étaient combattues par la France, *qui restait libre de ne pas les accepter et qui, en les contredisant, maintiendrait assurément sa position antérieure.* LA QUESTION RESTAIT DONC OUVERTE AU DÉBAT. »

En plus, lord Kimberley aborda la question même de l'occupation anglaise en Égypte, base de la thèse de sir Edward Grey, et il reconnut que l'état de choses anormal créé par cette occupation ne pouvait se prolonger. « Je sais, ajouta lord Kimberley, que cette question est toujours ce qui vous tient à cœur et qu'elle est le plus sérieux motif de mésintelligence entre nos deux pays; mais, quand je vous dis que les provinces soudanaises, une fois rendues à l'Égypte, suivront les destinées de l'Égypte, *c'est avec la pensée que nous ne serons pas toujours responsables de ces frontières. Je vous assure que je vous parle en toute sincérité quand je prévois la fin de notre occupation.* Je voudrais qu'elle pût cesser, que cette question ne fût plus un sujet d'irritation entre nous. La bonne entente entre nos deux pays vaut plus que cela ! »

A tous les points de vue, il importait de prendre acte de déclarations si importantes et de leur donner un caractère synallagmatique. Par de nouvelles instructions, adressées télégraphiquement à M. de Courcel, celui-ci fut prié de voir de nouveau lord Kimberley, de lui lire le compte rendu de l'entretien et de demander au nom du gouvernement français, si ce compte rendu traduisait exactement la manière de voir du gouvernement britannique. Cette démarche eut lieu aussitôt. Lord Kimberley modifia, dans la dépêche de M. de Courcel, quelques expressions de détail, mais confirma, par une adhésion formelle, le texte de l'ambassadeur.

Ainsi, les déclarations de sir Edward Grey étaient corrigées et mises au point par le ministre lui-même.

Non seulement elles n'étaient plus présentées que comme une réclamation (*claim*), mais lord Kimberley, tant pour l'affaire d'Égypte que pour l'affaire du Haut-Nil, admettait, comme on l'avait fait au cours des négociations, le principe d'une contre-réclamation française : il reconnaissait qu'il était impossible d'établir, sur un fait d'occupation précaire ou sur des arrangements passés avec des tiers, un droit quelconque excluant d'autres droits : « La question restait ouverte au débat. » (1)

Cette explication si nette entre les deux gouvernements ne resta pas enfermée dans le silence du cabinet. Les paroles de lord Kimberley furent confirmées immédiatement, dans une dépêche adressée à lord Dufferin, le 1ᵉʳ avril 1895, et publiée au *Livre Bleu* (appendice nº 4). Sir Edward Grey envoya aux journaux une rectification s'inspirant de l'attitude prise par lord Kim-

---

(1) Dans un compte rendu de cet entretien, adressé à lord Dufferin, le 1ᵉʳ avril 1895, et publié, beaucoup plus tard, au *Livre Bleu* d'octobre 1898, on trouve une certaine atténuation des paroles de lord Kimberley. Mais ce texte ne peut prévaloir, au point de vue français, contre le compte rendu *contrôlé* de M. de Courcel. D'ailleurs, sur le fond, il y a accord : « Le baron de Courcel me dit qu'il ne pouvait considérer la déclaration faite à la Chambre des Communes comme équivalente à une prise de possession de tout le bassin du Nil. Je répliquai que je ne pensais pas *que le rappel des titres à une sphère d'influence* que nous avions déjà fait connaître au gouvernement français *pût être considéré comme une prise de possession* ».

berley. Et enfin, le 5 avril 1895, répondant à M. de Lamarzelle qui l'interpellait au Sénat, le ministre des Affaires étrangères français prit acte de cette position adoptée par le gouvernement anglais.

Tant au point de vue de l'Égypte qu'au point de vue du Soudan, il rappelait la thèse de l'équilibre oriental garanti par les traités : et il concluait par ces paroles qui, conformément aux déclarations de lord Kimberley, affirmaient publiquement la nécessité d'une négociation nouvelle pour déterminer le sort de ces contrées : « Quand l'heure sera venue de fixer les destinées définitives de ces contrées lointaines, je suis de ceux qui pensent, qu'en assurant le respect des droits du Sultan et du Khédive, en réservant à chacun ce qui lui appartiendra selon ses œuvres, deux grandes nations sauront trouver les formules propres à concilier leurs intérêts et à satisfaire leurs communes aspirations vers la civilisation et le progrès. »

La politique française était donc exposée loyalement aux yeux de l'Angleterre, après entente entre les deux Cabinets. L'ensemble de l'incident, les actes, les paroles échangées établissent clairement la bonne foi de la France.

La lettre de M. de Courcel relue et approuvée officiellement par lord Kimberley est, dans les archives du quai d'Orsay, un titre qui dissipe toutes les obscurités. La France était dans son droit strict quand elle soutenait sa *réclamation*, connue désormais et acceptée, comme telle, par l'Angleterre ; les déclarations de sir Edward Grey ne pouvaient lui être opposées comme décisives, dans l'avenir.

La thèse française, ce n'était pas, comme on l'a dit, par une erreur fondamentale, le droit du premier occupant ; elle ne se renfermait pas, non plus, dans la défense pure et simple des droits du Sultan et du Khédive ; elle constatait ce qui existait en fait, une situation complexe et embrouillée, admettait qu'il y avait lieu de l'examiner de bonne foi, au mieux des intérêts de tous et dans un esprit de concorde. En attendant, chacun conservait sa liberté.

C'était une main tendue en réponse au geste si raisonnable de lord Kimberley, une base d'entente future, mais, aussi, une affirmation du droit, que revendiquait la France, de chercher, dans ces régions, les éléments d'une situation de fait ou d'une tractation avantageuse, sans qu'aucun *hands'off !* pût lui être opposé. C'était une manifestation nouvelle de cette politique de conciliation et de réglementation générale avec l'Angleterre qui a été (on le voit maintenant) l'objectif principal de la diplomatie française dans cette phase difficile des relations entre les deux pays.

Le droit territorial africain, l'équilibre africain n'étaient pas faits. Ils se cherchaient dans la confusion des prétentions rivales et des événements en voie de s'accomplir. Toutes les puissances étaient engagées, à la suite de leurs explorateurs, dans cette « course au clocher » entre les missions, qui était le sport héroïque de cette époque ; la terre s'agrandissait sous les pas de ceux qui pénétraient ses plus lointaines retraites et qui posaient sur des contrées ignorées les premiers jalons de la civilisation et des nationalisations futures.

La formule : « A chacun selon ses œuvres » était acceptée, de toutes parts, et servait de bases à toutes les transactions ; il n'y en avait pas d'autres applicables dans les débats territoriaux qui se poursuivaient, par ailleurs, entre la France et l'Angleterre, et cette dernière puissance n'avait en somme pas d'autre titre à la durée de son occupation en Égypte. Cette formule un peu empirique, il est vrai, mais utile, était consacrée, une fois de plus, par les explications auxquelles le discours de sir Edward Grey avait donné lieu entre les deux gouvernements.

En fait, si les pourparlers avaient été suspendus, ils n'avaient jamais été interrompus complètement. L'énergique volonté de ne pas laisser « couper le fil » trouva, dans la cordialité des relations publiques et personnelles, une nouvelle ressource.

Puisque la méthode par tractation d'ensemble et par recherche d'une entente générale avait échoué, le Cabinet de Paris en essaya une nouvelle; il proposa au Foreign Office de procéder par étapes et de chercher l'entente finale par la voie des accords particuliers.

III

Jamais, peut-être, l'attention de la France pour la défense de sa situation dans le monde ne fut attirée de plus de côtés à la fois. L'année 1895 est encombrée d'événements graves : après l'assassinat du président Carnot, le procès du capitaine Dreyfus, la démission de M. Casimir-Perier, la mort d'Alexandre III, la guerre sino-japonaise, l'inauguration du canal de Kiel, la proclamation de l'alliance franco-russe.

C'était l'heure où cette difficile campagne de Madagascar tendait, à l'excès, les nerfs du pays. Pendant toute l'année 1895, l'opinion publique fut suspendue au sort de l'expédition. L'Afrique n'était qu'un immense lieu de conflits. Au Sénégal et dans le Niger, une campagne des plus pénibles se poursuivait contre Samory.

Le problème de la navigation du Niger était l'objet de contestations très aigres entre la France et l'Angleterre.

Le groupe colonial français avait pris connaissance de ses forces : sous la direction d'hommes comme M. Étienne et le prince d'Arenberg, il remuait l'opinion et stimulait sans cesse l'activité du gouvernement. Un organe important de l'expansion coloniale, dont l'action devait être considérable, le *Comité de l'Afrique française*, soutenait et groupait l'ardeur des pionniers qui se consacraient au continent noir.

Les vues de ce groupe, qui comptait de nombreux appuis au parlement et dans la presse, étaient exprimées, dès les premiers jours de l'année 1895, par un article qui eut du retentissement : « Il ne reste plus qu'un moyen de prévenir un nouvel envahissement aggravant encore la situation de fait qui existe en Égypte et de sauvegarder à la fois notre dignité et les droits de la Porte, c'est de prendre position sur Nil, de manière à empêcher un nouvel empiétement des Anglais... Nous croyons que cette solution s'impose maintenant... » (1)

L'Afrique voyait surgir, au même moment, cette pléiade d'explorateurs qui, dirigés avec méthode, opérant avec une vigueur sans précédent, poussaient jusqu'aux extrêmes limites de l'audace la pénétration et la conquête françaises. Ce fut la page épique des dernières années du dix-neuvième siècle. Après Brazza et Binger, Crampel, Mizon, Ménard, Monteil, Marchand, Dybowski, Maistre, Decœur, Alby, Baud, Hourst, Toutée, Liotard, Decazes, Julien... On ne peut les nommer tous.

Toutes les puissances africaines faisaient des efforts analogues, — mais pas toutes avec le même entrain;

_____

(1) *Bulletin de l'Afrique française*, année 1896 (p. 3).

pourtant, les uns et les autres prétendaient arriver les premiers ; cette concurrence d'héroïsme était acceptée par l'opinion internationale, comme propre à tracer une première esquisse des futures délimitations. On ne parlait que d' « hinterlands, » de « sphère d'influence » ; et ce n'est pas en France que ces mots furent prononcés pour la première fois.

Telles étaient les situations et les dispositions respectives quand fut mis sur le chantier le programme nouveau des négociations franco-anglaises, qui consistait à reprendre, par voie d'ententes particulières, le travail d'accord général qui avait si malheureusement échoué.

On détacha, tout d'abord, de l'arrangement écarté, une tractation qui avait été soigneusement élaborée et, dès janvier 1895, un premier acte relatif aux frontières de Sierra Leone mit fin à de longues et pénibles contestations (1). On jeta aussi les bases de l'accord relatif au Siam, qui fut signé, quelque temps après, par M. Berthelot.

Des changements de gouvernement s'étaient produits, presque simultanément, en France et en Angleterre. En août 1895, l'arrivée aux affaires du Cabinet unioniste réserva une influence considérable à M. Chamberlain. En France, Tananarive ayant été occupée le 1ᵉʳ octobre 1895, le Cabinet Ribot céda la place au Cabinet Bourgeois dans lequel M. Berthelot avait le portefeuille des Affaires Étrangères.

C'est le moment le plus critique des relations anglo-françaises. A Madagascar, une difficulté des plus graves était soulevée au sujet de la situation juridique qui serait attribuée à la Grande Ile, soit le protectorat, soit l'annexion. L'Angleterre s'y intéressait passionnément. Le

(1) Voir ci-dessous, *Annexes* (p. 283).

succès remporté si promptement par les armes françaises avait surpris. Les missions et le commerce n'étaient pas sans inquiétude au sujet de leur avenir dans l'île, et l'on sait l'influence de ces deux éléments sur le gouvernement et sur l'opinion de l'autre côté de la Manche.

Au même moment, les résultats obtenus par les nombreuses explorations françaises opérant en Afrique et rattachant les lignes de leurs itinéraires en un réseau qui couvrait d'immenses territoires, alarmaient les cercles compétents. On n'était pas habitué, de la part de la France, à des efforts si coordonnés et si efficaces. Un événement soudain polarisa ces inquiétudes et ces humeurs.

L'Italie, par l'extension de sa colonie de l'Érythrée sur la Mer-Rouge, s'était heurtée à la puissance militaire de Ménélik. Après la défaite d'Adoua, elle avait renoncé aux projets trop vastes conçus par M. Crispi; elle se préparait à ramener son occupation à la région côtière.

Dans la période d'expansion, Kassala avait été occupée. L'évacuation éventuelle de Kassala découvrait la vallée du Nil à l'Est et pouvait donner aux Mahdistes accès vers la mer.

Ces modifications, si graves pour la sécurité de l'occupation britannique en Égypte, coïncidaient avec les efforts de la France dans le Haut-Oubanghi. En même temps, l'Angleterre voyait ses difficultés grandir du côté du Transvaal. Les relations avec les Républiques de l'Afrique méridionale se compliquaient. Le raid Jameson avait étonné et fâcheusement impressionné l'opinion européenne.

L'échec de Krugersdorf avait provoqué le fameux télégramme de l'empereur Guillaume au président Krüger, télégramme nullement spontané et improvisé, comme on l'a dit, mais mûrement délibéré. A la suite de ce télégramme, des ouvertures, on le sait, avaient été faites à la France.

A cette heure décisive, la sagesse avisée de lord Salisbury hésita entre les diverses voies à suivre. Il en revint, tout d'abord, à l'idée d'une entente amiable avec la France sur les questions africaines et, notamment, sur la question du Nil. L'Angleterre ne pouvait se tirer d'embarras qu'en sériant les questions et séparant ses adversaires : ou s'accommoder avec la France et transiger au sujet de l'Afrique du Nord, ou s'accommoder avec l'Allemagne et transiger au sujet de l'Afrique du Sud.

La France se trouva donc dans cette situation éminente de pouvoir, soit s'entendre avec l'Allemagne, soit traiter avec l'Angleterre. Peut-être aussi jugerait-elle préférable de jouer un rôle de « courtier honnête » entre les deux.

Au moment où l'empereur d'Allemagne cherchait à prendre contact avec la France, l'Angleterre s'adressait au Cabinet de Paris et lui proposait un accord au sujet de la question tant débattue de la province Équatoriale.

« Dans les derniers jours de 1895, lord Salisbury informa confidentiellement notre ambassadeur que le gouvernement de la Reine jugeait le moment venu de porter le coup de grâce au Mahdisme et que les ordres allaient partir pour l'Égypte, en vue de préparer, de concert avec elle, une expédition préliminaire sur Dongola. Il nous proposait une entente sur les bases suivantes : « L'expédition entreprise sur territoire égyptien avec le concours des armes et des finances khédiviales *ne dépassera pas Dongola*, et si, dans la suite, les événements rendent nécessaires des opérations plus étendues, nous ne ferons rien *sans nous être au préalable entendus avec vous* » (1).

On en revenait aux termes de l'accord qui avait été écarté un an auparavant. C'était, une fois de plus, la justification de la politique française dans les régions équatoriales.

Le gouvernement français ne crut pas devoir se prononcer entre les deux politiques. Les ouvertures de l'Allemagne, on le sait, n'eurent pas de suites. Il en fut de même des propositions de l'Angleterre. M. Berthelot qui, dit-on, était d'avis d'entrer en accord avec cette dernière puissance et de se rendre aux instances pressantes du baron de Courcel, se trouva en opposition avec ses collègues et quitta le ministère (2).

L'Angleterre déçue se retourna vers l'Allemagne, au moment où l'Allemagne déçue était prête à se rapprocher de l'Angleterre. Ainsi fut conclu l'accord qui laissa à la première les mains libres, à la fois dans l'Afrique du Sud et sur le Nil. Immédiatement, elle donna suite à ses intentions à l'égard du Mahdisme. La marche sur Dongola fut décidée (14 mars).

C'était au tour de la France d'être surprise. On n'a pas oublié la fameuse note, d'allure officieuse, publiée dans les journaux français du 17 mars 1896, d'après laquelle le ministre des Affaires étrangères, recevant l'envoyé de la Grande-Bretagne, l'avait prévenu qu'il « devait

---

(1) J. Darcy, *Cent ans de rivalité coloniale* (p. 400).
(2) « Berthelot entra en pourparlers avec lord Salisbury, qui lui proposa de lui envoyer une lettre renouvelant l'engagement d'évacuer l'Égypte quand l'ordre y serait rétabli et s'engageant à ce que l'armée anglaise ne dépassât pas Kartoum sans avoir préalablement négocié avec la France... Le ministre français voulait accepter le projet de lettre de lord Salisbury; mais son avis ne prévalut pas... » *Une grande vie, une grande œuvre. Marcelin Berthelot* (p. 15).

attirer son attention sur la gravité des conséquences que pouvait avoir la campagne du Soudan (1). Cette note passa presque pour comminatoire.

De grands débats s'engagèrent à la Chambre des communes. Si M. Balfour affirmait encore, au nom du gouvernement, le 20 mars : « Je puis énergiquement dire que l'expédition contre le Mahdi écartera une des difficultés que nous avons toujours senties être une insurmontable barrière *à l'abandon immédiat du contrôle et de l'autorité anglaise sur l'Égypte* », M. Chamberlain, ministre des Colonies, ajoutait, au milieu des rires et des applaudissements : « La situation n'est pas altérée ; nous serons toujours *aussi prêts que nous l'avons été jusqu'ici* à prendre en considération toutes les propositions tendant à l'évacuation éventuelle de l'Égypte. »

Le ministre des Affaires étrangères français qui succédait à M. Berthelot, M. Léon Bourgeois, interpellé à la Chambre, le 2 avril, se déclarait le ferme défenseur de la politique de la France dans la question d'Égypte et dans la question du Nil : « Nous ne pouvions rester indifférents aux conséquences d'une entreprise qui tendait à ajourner *sine die* l'exécution des engagements pris. Devant de telles perspectives, le gouvernement de la République avait le devoir de ne pas laisser la prescription s'établir... Nos efforts comme ceux de nos prédécesseurs tendent à maintenir à la question d'Égypte son caractère européen... »

Quels étaient ces efforts ? C'est ici que nous allons discerner les véritables origines de la mission Marchand.

Le gouvernement britannique rendait sa résolution publique en demandant à la Commission de la Dette

---

(1) J. Darcy, *Cent ans de rivalité coloniale* (p. 402).

Égyptienne les sommes nécessaires pour entreprendre l'expédition sur Dongola. Le concours de l'Allemagne et des puissances de la Triple Alliance était acquis. Seules, la France et la Russie protestèrent et, comme pis aller, plaidèrent contre la Caisse de la Dette devant les tribunaux égyptiens.

C'était une bien faible ressource. On voulut faire quelque chose de plus précis et de plus ferme, opposer le fait au fait. On demanda à la Russie notre alliée, et à la Turquie, puissance souveraine, d'agir en commun; en outre, des pourparlers furent engagés avec Ménélik. L'intervention concertée devait avoir pour théâtre la Mer-Rouge.

Et c'est précisément alors que l'on résolut d'engager, sur le continent noir lui-même, une politique d'action résolument opposée aux projets de l'Angleterre. On prétendait arriver, avant elle, sur les lieux, et en forces.

Ainsi, la mission Marchand fut décidée comme une des parties d'un plan général mûrement combiné, après qu'on eut repoussé une offre d'entente au sujet de la marche sur Dongola. Donc, tout se tient.

Il y eut, là, une heure véritablement critique. Mais, bientôt, « la gravité de la situation », pour reprendre les termes de la note du 17 mars, commença à apparaître. Il se manifesta un mouvement d'inquiétude qui fut ressenti même au quai d'Orsay. Ne s'était-on pas laissé entraîner? Allait-on à une rupture avec l'Angleterre?... Un débat parlementaire s'ouvrit, à la Chambre des députés, puis au Sénat. Au Sénat, une question de M. Bardoux fut transformée en interpellation et, quoique le Cabinet Bourgeois eût obtenu, la veille, une forte majorité à la Chambre, il crut devoir se retirer.

A l'heure où il prenait cette décision, la situation était la suivante entre la France et l'Angleterre : procès intenté à la Caisse de la Dette, déclarations formelles à la presse et au public sur « le règlement européen » de la question d'Égypte, difficulté grave au sujet de Madagascar où l'annexion avait été substituée au protectorat, entente spéciale avec la Turquie, avec la Russie, éventuellement avec l'Abyssinie contre les projets de l'Angleterre, mission Marchand sur le Nil, chargée de prévenir l'occupation anglaise et de se rendre à Fachoda.

Le Cabinet Bourgeois fut remplacé par le Cabinet Méline, le 29 avril 1896.

Comment rentrer dans les voies de la conciliation, sans compromettre la dignité et les intérêts du pays?

On a attribué, au ministre des Affaires étrangères de ce Cabinet, une politique systématique, un parti pris de se rapprocher, en Europe, des combinaisons hostiles à l'Angleterre : c'est radicalement faux.

Se trouvant, pour la troisième fois, aux affaires, à un moment où les difficultés entre l'Angleterre et la France étaient à leur comble, chercha-t-il à irriter et à compliquer? Nullement, mais à apaiser et à renouer. Un entretien des plus importants avec son prédécesseur, le jour même de la démission du Cabinet Bourgeois, l'avait mis au courant; il acceptait, par devoir, une succession périlleuse, sans autre dessein que d'en revenir à la politique d'accord et, si possible, à des arrangements honorables, en se servant des circonstances et en recourant aux points d'appui qui se rencontreraient. Il croyait, qu'avec de l'application et de la bonne volonté, on peut conduire les affaires même difficiles à bonne fin : c'était son seul dessein.

Il fallait, d'abord, dégager la situation, écarter le danger imminent. Des instructions furent envoyées à Constantinople, en Russie, à notre agent près de

Ménélik ; les complications urgentes furent conjurées.

Malheureusement, du côté de Londres et de Berlin, il n'y avait plus rien à faire, pour le moment. On venait d'apprendre qu'une entente était intervenue entre les gouvernements anglais, allemand et italien au sujet de la marche sur Dongola et que l'expédition était décidée (1).

Restait à prendre un parti au sujet de l'action dans le Haut Oubanghi : maintien ou rappel de la mission Marchand ?

Cette mission, on l'a vu, avait été mise en préparation vers la fin de l'année 1895, au moment où le gouvernement français déclinait les propositions d'arrangement du Cabinet Salisbury (2). Deux mois furent consacrés aux études et à l'organisation. Le 24 février 1896, M. Guieysse, ministre des Colonies, avait signé les instructions adressées au capitaine. D'après ces directions, le départ avait eu lieu en trois échelons aux dates du 25 avril, des 10 et 15 mai, si bien que M. Marchand, son interprète et quelques caisses de munitions restaient seuls à mettre en route, quand l'affaire revint à l'étude en mai 1896 (3).

L'objet de la mission Marchand avait été défini par les instructions concertées entre les membres compétents du Cabinet précédent ; elles s'inspiraient, naturellement, de la pensée qui avait décidé l'expédition elle-même :

(1) La *Gazette de l'Allemagne du Nord* explique en ces termes la politique du gouvernement allemand, si différente de celle qui dictait le télégramme à Krüger : « Le gouvernement impérial, ayant constaté que l'adoption de cette proposition répond aux vues des deux autres Cabinets faisant partie de la Triple Alliance, aux désirs du gouvernement italien, des instructions dans ce sens ont été envoyées au Consul allemand au Caire. » Cité par de Caix, *Fachoda*, (p. 162).
(2) *Bulletin de l'Afrique française*, 1896, (p. 50.)
(3) A. Lebon, *la Politique de la France en Afrique* (p. 3).

« Au mois de septembre dernier, disaient ces instructions, vous avez soumis à mon prédécesseur le plan d'une mission que vous-vous offrez à remplir dans le Haut-Oubanghi en vue d'étendre l'influence française jusqu'au Nil... M. Liotard a fait connaître que nous étions, au mois d'août dernier, établis beaucoup plus solidement que ne pouvait le penser le pouvoir central sur la rive droite du M'Bomou... et qu'il avait l'intention de *pousser en avant ses alliés indigènes* qui lui offraient de nous installer à Ziber qui est la clef du Bahr-El-Ghazal... Votre rôle sera donc particulièrement délicat : d'une part, nous ne pouvons ni ne devons cesser nos bonnes relations avec le Sultan; de l'autre, si nous *voulons avoir chance de devancer le colonel Colville sur le Nil, il faut aller de l'avant* et, pour ce faire, ménager les Mahdistes. »

En droit, ce programme n'avait rien de contradictoire avec la situation établie par la conversation Courcel-Kimberley; en fait, si la mission Colville opérait par l'Afrique orientale, l'expédition par l'Égypte n'en était encore qu'à ses prémisses; on prévoyait les plus sérieux obstacles à sa réalisation; on croyait pouvoir lui enlever l'usage des finances égyptiennes et il était impossible de prévoir, dès lors, la construction de la voie ferrée qui, franchissant le désert des cataractes, fut, par la suite, l'instrument de la victoire anglo-égyptienne sur le Mahdisme.

Quoi qu'il en soit, la mission Marchand étant décidée, et déjà partie, la question qui se posait devant le Cabinet Méline était de savoir s'il fallait la laisser continuer ou lui donner contre-ordre.

Le Cabinet Méline avait-il même le choix? Les choses étant engagées comme elles l'étaient, personne en France eût-il admis un pareil recul? Le parti colonial, alors si ardent, eût-il supporté l'idée de renoncer, en vue d'une complication lointaine et peut-être imaginaire, aux espoirs que lui avait fait concevoir le choix de l'énergique capitaine ?

La décision n'avait été nullement secrète, quoi qu'on en ait dit (beaucoup moins « clandestine » que celle du colonel Colville qui resta toujours mystérieuse), et aucune protestation nouvelle ne s'était produite. Enfin, les déclarations les plus formelles du gouvernement de la Reine, au sujet de l'expédition en voie de préparation, ne changeaient rien aux affirmations, si fréquemment renouvelées, de ces mêmes ministres, à quelque parti qu'ils appartinssent : l'expédition projetée n'avait pas d'autre objectif que « d'occuper *le pays s'étendant jusqu'à Dongola* (1). »

Ce qu'il fallait éviter, c'était d'aller au-devant d'un conflit, mais il suffisait, pour cela, de ne pas laisser les chefs de la mission se tromper sur l'objectif qui leur était assigné. Toute ambiguïté devait être dissipée : une mission n'est pas une expédition. A cet effet, le caractère même de l'entreprise fut transformé. M. Liotard reçut le grade de gouverneur ; en cette qualité, le capitaine Marchand lui fut expressément subordonné.

Des instructions nouvelles, adressées à M. Liotard, furent rédigées. Le ministre des Colonies, après s'être concerté avec son collègue des Affaires étrangères, disait, dans ce document, daté du 23 juin : « La mission dont est chargé M. le capitaine Marchand ne saurait être considérée *comme une entreprise militaire*. Ce n'est pas avec les forces nécessairement réduites dont nous disposons dans ces régions *que la pensée d'un projet*

---

(1) Discours de la Reine (août 1896). *Bulletin de l'Afrique française*, 1896 (p. 277).

de conquête pourrait être un seul instant acceptée. Il s'agit de maintenir strictement la ligne politique que, depuis deux ans, vous suivez avec persévérance et dont notre établissement dans le bassin du Nil doit être le couronnement... Il est bien entendu que vous aurez autorité sur tous les agents civils et militaires. Il en sera ainsi de la mission Marchand. »

Par cette atténuation très caractérisée, on en revenait sur les lieux, à la procédure de pénétration pacifique inaugurée par M. Liotard. Le Cabinet Méline affirmait, en outre, la politique qu'il entendait suivre à l'égard de l'Angleterre, c'est-à-dire un retour pur et simple au programme laissé en suspens et qui consistait à chercher dans des arrangements particuliers, et *de cas en cas*, un équivalent au règlement général dont le premier dessein avait échoué. En un mot, on essayait de ressaisir le fil toujours brisé de cette difficile « négociation africaine. »

IV

Marchand s'embarqua le 25 juin 1896. Bientôt, il commençait, à la tête de sa petite troupe, cette campagne admirable qui devait le mettre à un rang si élevé parmi les hommes d'action. La pensée gouvernementale le perdit-elle de vue, un seul instant, et l'abandonna-t-elle aux caprices de la fortune? Ne se prépara-t-elle pas à l'heure critique de son arrivée?

Il suffit de dire que la diplomatie française eut, pour idée directrice, de négocier avant que le choc se produisît, si le choc devait se produire.

Encore fallait-il que les circonstances et la partie adverse s'y prêtassent.

Malheureusement, la crise des derniers mois de 1895

n'avait pas amélioré les choses entre les deux puissances, tant s'en faut. A Madagascar, la « prise de possession » ayant été déclarée, le plus simple était d'en finir et de mettre les puissances en présence d'un fait accompli. Cette décision avait même l'avantage de détourner les esprits des affaires du Nil. Le Cabinet Méline demanda donc, purement et simplement, aux Chambres l'annexion de la Grande Ile africaine (loi du 9 août 1896) (1).

Les puissances, l'une après l'autre, à commencer par les Etats-Unis d'Amérique, s'inclinèrent et transmirent au gouvernement français la juridiction sur leurs sujets. L'Angleterre suivit le mouvement ; mais elle n'en était pas de meilleure humeur.

Une autre question, non moins épineuse, était toujours sur le tapis : à savoir le statut international et économique de la Tunisie. Il n'était pas douteux que l'Angleterre ne cherchât, dans cette affaire, comme dans celle de Madagascar, un élément de compensation à opposer aux revendications françaises partout ailleurs et notamment sur le Nil.

La presse anglaise ne manquait jamais de mettre en parallèle le sort de la Tunisie et celui de l'Egypte. Il y avait donc un intérêt capital, pour la France, à régler la difficulté sur elle-même. L'opposition de l'Angleterre s'appuyait sur celle de l'Italie. Le traité italo-tunisien arrivait à expiration ; le traité anglo-tunisien seul était *sine die*. Il fallut recourir, ici encore, au mouvement tournant. C'est en traitant successivement avec toutes les puissances (dont la première à céder, en échange de compensations équitables, fut l'Autriche-Hongrie) qu'on put isoler l'Italie et l'Angleterre.

(1) Voir le texte de la loi déclarant l'annexion de Madagascar à la France avec l'Exposé des Motifs, aux *Annexes* (p. 356).

L'Italie elle-même, après la chute de M. Crispi, montrait des dispositions nouvelles. M. Visconti-Venosta était aux affaires. Les deux gouvernements appréciaient, de plus en plus, la nécessité d'une détente d'abord, d'un rapprochement ensuite. Des négociations extrêmement laborieuses engagées à Paris, entre le comte Tornielli et le ministre des Affaires étrangères, aboutirent à l'arrangement de septembre 1896, qui emportait, de la part de l'Italie, une reconnaissance de la situation de la France en Tunisie. Un « Livre Jaune » était publié, en décembre 1896, contenant les traités passés avec l'Autriche-Hongrie, la Russie, la Suisse, l'Allemagne, la Belgique, etc. (1).

Maintenant que l'Italie avait cédé, que valait la tenace obstruction de l'Angleterre? On aborda la question, très nettement et très franchement, auprès d'elle. Si elle se refusait à modifier la situation, le gouvernement français ne lui laissait pas ignorer qu'il recourrait à l'annexion. L'exemple de Madagascar était d'une éloquence immédiate. Malgré tout, les dispositions étaient telles en Angleterre qu'il fallut attendre encore pour obtenir, du Cabinet de Londres, la reconnaissance qui avait été accordée par toutes les autres puissances.

Cependant, en Afrique, l'écheveau s'embrouillait. Depuis l'interruption des négociations engagées, l'année précédente, au sujet des territoires de la boucle du Niger (2), les trois puissances rivales, France, Alle-

(1) V., aux *Annexes*, la liste et le texte des traités passés avec les diverses puissances et qui ont libéré la Tunisie de ses engagements internationaux, consacrant le protectorat de la France. (p. 261).

(2) Ces négociations s'étaient ouvertes au quai d'Orsay, conformément à la déclaration échangée entre les deux puissances, le 15 janvier 1896. Voyez le *Livre jaune* relatif à la Convention du 14 juin 1898, p. 8 et suiv. et, ci-après, aux *Annexes* (p. 205 et suiv.).

magne, Angleterre, multipliaient les expéditions chargées de prendre des gages et de créer des « faits accomplis. » Pour la France, cet effort était décisif : c'était par ce moyen, et par ce moyen seulement, qu'elle pouvait obtenir l'union de ses trois domaines dispersés en Afrique, de la mer Méditerranée au Congo, union que l'acceptation de la ligne Say-Barroua, en 1890, avait si gravement compromise.

Mais, de part et d'autre, dans cette entreprise de concurrence où les missions opéraient dans tous les sens, elles échappaient au contrôle et à l'autorité des gouvernements ; avec l'ardeur naturelle à ces hommes énergiques, les procédés étaient parfois un peu rudes.

La France était engagée dans une guerre longue et pénible contre Samory ; ses colonnes expéditionnaires parcouraient la boucle du Niger ; elles commençaient à occuper le Mossi, dont la possession était indispensable pour relier l'hinterland du Sénégal à l'hinterland algérien et nigérien. La question des embouchures du Niger et de la navigation sur le Niger inférieur était posée par les incidents qui avaient arrêté la mission Mizon. Ces agents intrépides « allaient de l'avant », comme ils disaient, et, s'il y avait « de la casse », comme ils disaient encore, c'était « l'affaire de la diplomatie. » La table s'encombrait de dossiers qu'on ne parvenait pas à dégonfler.

Il eût fallu du temps... et précisément ce qui manquait, c'était le temps.

Les choses restèrent en suspens jusqu'aux premiers jours de l'année 1897. A ce moment, les complications dans l'Orient de l'Europe rendaient plus nécessaire que jamais l'entente entre les puissances ou, comme on l'appelait alors, le « concert européen ; » l'affaire du Transvaal était de nouveau à l'ordre du jour ; Cecil Rhodes arrivait en Angleterre pour préparer les esprits à une intervention plus énergique. De premiers succès avaient couronné des efforts de l'armée anglo-égyptienne. La province de Dongola était réoccupée. Le gouvernement demandait, à la Chambre des Communes, l'argent nécessaire pour porter l'expédition jusqu'à Khartoum.

Il y eut, en ce moment, une telle poussée de l'impérialisme anglais que l'on pouvait désespérer d'une entente amiable. Le péril fut même signalé et dénoncé par le parti libéral : à la Chambre des lords, à la Chambre des communes, il s'éleva contre une politique qui tenait si peu de compte des tiers : lord Kimberley n'oubliait pas les engagements qu'il avait pris comme ministre, et il qualifiait l'expédition du Soudan de « téméraire, soit au point de vue local, soit au point de vue international. » Sir William Harcourt et M. John Morley ajoutaient qu'on avait manqué de sincérité au sujet de l'objectif réel de la campagne.

Mais lord Salisbury, modifiant, une fois encore, son point de vue, déclarait, maintenant, que Dongola n'était qu'une étape sur le chemin de Khartoum ; le chancelier de l'Échiquier, sir Michaël Hicks Beach, dévoilait les projets d'occupation et de conquête en des termes tels que sir Charles Dilke lui reprochait « d'avoir prononcé, à l'égard de la France, des paroles de défi et de menace (1) ». Pour la première fois, le but réel de l'expédition était révélé à l'opinion anglaise et à l'Europe ; pour la première fois, on parlait de prendre possession de tous les territoires qui avaient été occupés, plus ou moins effectivement, par l'Égypte.

Au même moment, la commission franco-britannique, qui avait repris ses travaux à Paris pour traiter les

---

(1) *Bulletin de l'Afrique française* (p. 48 et 77).

questions africaines et notamment les délimitations dans le bassin du Niger, constatait que les revendications des deux gouvernements étaient irréductibles. Dans l'impossibilité d'aboutir, elle s'ajournait au mois de mai suivant.

C'était à désespérer. Le quai d'Orsay pensa qu'il n'avait plus d'autre ressource, cette fois encore, que le mouvement tournant; les négociations relatives à la côte occidentale d'Afrique, abandonnées avec l'Angleterre, furent reprises avec l'Allemagne. En avril 1897, le chancelier de l'Empire, prince de Hohenlohe, ancien ambassadeur en France, vint à Paris; il eut avec le ministre des Affaires étrangères français une entrevue qui donna une impulsion plus vive aux pourparlers. Au mois de juin, l'accord fut signé; il mettait fin aux contestations franco-allemandes en Afrique. (1)

Aussitôt, il se fit un revirement sensible dans l'attitude de l'Angleterre. Deux courants se partageaient, visiblement, les conseils du gouvernement. Tantôt M. Chamberlain et ses amis l'emportaient, tantôt l'autorité plus sereine de lord Salisbury prenait le dessus.

L'Angleterre célébrait, alors, le jubilé de la reine Victoria, et si les manifestations superbes qui accompagnaient cet anniversaire lui donnaient le légitime sentiment de sa force, elles soulignaient aussi son « splendide isolement. » Au Transvaal, les choses n'allaient pas aussi facilement qu'on l'avait espéré. Cecil Rhodes était interrogé par la commission parlementaire au sujet de l'expédition Jameson.

Ces fluctuations incessantes, ces continuelles sautes de vent sont impossibles à relever, maintenant, dans leur

---

(1) Voir le texte de l'arrangement franco-allemand, ci-dessous, aux *Annexes* (p. 319).

détail, si émouvantes qu'elles fussent pour ceux qui en observaient alors les phases journalières. En réalité, les dispositions du gouvernement et de l'opinion, en Angleterre, suivaient les hauts et les bas de l'expédition du Nil et traduisaient, en même temps, la complication plus ou moins grande des événements internationaux. Il faudrait écrire toute l'histoire de ces années encombrées, pour démêler le fil, à chaque instant perdu dans la trame.

Au cours de l'été 1897 et peu après la signature de l'arrangement franco-allemand, les dispositions de l'Angleterre parurent plus conciliantes. Ces sentiments nouveaux se manifestèrent, d'abord, au sujet des affaires tunisiennes. L'objection tirée de la pérennité du traité anglo-tunisien fut abandonnée et tout le reste se trouva soudain facilité. Moyennant quelques concessions en faveur des cotonnades anglaises, l'accord, qui paraissait si difficile quelques mois auparavant, se produisit le plus aisément du monde (septembre 1897)(1). Et ce fut comme le premier grain tombant d'un chapelet qui se dénoue.

On écrit alors : « La conclusion de l'arrangement anglo-tunisien a fait naître un courant d'opinion d'après lequel toutes les difficultés pendantes entre la France et l'Angleterre ne tarderaient pas à être réglées (2). »

Paroles de bon augure, appuyées bientôt par un fait précis : les négociations pour la délimitation de l'Afrique occidentale et du bassin du Niger, prévues par la convention du 15 janvier 1896 et interrompues depuis près d'un an, sont reprises. La commission anglo-française

(1) Voir le texte de cet arrangement ci-dessous, aux *Annexes* (p. 263).
(2) *Bulletin de l'Afrique française* (p. 335). — Voyez correspondance du *Times* à la même époque.

se réunit dans les premiers jours de novembre (1).

Remarquons, qu'au même moment, personne n'ignore la marche ni l'objectif de la mission Marchand. On sait qu'il arrive sur les lieux et que M. Liotard a occupé Dem-Soliman dans le Bahr-El-Ghazal. Dans la presse anglaise, certains journaux fulminent, mais d'autres se réservent : la note moyenne est donnée par la *Saturday Review* : « Du Bahr-El-Ghazal à Fachoda l'Égypte a tout abandonné : cette portion de l'Afrique est *res nullius* et appartient au premier qui saura la prendre ; la question est de savoir qui arrivera le premier. On peut se féliciter de la marche rapide des troupes anglo-égyptiennes qui met l'Angleterre en bonne posture à cet égard. »

La négociation du Niger, qui vient de se rouvrir, est le prélude nécessaire de celle qui peut régler, à temps, la question du Nil soudanais.

Mais que de lenteurs, que de difficultés encore ! Les commissaires, MM. Lecomte et Binger, pour la France, MM. Martin Gosselin et le colonel Everett, pour l'Angleterre, discutent sur des pointes d'aiguilles ; les cartes sont insuffisantes, les itinéraires obscurs, les renseignements contradictoires. Des journées, des semaines, des mois s'écoulent.

Les plénipotentiaires anglais sont à la fois embarrassés et effrayés par l'activité des missions françaises au Niger. Si l'on ne conclut pas, tout le pays sera occupé ; mais pour conclure, il faut consacrer les résultats obtenus : déjà les possessions britanniques sont coupées en fait de tout accès vers l'intérieur.

Le double nœud du débat s'est précisé : à qui appartiendra le Mossi dont le magnifique territoire (plus

---

(1) Voir aux *Annexes* (p. 296 et suiv.).

étendu que celui de la France et le plus fertile de la région nigérienne) réunira toutes les possessions soit de l'une, soit de l'autre puissance? Quel sera le régime de navigation sur le Niger?

Lord Salisbury, au Guild-Hall, en novembre 1897, s'écrie : « L'Afrique a été créée pour la plaie des ministres des Affaires étrangères ! »

Un temps d'arrêt se produit dans la marche en avant de l'expédition anglo-égyptienne : le bruit court que Marchand est arrivé à Fachoda.

A ce moment, quand on sent approcher l'heure où il faudra rompre ou céder, la tactique anglaise, c'est l'intimidation. Lord Salisbury, dans ce même discours du Guild-Hall, visant les affaires du Niger, dit : « Il y a une limite à l'exercice des qualités de conciliation, et nous ne pouvons permettre que nos droits les plus élémentaires soient foulés aux pieds. »

A propos d'un de ces nombreux incidents dont la hardiesse des missions semait le terrain de la négociation, comme d'autant de chevaux de frise, — le passage de l'expédition Casemajou sur un territoire attribué à l'Angleterre, — M. Chamberlain dit, avec une véhémence tout autre, devant la Chambre des communes : « Des pays que la Grande-Bretagne croyait être sa propriété ont été surpris et envahis... Cette situation, nous ne pouvons l'accepter. Aussi, nous avons pensé qu'il était nécessaire d'organiser une armée de frontières... La création de cette armée est indispensable, que le différend avec la France ait une solution satisfaisante ou non... »

Quel ministre français eût tenu, à pareille époque, un tel langage visant une puissance amie?

D'autre part, comment arracher l'Angleterre à cette position négative et menaçante? Le Cabinet de Londres négociait-il pour amuser le tapis ; ou bien, ne gardait-il pas un secret désir d'arriver à une entente, en dépit des pronostics fâcheux, des polémiques voulues et des obstacles trop réels qui s'opposaient au progrès du travail des commissaires ?

La tendance des plénipotentiaires anglais était de diminuer et de rétrécir, en quelque sorte, l'objet de la négociation, de la ramener à l'étude des cas particuliers et des délimitations régionales. Le gouvernement français, ne perdant pas de vue le but qu'il s'était proposé, s'efforçait de lui donner un caractère plus général ; il eût voulu l'étendre, pour ainsi dire, sur l'Afrique dans toute sa largeur.

La pierre de touche des sentiments réciproques était là. Le succès serait considéré comme possible, si on parvenait à englober dans une seule et même tractation, non seulement la rive droite du Niger, mais la rive gauche, le lac Tchad, et, ainsi, les territoires allant jusqu'au bassin du Nil.

Toutes les questions de détail avaient été étudiées, éclaircies. Il fallait conclure ; les minutes devenaient précieuses.

Le ministre des Affaires étrangères du cabinet Méline crut devoir intervenir personnellement dans la négociation. Il eut plusieurs entretiens avec sir Edmund Monson : il invoqua les nécessités supérieures de l'entente. Une amélioration se produisit. On résolut d'agir.

Le 26 novembre, les commissaires français déclarèrent, officiellement, à leurs collègues anglais que la France ne croyait pas devoir s'en tenir à des arrangements particuliers et qu'elle se proposait d'élargir, par des proportions formelles, les bases de l'accord, si cet accord était possible. Ils demandaient que la négociation portât, non seulement sur la rive droite, mais sur la rive gauche du Niger. Ils demandaient aussi *que les rives Nord et Est du lac Tchad fussent attribuées à la France :* moyennant quoi, ils étaient autorisés à reconnaître la ligne Say à Barroua et à faire des concessions sur la navigation du fleuve.

Par cette proposition, la France jouait cartes sur table et mettait ses partenaires au pied du mur. En accédant à la ligne Say-Barroua, sauf certaines modifications indispensables, et en renonçant aux embouchures du Niger, sauf les enclaves nécessaires pour assurer la liberté de navigation, elle désarmait son plus redoutable adversaire, la compagnie du Niger. Mais, en réclamant les rives du lac Tchad et les territoires environnants, elle donnait à la négociation toute son ampleur ; elle en faisait une œuvre d'équilibre africain ; par ce déploiement inopiné vers l'Est, elle posait indirectement la question Marchand.

Qu'une telle initiative ait été ainsi comprise à Londres, cela ne peut être mis en doute : car, le 29 novembre, sir Edmund Monson déclarait au ministre des Affaires étrangères français « que la conférence n'avait pas à s'occuper de la rive gauche du Niger, mais bien de la rive droite ; qu'il n'y avait aucune corrélation à établir entre deux questions si différentes ; que toutes les questions relatives à la rive gauche du Niger étaient réglées par l'arrangement de 1890. »

Quant aux territoires situés à l'Est du lac Tchad, le gouvernement anglais, inquiet des revendications qui se trouvaient consignées, pour la première fois, dans un document officiel, indiquait « qu'il y avait lieu de les régler *de façon à prévenir toute expansion démesurée dans la direction du Nil.* »

Cette manière de voir fut encore précisée, mais dans des termes heureusement plus favorables, par une lettre de sir Edmund Monson, datée du 10 décembre : « Les bases proposées n'avancent pas beaucoup les négociations, étant donné que les questions les plus contestées ne sont pas touchées... Quant à la proposition de reconnaissance des droits de la France sur les rives Nord et Est du lac Tchad, si les autres questions sont réglées, le gouvernement de Sa Majesté ne fera pas de difficultés pour cette condition. Mais, ce faisant, il ne peut oublier que la possession de ces territoires *peut, dans l'avenir, ouvrir une route vers le Nil*, et il ne faut pas comprendre que le gouvernement de Sa Majesté puisse admettre qu'aucune puissance européenne puisse avoir des droits quelconques à occuper une position, quelle qu'elle soit, dans la vallée du Nil » (1).

Cependant, la conversation était engagée.

Les deux parties sentaient la gravité des difficultés prochaines sur le Nil et certainement, à ce moment, le désir d'une entente préalable à la rencontre les animait toutes deux.

Plus on approche de l'heure critique, plus on voit se dessiner les deux courants qui agitent l'opinion en Angleterre. Mais les modérés, soit libéraux soit conservateurs, lord Salisbury, M. Balfour, M. Morley, sont peu à peu débordés par les violences et le tapage du parti impérialiste.

Le *Times* combat la formule « possession vaut titre », qui avait été acceptée quelques semaines auparavant par la *Saturday Review*, et qui était, en somme, la base des négociations relatives au Niger. La *Pall Mall Gazette* écrit, à propos de quelques incidents en Afrique : « Il faut parler au quai d'Orsay sur un ton de commandement. » Tout de même, nous n'en étions pas là !

(1) Voir ces divers documents aux *Annexes* (p. 299 et suiv.).

Le débat technique relatif au bassin du Niger se prolongea tout l'hiver. Rarement on vit, en Angleterre, une discipline plus stricte de l'opinion, de la presse et du gouvernement pour arracher le succès : chaque parcelle de terrain fut disputée pied à pied. Pour une paillotte, on parlait de rupture et de guerre. Lord Selborne, sous-secrétaire d'État des Colonies, disait à Bradford : « Sans doute, nous voulons la paix, mais non pas la paix à tout prix. Nous n'avons pas fait la guerre pour Madagascar, parce qu'elle eût été beaucoup trop onéreuse ; étant donné le peu d'importance des intérêts anglais engagés ; mais peut-on en dire autant de l'Ouest africain ? »

En France, les esprits, passionnés pour l'affaire Dreyfus, étaient ailleurs. C'est à peine si l'opinion, divisée, en outre, au sujet des affaires de Grèce et d'Arménie, devinait les soucis du gouvernement au sujet de l'Afrique.

Malgré tout, la diplomatie française tenait bon : elle voulait l'accord, mais elle le voulait honorable. Les démarches réitérées, parfois même menaçantes de sir Edmund Monson ne l'émouvaient pas.

Les nouvelles d'Afrique étaient rares. Au début de l'année 1898, la situation de l'expédition anglaise ne paraissait pas des plus satisfaisantes ; le sirdar demandait au gouvernement de renforcer le corps expéditionnaire d'une première brigade anglaise de quatre bataillons. Jusqu'à cette époque, le sort de la campagne restait au moins douteux (1).

Le 18 février, le jour même où M. Chamberlain faisait, à la Chambre des Communes, une déclaration des plus comminatoires, les délégués anglais apportaient à la

(1) De Caix, *Fachoda* (p. 187).

Conférence une concession décisive : le cabinet de Londres abandonnait le Mossi et le Gourounsi.

C'était une reconnaissance pleine et entière des revendications de la France, après qu'on les avait proclamées si exorbitantes et qu'on avait usé de tous les moyens, — jusqu'à la menace d'une rupture et d'une guerre, — pour lasser et intimider leurs défenseurs. L'union des établissements du Sénégal, du Niger et de la Côte d'Ivoire était reconnue et le principe d'une vaste négociation africaine était adopté.

C'était l'heure psychologique : si l'Angleterre, parfaitement au courant, dès lors, des progrès de la mission Marchand, saisie de l'ensemble des propositions françaises, traitait en février, il était permis de conclure qu'elle aborderait dans le même esprit le règlement des affaires du Nil. Un gouvernement décidé à la rupture eût, ainsi qu'il l'avait fait précédemment, traîné en longueur : car, parler du lac Tchad, comme l'avait fait observer l'ambassadeur d'Angleterre dans sa communication, c'était parler du Nil.

Il fallut quatre mois encore pour obtenir l'accord complet et pour régler l'infinie quantité des sujets litigieux. Chaque détail exigeait une dépense d'application, de peine et, surtout, de temps. La convention de délimitation générale qui couvrait toute l'Afrique dans sa largeur, du Sénégal au bassin du Nil, fut, enfin, signée, au quai d'Orsay, le 14 juin 1898. L'ambassadeur d'Angleterre, sir Edmund Monson, pleurait en mettant son nom sur cet acte considérable dont il attendait les résultats les meilleurs pour les relations entre les deux pays (1).

Le lendemain, le Cabinet Méline était renversé!

Du moins, il avait pu accomplir l'une des parties les

(1) Voir le texte de la Convention aux *Annexes* (p. 303.)

plus importantes et les plus difficiles de sa tâche. Arrivé aux affaires en pleine brouille avec l'Angleterre, il avait arrangé la plupart des difficultés pendantes et il concluait, avant de tomber, l'acte d'accord le plus considérable signé entre les deux puissances depuis bien longtemps.

Dans le tourbillon des événements qui se sont succédé, cette Convention de juin 1898 a passé presque inaperçue. Elle parut, à ceux qui la signèrent, l'heureuse prémisse d'une entente prochaine sur la seule question qui restât en suspens. Les deux gouvernements traitaient de plein gré et de bonne grâce. Malgré l'excitation des sentiments hostiles, l'esprit de conciliation l'emportait, une fois de plus, de part et d'autre.

Au point de vue français, la Convention de juin 1898, en opérant la jonction des trois domaines africains, Algérie et Tunisie, Sénégal et Niger, Tchad et Congo, fondait ce vaste empire colonial qui couvrait tout le nord de l'Afrique occidentale à l'exception des colonies européennes de la côte et de l'Empire du Maroc. La barrière des traités s'élevait, désormais, contre toute concurrence étrangère dans l'hinterland de nos possessions anciennes et nouvelles.

Quelques mois plus tard, à la période critique de l'affaire de Fachoda, cette convention fut notre ressource, notre sécurité, quand l'Angleterre songea, un instant, à nous rejeter au delà du lac Tchad, et même au delà du Niger.

En somme, la « négociation africaine », dans ses lignes générales, se réglait selon les aspirations françaises, et cela sans sacrifices considérables, sans dépenses lourdes, sans expéditions onéreuses, on pourrait dire sans risques internationaux. La France et l'Angleterre s'habituaient à traiter sur un pied d'égalité en Afrique.

La Convention conclue, la voie était libre pour la question du Nil, la question Marchand. C'était l'idée suivie depuis le début par le quai d'Orsay : traiter avant la rencontre, désormais trop facile à prévoir dans le Bahr-El-Ghazal.

Cette volonté, cette aspiration, le ministre qui disparaissait l'avait manifestée, consignée officiellement, comme on l'a vu, dans les actes mêmes de la négociation.

Non seulement le point avait été visé dans les instructions aux commissaires, dans celles données par le ministre aux ambassadeurs ; mais il avait donné lieu à un échange de lettres, à l'heure précise où les sentiments de conciliation l'avaient emporté, c'est-à-dire en décembre 1897.

On a vu que, le 10 décembre, sir Edmund Monson avait adressé, au ministre des Affaires étrangères français, une note relative aux territoires du lac Tchad. Cette note se terminait ainsi : « Il ne faut pas comprendre que le gouvernement de Sa Majesté puisse admettre que toute autre puissance européenne puisse avoir de droit quelconque à occuper une portion quelle qu'elle soit de la vallée du Nil. Les vues du gouvernement britannique sur ce point ont été exposées nettement devant le Parlement par sir Edward Grey, il y a quelques années, pendant l'administration du comte de Rosebery et ont été communiquées en due forme au gouvernement français à cette époque. Le gouvernement actuel de Sa Majesté adhère pleinement au langage employé par ses prédécesseurs. »

Avait-on oublié à Londres les entretiens entre lord Kimberley et M. de Courcel ? Le quai d'Orsay les rappela en formulant, de nouveau, les réserves françaises. Le 24 décembre 1897, on écrivit à sir Edmund Monson :

« Le gouvernement français ne saurait, en la circonstance présente, se dispenser de reproduire les réserves qu'il n'a jamais manqué d'exprimer toutes les fois que les questions afférentes à la vallée du Nil ont pu être mises en cause. C'est ainsi, notamment, que les déclarations de sir Edward Grey, auxquelles vient de se reporter le gouvernement britannique, ont motivé, de la part de notre représentant à Londres, une protestation immédiate dont il a repris et développé les termes dans les entretiens ultérieurs qu'il a eus sur ce sujet au Foreign Office. J'ai eu moi-même occasion, au cours de la séance du Sénat du 5 avril 1895, de faire, au nom du gouvernement français, des déclarations auxquelles je crois être d'autant plus fondé à me référer qu'elles n'ont amené aucune réponse du gouvernement britannique... La position prise par le Cabinet de Londres, dans la lettre à laquelle je réponds, tendrait à avoir pour conséquence de préjuger des questions qui sont complètement étrangères aux difficultés dont la commission du Niger a pour mandat de poursuivre le règlement. C'est pourquoi j'ai pensé que, pour le bon ordre d'une discussion *que les deux parties ont un égal désir de voir se terminer par un arrangement équitable*, ces explications étaient nécessaires, et je les fais parvenir à Votre Excellence dans le même esprit de conciliation qu'elle a bien voulu invoquer dans sa propre communication. »

Or, cette lettre ne provoqua aucune réponse, aucune protestation. On en était donc toujours à la formule de lord Kimberley : « la question restait ouverte au débat. » Seulement, chaque partie se gardait, en vue de la négociation qu'on sentait prochaine.

Dans la partie technique de la lettre qui vient d'être citée, le ministre français n'avait pas manqué de se référer à ces négociations de 1894 dont le souvenir planaît sur tout le développement ultérieur, et où la question du Haut Nil avait été traitée une première fois, entre les deux gouvernements.

La Convention de juin 1898 était une étape; mais ce n'était qu'une étape. L'affaire du Nil apparaissait maintenant isolée sur le champ débarrassé de tout autre obstacle.

Marchand avait franchi les plus rudes passes de son formidable voyage et se hâtait vers Fachoda. Kitchener venait de remporter (8 avril), sur les Derviches, la première victoire décisive, celle de l'Atbara. Les prévisions étaient, dès lors, favorables à un succès définitif des forces anglo-égyptiennes. On écrivait, à cette date :
« La chute définitive du mahdisme n'est plus qu'une question de semaines : la crue du Nil, en juillet, en donnera probablement le signal (1). »

On avait encore le temps de traiter. Mais il fallait traiter tout de suite.

Cet effort diplomatique, qui devait être l'effort suprême, l'abordait-on sans préparation et sans autre moyen d'action que la mission Marchand?... On s'était trouvé, en somme, en présence de deux hypothèses : ou bien l'insuccès de la campagne anglo-égyptienne et, pendant longtemps, on avait pu garder des doutes à ce sujet; les sacrifices faits par l'Angleterre pour la construction du chemin de fer et, en général, les dépenses énormes de l'expédition avaient pu seules l'emporter sur la résistance des lieux et des hommes; ou bien le succès de l'expédition, et la présence, dans la région du Bahr-El-Ghazal, d'une force telle que, selon le principe posé : « à chacun selon ses œuvres », on devrait s'in-

---

(1) *Bulletin de l'Afrique française*, mai 1898 (p. 164).

cliner. Cela, la France, l'Angleterre, l'Allemagne, l'avaient fait, à diverses reprises, sans déshonneur ni péril public. Mais, de toutes façons, un jour ou l'autre, il fallait en venir à négocier.

Or, l'expérience l'avait démontré, pour obtenir des résultats effectifs, il ne fallait pas s'en rapporter uniquement aux dispositions qui, à l'heure où se signait la Convention de juin 1898, paraissaient conciliantes du Cabinet de Londres. Dominé trop souvent par l'impétueuse assurance de M. Chamberlain, il usait de l'arme de l'intimidation et, en général, de toutes les armes légitimes ; il n'avait d'autre inquiétude que de se trouver isolé dans ses aventureuses entreprises diplomatiques.

Agissante partout, l'Angleterre *essaye* toujours : ferme, habile, — et, en somme, rassurée sur les conséquences finales par la fameuse « ceinture d'argent, » — elle ne cède qu'après avoir fait le calcul précis des avantages et des risques.

A Madagascar, en Tunisie, au Siam, sur le Mékong, au Niger, elle avait poussé à l'extrême les résistances les plus tenaces, elle avait toujours employé les mêmes négations impératives, et elle n'avait renoncé que la dernière et à la dernière minute.

Il fallait donc s'attendre à une campagne des plus rudes, avec tout le déploiement des pressions et des influences que la féconde ingéniosité anglaise découvre dans ses ressources sans nombre et parmi les faiblesses de l'adversaire.

En vue de l'heure prochaine où la question du Nil serait abordée, le premier devoir du ministère français était de s'assurer une forte situation diplomatique auprès des diverses puissances qui pouvaient, à un titre quelconque, intervenir au débat.

Voici ce qui avait été fait avant la chute du cabinet Méline :

La vallée du Nil, à cette époque, était comme le rendez-vous de la plupart des dominations coloniales européennes. La Turquie exerçait sur le Khédive une haute suzeraineté reconnue par les traités ; l'Allemagne, par ses possessions de l'Afrique orientale, l'Italie par celles de la Mer-Rouge, l'État du Congo à Lado, la France dans le Bahr-El-Ghazal, enfin l'Abyssinie, puissance africaine qui avait alors le prestige entier de ses victoires récentes, toutes avaient un intérêt dans les affaires nilotiques.

D'autres puissances européennes, et notamment la Russie, à cause des communications avec l'Extrême-Orient, et de ses relations de religion avec l'Abyssinie, veillaient, avec plus ou moins de zèle, à l'intégrité de l'Empire ottoman et à la liberté de navigation par le canal de Suez.

Assurément, aucune de ces puissances n'était opposée d'une manière irréductible à l'Angleterre ; mais, selon leurs intérêts et d'après le jeu de l'équilibre, elles pouvaient peser sur le résultat final. Une action générale et simultanée fut engagée auprès d'elles pour préparer les voies.

L'alliance franco-russe, proclamée aux toasts du *Pothuau*, avait manifesté, en Europe, une puissance de contrepoids qui commençait à provoquer certaines évolutions. On pouvait compter sur la Russie et, avec son concours, agir sur la Turquie puissance suzeraine en Égypte et grande puissance politique et religieuse en Afrique, comme on l'avait déjà fait, au début de 1896.

L'Italie, dont les tendances peu favorables, du temps de M. Crispi, avaient été longtemps un sujet d'inquiétude pour la France, s'était détachée de l'Angleterre en négociant l'arrangement franco-tunisien ; ces heureuses prémices, dues à l'initiative du marquis Visconti-Venosta, avaient eu d'autres suites : une convention commerciale, qui devait rétablir entre les deux pays l'ancienne intimité, avait été négociée entre Paris et Rome : il ne manquait plus que les signatures, tenues volontairement en suspens par le Cabinet de Paris.

Avec l'État Indépendant du Congo, toutes les difficultés étaient arrangées depuis près de quatre ans; en le maintenant sur le Nil, à Lado, on avait assuré un précédent favorable — et dont l'Angleterre, elle-même, avait été l'initiatrice, — à la thèse des occupations concertées dans le bassin du grand fleuve. Le chemin de fer, dû à la clairvoyante ténacité du roi Léopold, profitait des coûteux transports nécessaires pour le ravitaillement des postes du Haut-Oubanghi. Les relations étaient devenues tout à fait cordiales.

Restaient l'Allemagne et l'Abyssinie.

Il appartiendra à l'histoire d'établir quelle fut la pensée directrice de l'Allemagne et de son gouvernement dans les discussions complexes parmi lesquelles se décida le partage de l'Afrique et la dernière phase de la politique coloniale française. On peut admettre, qu'au début, la politique bismarckienne vit avec satisfaction la France s'engager dans des affaires lointaines et si difficiles qui devaient absorber, pendant de longues années, l'attention du pays et de son gouvernement. Il n'est pas certain, toutefois, que ce calcul fût juste, puisque finalement, l'Allemagne se lança, à son tour, sur la même piste, et essaya, un peu tard, de regagner le temps perdu. Si elle a laissé, de parti pris, les initiatives coloniales aux autres, elle n'a pas à s'étonner qu'ils aient obtenu les meilleurs morceaux.

L'Allemagne assista sans déplaisir aux difficultés

franco-anglaises. Ce fut, pour Bismarck et ses successeurs, un instrument de règne. En se portant tantôt d'un côté, tantôt de l'autre, ils faisaient pencher la balance (1). Mais il n'est pas démontré que cette tactique ait réussi davantage : puisque, en somme, la France a constitué son empire colonial ; et que l'Angleterre : 1° s'est rendue maîtresse, par l'Égypte, du canal de Suez et des communications mondiales ; 2° a tenu en échec le développement colonial et maritime de l'Allemagne, notamment en Extrême-Orient ; 3° a pris le dessus sur l'élément germanique dans l'Afrique du Sud ; et 4° a poursuivi, sans interruption, le chemin de fer du Cap au Caire, — tous résultats contraires aux vues déclarées de l'Empire et qui annulent d'avance, pour ainsi dire, le prodigieux effort de celui-ci pour assurer son « avenir sur la mer ».

La politique allemande, dans ces affaires embrouillées, fut une suite d'avances et de volte-faces près des deux puissances, alternativement. S'il y eut un dessein formé, il ne se découvrit jamais. On ne pouvait ni se fier tout à fait en elle, ni la négliger entièrement. Peut-être y avait-il, dans tout cela, de l'hésitation et du caprice plus qu'un calcul machiavélique. Quoi qu'il en soit, ce système continuellement mobile n'empêcha rien et ne produisit rien. La diplomatie doit savoir, un jour ou l'autre, prendre parti ; sinon, n'inspirant que le doute et la méfiance, elle reste dans la position classique du cavalier entre deux selles.

Cette procédure tatillonne du gouvernement allemand apparaît dans les événements qui préparèrent les grandes négociations africaines de 1898. Le fameux télé-

---

(1) Sur les origines et le caractère de cette politique, voyez *Histoire de la France contemporaine*, t. IV (p. 492).

gramme au président Krüger avait abouti à l'abandon des Républiques du Sud par suite de l'accord anglo-allemand au sujet des colonies portugaises de l'Afrique méridionale, et indirectement au consentement, donné par l'Allemagne, à l'expédition de Dongola.

D'ailleurs, l'Allemagne s'était liée à l'égard de l'Angleterre, au sujet du Nil, par les ententes de 1890 et de 1893. Il n'y avait donc pas à compter sur un concours actif de ce côté.

Pourtant, la politique de l'internationalisation du grand fleuve avait quelque chose de substantiel qui pouvait la tenter, et on agirait, indirectement, sur le Cabinet de Londres, comme on l'avait fait précédemment dans les affaires de la Côte occidentale, en intéressant l'Allemagne à ces solutions.

En général, c'est une imprudence gratuite de prétendre tenir une des grandes puissances européennes en dehors des affaires qui affectent l'équilibre mondial. Mieux valait assurer à la politique française le bénéfice de la bonne grâce et de la loyauté, tout en gagnant, le cas échéant, les sentiments favorables de ce « tribunal des neutres » sur lequel l'Allemagne exerce, dans le cas de rivalité anglo-française, une incontestable autorité.

Telle fut la portée de certains échanges de vues avec l'Allemagne, dans la période qui précéda immédiatement la chute du Cabinet Méline. Depuis le voyage du prince de Hohenlohe à Paris, et la conclusion de l'arrangement franco-allemand au sujet du Togo, les relations entre les deux puissances étaient sur le pied d'une mutuelle courtoisie. En présence des dangers qui menaçaient, alors, la paix du monde (événements d'Arménie, de Crète, de Grèce, complications en Extrême-Orient), les gouvernements européens avaient senti le prix d'une collaboration plus étroite en vue des intérêts communs de la civilisation et de la paix. Les premiers indices de l'antagonisme anglo-allemand commençaient à apparaître. Le *mad in Germany* était dénoncé en Angleterre. Le calcul de ces mouvements imperceptibles, la considération de ces « impondérables » sont de technique courante en diplomatie.

Il suffisait de tirer parti de ces conditions générales dans les affaires d'Afrique en particulier.

L'occasion se présenta à propos d'un détail financier intéressant le sort des colonies portugaises de l'Afrique méridionale. Une conversation qu'eut, à Berlin, l'ambassadeur de France, le marquis de Noailles, donna lieu à un échange de vues relatif aux questions africaines, qui fut précisé par un *memorandum* remis à Paris par le comte Munster, ambassadeur d'Allemagne, dans les quelques jours qui précédèrent, après la chute du Cabinet Méline, la constitution du Cabinet Brisson. Le tout fut porté à la connaissance du Conseil des ministres, du président de la République et traité, dans la forme habituelle, par les bureaux du quai d'Orsay.

Cette importante communication eut-elle quelque suite ? C'est ce qui est resté obscur, jusqu'ici (1). En tout cas, les précautions étaient prises, du côté de l'Allemagne, et on pouvait, comme on l'avait fait précédemment, se servir des circonstances qui rapprochaient, si opportunément, sur ces affaires, les intérêts et les vues des deux puissances.

Reste l'Abyssinie. Pendant quatre ans, la politique française s'occupa, avec une assiduité constante, des

(1) On a, d'abord, nié l'existence de cette note : « C'est absolument inexact », a-t-on dit à la tribune. On déclare, maintenant, qu'elle était sans importance. La vérité est qu'on la traita comme on traita les déclarations de Lord Kimberley à M. de Courcel, dont on essaye également d'atténuer la portée. — V., par contre, Darcy, *Cent ans de rivalité*, etc. (p. 407).

relations avec l'Abyssinie. Dès que l'on connut l'arrangement franco-italien du 15 avril 1891, le Cabinet de Paris avait protesté contre les clauses qui portaient atteinte à l'indépendance du Harrar et de l'Éthiopie. Puis les événements s'étaient déroulés. La défaite des Italiens en 1896 et le traité d'Addis-Abeba avaient laissé le champ libre à la politique française ; les luttes d'influence entre des interventions rivales nombreuses, actives et ingénieuses, se compliquent, auprès de la plupart des princes africains, de rivalités locales entre les grands personnages indigènes. C'est un travail délicat et lent. Permis aux critiques d'édicter « ce qu'il faudrait faire » ; au pied du mur, ils trouveraient, eux aussi, les difficultés, les oppositions obscures, les décourageantes lenteurs.

En mars 1895, Ménélik, se rendant compte des avantages d'une entente avec la France, avait proposé à celle-ci de renouveler le traité de commerce conclu, en 1843, par le roi du Choa avec M. Rochet d'Héricourt, au nom du roi Louis-Philippe. Un an se passa. Dès la constitution du Cabinet Méline, les pourparlers furent repris activement. Le président de la République adressa une lettre personnelle à Ménélik où l'on acceptait la désignation de Djibouti comme port officiel de l'Éthiopie. Un Français, M. Chefneux, obtint, bientôt, la concession de la voie ferrée qui devait relier Djibouti à Harrar (octobre 1896). Le gouverneur d'Obock, M. Lagarde, quittait la France, en décembre, avec les pouvoirs et les instructions nécessaires pour organiser toute une action abyssine combinée avec celle de la France sur le Nil. Les instructions disaient : « J'ai mis à votre disposition, sur le solde du crédit des missions, une somme importante destinée à favoriser l'expansion de notre influence pacifique dans l'Empire. Ces fonds doivent être principalement affectés à l'exploration des régions du Sobat et de la rive droite du Nil... Je n'ai pas besoin d'insister sur le haut intérêt politique qui s'attache à la réussite de ces projets et sur le secours que la mission du Haut-Oubanghi pourrait en recevoir... »

Trois objets étaient assignés aux efforts des représentants de la France : 1° Organiser des missions d'exploration françaises destinées à se rencontrer sur le Nil avec la mission Marchand. On connaît les travaux si honorables des missions Clochette et Bonvalot, Bonchamps, Faivre et Potter, qui atteignirent Nasser sur le Sobat, à 200 kilomètres du Nil ; elles échouèrent pour des raisons matérielles et en présence d'obstacles presque insurmontables (1).

2° Décider Ménélik à occuper les territoires revendiqués traditionnellement par l'Abyssinie, vers le Nil. A la fin de 1897, quatre expéditions éthiopiennes commandées par les plus importants personnages ou les plus hauts tributaires de l'Empire opéraient simultanément : le raz Makonnen au Nord, vers les Beni-Chagoul ; à l'Ouest, le dedjaz Tessamma, que devaient accompagner bientôt deux français de la mission Bonchamps, MM. Faivre et Potter, descendait vers le Sobat ; plus au Sud, le raz Ouedda Ghiorgis ; et enfin, plus au Sud encore, vers le Borana, le raz Habta Ghiorgis, accompagné par un autre de nos compatriotes, M. Daragon. Ces expéditions, réellement puissantes, paraissent assurées au succès. Mais, là encore, des obstacles dus à la nature marécageuse du sol et au climat pestilentiel s'opposèrent à une expansion si naturelle et si fortement préparée. La révolte « opportune » du raz

---

(1) *Vers Fachoda à la rencontre de la mission Marchand.* — Mission de Bonchamps, par M. Ch. Michel, second de la mission ; Plon, in-8.

Mangascha, dans le Tigré, détourna, finalement, l'attention de Ménélik (1).

3° On désirait, surtout, établir entre la France et l'Abyssinie des relations d'amitié et de confiance capables de peser, le jour venu, sur la négociation qui devait décider de l'avenir de ces régions. Sur ce point encore, les instructions furent fidèlement exécutées : un véritable traité d'alliance fut conclu avec Ménélik (20 mars 1897) ; celui-ci affirmait sa volonté de revendiquer, comme frontière occidentale de son Empire, le Nil entre le cinquième et le quatorzième degré Nord. Les principes d'une action commune dans tous les ordres d'idées, commerce, finances, travaux publics, expansion géographique, entente diplomatique, furent établis, et si ces résultats n'eurent pas toutes les suites qu'on en eût pu attendre, encore est-il juste de reconnaître qu'on les avait préparés (2).

On s'assurait, en somme, par ces diverses tentatives des concours qui pouvaient être précieux à l'heure décisive. Il y avait avantage à nouer en faisceau les divers intérêts groupés autour du Nil et du canal de Suez qui paraissaient encore, à cet époque, voués à un avenir international.

V

Le jour de la chute du Cabinet Méline, et quand M. Delcassé prit le portefeuille des Affaires Étrangères, Marchand n'était pas encore arrivé à Fachoda. Il ne devait atteindre ce point que dans les premiers jours de juillet, et la nouvelle ne devrait parvenir en Europe

(1) De Caix, *Fachoda* (p. 241).
(2) V., pour l'acte de délimitation, aux *Annexes* (p. 347).

que trois mois plus tard, par les dépêches du sirdar, lui-même averti, le 7 septembre, par l'arrivée, à Omdurman, d'une canonnière derviche venant du haut fleuve et qui s'était rendue.

Quant à l'expédition anglo-égyptienne, elle était encore, à la même époque, d'après les renseignements parvenus en Europe, à Kunar, au confluent de l'Atbara. Le chemin de fer était sur le point d'atteindre l'Atbara. Le 21 juin, le sirdar Kitchener était retourné à Berber pour préparer la reprise de la marche en avant.

On pouvait, dès lors, escompter le succès, mais ce n'était pas un fait acquis. C'est au mois d'août, seulement, que le corps expéditionnaire est définitivement constitué par l'arrivée de la deuxième brigade anglaise.

En somme, si Marchand était en retard d'une saison (1), il arrivait à temps pour que sa peine ne fût pas perdue. Mais le succès des forces anglo-égyptiennes, s'il ne modifiait pas le point de droit, changeait incontestablement le point de fait.

Raison de plus pour négocier rapidement et pour tirer le meilleur parti possible de la situation telle que les événements l'avaient créée. Ceux qui avaient organisé la mission connaissaient bien les risques de l'entreprise ; ils en savaient le fort et le faible. Ils rentraient aux affaires juste à temps pour faire rendre tout son effet à la conception dont ils avaient eu l'initiative. Les deux gouvernements, en concluant la Convention de juin, avaient prouvé qu'ils voulaient traiter. Ils avaient pris

---

(1) Le retard de huit mois de la mission Marchand est dû à la baisse prématurée des eaux du Bahr-El-Ghazal. Le *23 août 1897*, Marchand écrivait de Diabéré : « Le *Faidherbe* est arrivé en bon état... Quand vous lirez ceci, il aura porté, à l'allure de quatorze nœuds, le pavillon au Nil, là où il doit être porté... »

date, en quelque sorte, pour aborder cette dernière difficulté. Qu'attendrait-on ?

Encore une fois, ce n'était pas une conquête que la mission Marchand était allée chercher si loin, ce n'était pas même un objet d'échange, un gage ou une matière à négociation, c'était la négociation elle-même. Le but était en vue ; la voie était libre. Par le précédent de 1894, par les pourparlers qui avaient eu lieu avec lord Kimberley, par les documents échangés en décembre 1897, la question était abordée, certains principes posés. Il fallait s'efforcer de dégager les conséquences de ces prémisses avant que le choc se produisît.

Se maintenir dans le Bahr-El-Ghazal n'avait rien d'impossible, si on savait conclure à temps, — la suite de la tractation avec lord Salisbury le montra bientôt ; — et c'était suffisant pour l'honneur, pour l'intérêt du pays, pour la récompense de l'effort accompli, au cas où on ne pourrait obtenir davantage. Mais, si on laissait le succès s'affirmer et la rencontre se produire, la faiblesse de notre situation apparaîtrait ; le parti impérialiste triomphant mettrait le comble à ses exigences ; les conciliateurs seraient débordés.

En tout cas, une négociation finale *menée à temps*, avec l'ensemble des concours qui convergeaient vers ce but unique, permettrait de parer au principal danger, celui d'un choc peut-être brutal entre les deux forces inégales qui devaient se trouver bientôt en contact. En quittant le quai d'Orsay, le ministre des Affaires étrangères du Cabinet Méline insistait pour qu'on demandât, sans retard, aux chambres la ratification de la convention de juin 1898, et qu'on poursuivît sans délai les négociations.

Après tant d'obscurités qui ont plané sur ce débat,

il faut dire, ici, selon la loi de l'histoire, ce qui est conforme à la vérité : la convention de juin 1898 avait été mal accueillie et fut frappée de discrédit par les adversaires et par les successeurs du Cabinet Méline. On la jugeait insuffisante, on blâmait certaines concessions commerciales indispensables pour obtenir le Mossi et le Gourounsi. On reprochait aux négociateurs d'avoir manqué d'énergie à l'égard de l'Angleterre. Les mêmes raisons et les mêmes influences qui avaient fait échouer l'arrangement de 1894, qui avaient fait rejeter les propositions de lord Salisbury relatives à Dongola, agissaient. On retarda la ratification de la Convention de juin, et la négociation africaine fut, en fait, interrompue.

Le reproche que l'on faisait à la Convention de 1898, on le faisait à l'ensemble de la politique étrangère du Cabinet Méline. Il se retrouve dans les critiques soulevées, à la Commission de la Chambre, contre les conventions franco-chinoises relatives à la frontière du Tonkin ; il se retrouve dans les débats passionnés au sujet des affaires grecques, turques, arméniennes. Comme s'il était possible de suivre, partout à la fois, une politique offensive, et cela en un temps où les passions intérieures les plus vives étaient déchaînées ! Les oppositions ont aussi leurs responsabilités !

Trois mois donc s'écoulèrent, de la chute du cabinet Méline aux premières nouvelles de la rencontre entre le sirdar Kitchener et le capitaine Marchand. D'après le *Livre Jaune*, c'est le 8 septembre, qu'à propos du succès définitif de l'expédition anglo-égyptienne, le sujet fut, pour la première fois, abordé à Paris. Cet entretien du nouveau ministre des Affaires étrangères français et de sir Edmund Monson respire toute l'émotion d'une heure si critique. « Nous ignorons où se trouve présentement le capitaine Marchand, dit le ministre ; quelle que soit la localité où ait pu le conduire la nécessité de garantir contre les derviches nos possessions africaines, il ne faut pas perdre de vue qu'il n'appartient ni au capitaine Marchand ni au général Kitchener de tirer les conséquences politiques des expéditions qu'ils ont eu à diriger. C'est l'affaire des deux gouvernements et elle ne saurait être réglée sur place. »

Malheureusement, le fait accompli permet à lord Salisbury de répondre par une première dénégation à cette ouverture. Voici, dès lors, la thèse anglaise : « Tous les territoires soumis au Khalife passèrent, *après les événements de la semaine passée*, aux gouvernements britannique et égyptien. Le gouvernement est d'avis que ce droit n'admet pas de discussion... »

Il semble, cependant, que l'esprit naturellement conciliant du marquis de Salisbury ne se dérobe pas encore à toute négociation ; car il ajoute, dans sa communication officielle et écrite : « Toutes les questions territoriales actuellement en controverse dans ces régions, qui ne se trouvent pas affectées par la considération sus-mentionnée, seraient naturellement réservées pour la tractation proposée. » Aucune question territoriale n'étant en controverse dans ces régions que celles ayant trait aux territoires du bassin du Nil, selon qu'ils faisaient partie ou non de l'ancienne domination égyptienne, une certaine marge restait encore.

Le 17 septembre, on apprenait que le sirdar était parti pour Fachoda à la rencontre du capitaine Marchand, et c'est le 20 septembre, le jour même de la rencontre, que la question est abordée, au fond, à Paris.

La discussion fut ce qu'elle devait être, du côté de la France. Selon qu'on envisageait la prétention (*claim*) de l'Angleterre au point de vue « des droits de l'Égypte », ou au point de vue de la conquête et de l'occupation. Si

« le droit de l'Égypte », pourquoi l'Angleterre intervenait-elle, et si « l'occupation », Marchand occupait avant Kitchener. On eût dû s'appuyer auprès du gouvernement britannique et auprès de l'opinion sur les déclarations officielles et pour ainsi dire solennelles de lord Kimberley à M. de Courcel, déclarations établissant l'absolue légitimité de la réclamation française : cet élément de discussion fut à peine mentionné et fit défaut au débat. La discussion n'en fut pas moins nourrie ; on ne laissa nullement de côté l'argument tiré de la suzeraineté du Sultan et de l'intégrité de l'Empire ottoman « que l'Angleterre a, comme nous, garantie ». On fit valoir que d'autres interventions s'étaient produites dans la vallée du Nil, « à Lado notamment, sans soulever, que nous sachions, de contestations de la part du cabinet de Londres ».

L'exposé de la thèse française se heurtait, dès lors, à un parti-pris appuyé sur la force et sur le fait de la conquête. Le droit des traités n'était même pas admis aux honneurs de la discussion !

En présence de cette résolution arrêtée, il y eût eu avantage, peut-être, à essayer de relever immédiatement l'ouverture contenue dans le télégramme de lord Salisbury du 9 septembre. Mais on n'en était pas encore à ce degré de résignation. Pendant plusieurs semaines, on s'en tint à répéter « les arguments que nous sommes en mesure d'opposer à la théorie anglaise concernant la situation internationale des territoires occupés par les Madhistes (29 sept.) ». En France, la presse soutenait énergiquement le ministère ; elle le sommait de ne pas céder.

Cependant, le sirdar et le capitaine Marchand s'étaient rencontrés. Le 27 septembre, le gouvernement britannique communiquait au gouvernement français la dépêche où la scène culminante du drame était exposée du point de vue anglais : « Le sirdar arriva à Fachoda le 19 septembre et reçut MM. Marchand et Germain à son bord. Au cours de la conversation qui s'ensuivit, M. Marchand informa le sirdar qu'il était muni d'instructions de son gouvernement d'occuper le Bahr-El-Ghazal jusqu'à sa jonction avec le Bahr-El-Zebel, ainsi que le pays des Chillouks, sur la rive gauche du Nil Blanc, jusqu'à Fachoda.

« Sir Herbert Kitchener répondit qu'il ne pouvait reconnaître l'occupation française, quelle qu'elle soit, d'aucune partie de la vallée du Nil et protesta contre cette occupation par un écrit qu'il laissa entre les mains du capitaine Marchand.

« Finalement, il hissa le drapeau égyptien sur un des bastions des fortifications en ruines de la ville, à environ 500 mètres au Sud du drapeau français. Puis le sirdar, ayant laissé à Fachoda une garnison composée d'un bataillon de troupes égyptiennes avec quatre canons et une canonnière, se dirigea, le 20 septembre, vers le Sud et établit un poste sur la rivière de Sobat. A son retour vers le Nord, en passant par Fachoda, le sirdar informa M. Marchand, par écrit, que le pays était sous l'autorité militaire et que, par conséquent, tout transport de matériel de guerre par le fleuve était interdit. »

Alors commença cette douloureuse correspondance entre le gouvernement français et le capitaine Marchand, par l'intermédiaire de l'agence britannique au Caire, qui donna lieu au voyage de M. Baratier. Au quai d'Orsay, on luttait désespérément : « J'ai montré, de nouveau, écrit M. Delcassé, le 3 octobre, que notre entreprise remonte à une époque où l'Angleterre n'avait rien fait, rien dit même qui laissât supposer que son intention était de reconquérir le Soudan Égyptien qu'elle avait, elle-même, obligé l'Egypte à abandonner en 1884 (1). Donc, il n'y a rien, dans notre action, qui permette d'affirmer qu'elle a été dirigée contre l'Angleterre en vue de traverser des desseins que celle-ci n'avait pas manifestés.

« Nous sommes à Fachoda, ai-je dit, et nous ne l'avons pris qu'à la barbarie, à laquelle vous deviez, deux mois plus tard, arracher Kartoum. Nous demander de l'évacuer préalablement à toute discussion *ce serait, au fond, nous adresser un ultimatum*. Eh bien ! qui donc, connaissant la France, pourrait douter de sa réponse ?... Je puis faire à l'entente entre les deux pays des sacrifices d'intérêt matériel ; dans mes mains, l'honneur national restera intact... »

Les ouvertures, assez vagues d'ailleurs, de lord Salisbury ne furent relevées que *près d'un mois plus tard*, dans un entretien que le baron de Courcel eut avec le noble lord, le 5 octobre. Pendant ce temps, l'opinion publique, des deux côtés de la Manche, était arrivée au maximum de tension. Les journaux impérialistes incriminaient d'avance « les finasseries et les défaillances diplomatiques » du vieux lord. En France, le ton de la presse n'était pas plus mesuré : un organe important publiait en vedette un article presque comminatoire qui passait pour inspiré.

La tâche des conciliateurs était presque impossible. La conversation du premier ministre anglais et de l'ambassadeur français n'en est que plus digne d'attention : M. de Courcel, autorisé, certainement, par ses

---

(1) Allusion à un passage du premier entretien dont le *Livre Jaune* rend compte en ces termes : « Le seul chef de la mission est M. Liotard, et cette mission qui lui a été confiée par moi-même, comme ministre des Colonies, remonte à 1893, c'est-à-dire à une date bien antérieure aux déclarations de sir Edward Grey. »

instructions, se décide à jeter du lest. Il ne mentionne que pour mémoire la polémique au sujet des droits de l'Égypte : « Il est naturel que si vous nous parlez, aujourd'hui, au nom de l'Égypte, nous vous demandions en vertu de quel mandat vous le faites et en quoi votre titre serait meilleur que le nôtre (1)? » Il laissa dire, par lord Salisbury, que la mission Marchand était une mission mystérieuse, clandestine, dont rien n'avait transpiré, — quand les actes qui la concernaient, et les principales étapes de sa marche avaient été publiés, quand un débat avait eu lieu à ce sujet, devant la Chambre des députés à propos du budget des Affaires étrangères, le 7 février; — il n'invoque même pas les termes si prudents des deuxièmes instructions que le capitaine avait reçues par l'intermédiaire de M. Liotard et qui eussent suffi pour établir que la mission n'était, à aucun titre, une expédition.

Puisqu'on ne voulait considérer que la question de fait, il accepte le fait : « Comme lord Salisbury déclinait d'entrer en discussion sur le fond des questions, je lui dis qu'il fallait cependant trouver une issue à la situation actuelle et que l'évacuation de Fachoda, si bruyamment réclamée par les journaux anglais, ne serait pas une issue... Où se limiteraient les prétentions de l'Angleterre, soit pour elle-même, soit pour l'Égypte ?... Il était indispensable que l'évacuation de Fachoda, si elle devait avoir lieu, ce que je ne me refusais pas absolument à

(1) M. de Courcel revient sur ce passage de l'entretien dans sa lettre du 10 octobre : « Pour en revenir aux arguments tirés des droits de l'Égypte et du caractère de général égyptien revêtu par sir Herbert Kitchener, j'ai demandé à lord Salisbury comment il se faisait qu'ils nous fussent opposés, non par un ministre égyptien ou un représentant de la souveraineté du Sultan, mais par le premier ministre d'Angleterre discutant avec l'ambassadeur de France. »

admettre par hypothèse, fût précédée d'une entente sur son mode d'exécution et sur ses conséquences; en d'autres termes, il fallait en venir *à une délimitation amiable.* »

Cette interprétation de la phrase un peu ambiguë insérée, par lord Salisbury, dans son télégramme du 9 septembre était ce qu'il y avait de plus raisonnable. M. de Courcel posait immédiatement les bases de la discussion, s'il était encore temps de l'engager : « Nous ne pouvions admettre que nos provinces de l'intérieur de l'Afrique fussent seules exclues d'un débouché sur le Nil quand d'autres puissances se trouvaient, avec l'assentiment formel de l'Angleterre, posséder des territoires étendus riverains du fleuve. *Qui sait si, à la suite d'un accord réglant la difficulté présente, le long malentendu créé entre la France et l'Angleterre* ne se trouverait pas implicitement dissipé, au grand avantage des deux pays? »

En s'exprimant ainsi, M. le baron de Courcel, avec sa haute expérience, sa connaissance entière du passé de cette affaire et des affaires en général, s'inspirait, exactement et sincèrement, de la politique suivie par le quai d'Orsay depuis quatre ans.

En effet, si le présent exposé a rempli son but, il est démontré, maintenant, que ce n'était pas le conflit que l'on cherchait à Paris, mais l'accord; les précédents, la marche progressive et laborieuse de cette longue « négociation africaine » prouvent, qu'en 1898 comme en 1894, on espérait arriver à une liquidation honorable, pour les deux parties, *du long malentendu créé entre la France et l'Angleterre.*

Un débat engagé quelques mois plus tôt, sous l'impression immédiate de la Convention de juin 1898, eût sans doute obtenu ce résultat. En tout cas, avant la victoire de sir Herbert Kitchener et avant la rencontre des deux troupes, il eût diminué la force de l'argument de fait et atténué le dangereux dilemme du recul imposé à l'une ou à l'autre puissance. Les deux chefs eussent trouvé à Fachoda, non pas une situation inextricable, mais des instructions concertées.

A un point de vue plus élevé, la France et l'Angleterre eussent organisé leurs rapports, non seulement dans le haut Nil mais en Égypte, au lieu de les laisser dans l'état obscur et irritant où ils étaient maintenus depuis trop longtemps; une telle entente eût assuré à ces régions une stabilité internationale qu'elles ne trouveront peut-être pas sous le régime exclusif qui leur a été imposé.

La France, qui eût traité dans une meilleure position, s'était préparée, dès juin 1898, à cette suite nouvelle et plus élargie encore de la discussion ; les nécessités qu'elle comportait avaient été envisagées et débattues par les hommes d'État responsables (1).

Après quatre ans d'efforts, la plupart des affaires pendantes avec l'Angleterre et qui encombraient, pour ainsi dire, le marché des concurrences coloniales, étaient réglées ; partout dans le monde, au Siam, en Chine, sur le Mékong, à Madagascar, en Tunisie, à Sierra Leone, à la Côte occidentale, au Niger, la persévérance d'une diplomatie conciliante avait mis fin aux vieux conflits. Le tout s'était fait de commun accord et à la satisfaction

(1) C'est dans ce sens que le quai d'Orsay put même entrevoir comme possible un règlement amiable de la question d'Egypte. L'heure était propice, au moment où l'Angleterre abordait les difficiles affaires du Transvaal. En vue de cette négociation on s'appliqua à soutenir tous les courages. Comment des Français reprocheraient-ils à un ministre français d'avoir essayé de préparer une issue pacifique mais honorable au conflit franco-anglais relativement à l'Egypte. Une négociation engagée sur ces bases eût bien valu la politique d'abandon et de désistement qui a prévalu par la suite.

mutuelle des deux parties. L'expansion coloniale de la France atteignait ses limites. Les grandes rivalités étaient amorties.

Il ne restait plus qu'à boucler sur le Nil et en Egypte.

Ces résultats entrevus ne justifiaient-ils pas l'effort accompli ? Aller chercher, au nœud du litige, le nœud de l'entente, s'efforcer de ménager, en cette difficulté suprême, l'intérêt et l'honneur des deux pays, trouver, dans ce débat, les modalités d'une réconciliation équitable, légitime, telle était la conception qui avait dominé ce drame diplomatique et que, seuls, des entraînements momentanés, des passions maladroites et le caprice du destin ont rayée des possibilités de l'histoire.

Lord Salisbury, qui connaissait, pour avoir présidé à la plupart des négociations coloniales, les tendances conciliantes du gouvernement français, le ministre qui avait fait, à la fin de 1895, les propositions relatives à Dongola, comprit certainement, avec sa haute clairvoyance philosophique, le vrai sens des paroles par lesquelles M. de Courcel relevait ses propres ouvertures du début de septembre. Il n'opposa pas encore, à la proposition de délimitation amiable, un refus absolu : « Après avoir réfléchi très sérieusement à mes paroles, lord Salisbury me dit qu'il ne connaissait pas assez la géographie des territoires de l'Afrique pour me répondre, dès à présent, au sujet d'une délimitation ; que, d'ailleurs, il ne pouvait entrer dans des projets de ce genre avant de s'être mis d'accord avec ses collègues du Cabinet qui étaient dispersés en ce moment. »

Le moins que l'on puisse dire, d'après les documents officiels, c'est que la semaine qui s'écoule du 6 au 12 octobre marqua la période d'hésitation dans les hauts conseils de l'Angleterre. L'entretien de M. de Courcel et de lord Salisbury laissait une porte ouverte à l'accommodement; à Paris, le ministre des Affaires étrangères recevant l'ambassadeur, le 11 octobre, crut pouvoir indiquer les vues du gouvernement français : « En 1893 et en 1894, mon but était de donner à notre colonie du Congo une issue sur le Nil. Pour y parvenir, nous avons fait de lourds sacrifices, nous avons fondé, dans le Bahr-El-Ghazal, et nous entretenons, à grands frais, plusieurs postes ; nous assurons la sécurité et nous protégeons le commerce ; en un mot, nous y remplissons toutes les conditions prescrites par l'acte de Berlin. »

Mais, plus le temps marchait, plus on se heurtait, en Angleterre, aux exigences du parti extrême : l'impérialisme faisait feu de toutes pièces. Ayant son chef dans le gouvernement, il prenait position en vue d'une rupture et agitait le spectre de la guerre.

A ce degré d'exaltation, il ne trouvait plus de contrepartie dans l'opinion française : celle-ci, prévenue maintenant de la tournure périlleuse des choses, avait changé ; une véritable panique emportait les esprits ; cette panique, accrue par tant de moyens dont dispose l'Angleterre, s'exagérait par elle-même et donnait à cette puissance, toujours admirablement renseignée, la mesure de ce qu'elle pouvait tenter.

La France ne trouva pas à cette heure, dans son droit, dans sa bonne foi, dans ses intentions aussi raisonnables qu'honorables, une de ces impulsions unanimes et chaleureuses qui, en d'autres circonstances, ont réchauffé et animé les gouvernements. On était au plus fort des divisions intestines : et cela, non plus, la partie adverse ne l'ignorait pas.

Malgré tout, le Cabinet de Londres ou du moins lord Salisbury, conscient de la relativité d'un tel débat, hésitaient peut-être encore avant de faire, de la question du Bahr-El-Ghazal, un cas de rupture avec la France ou d'infliger à la vieille nation amie l'offense d'une reculade sans atténuation ?

C'est le 12 octobre que la question fut tranchée et dans le sens le plus fâcheux. M. de Courcel et le premier ministre avaient pris rendez-vous. Celui-ci ne souffle plus mot des « droits de l'Egypte »; il n'invoque plus d'autre titre que le fait de la conquête : « Lord Salisbury me parla de la domination du Mahdi qu'il devait considérer comme dévolue aux troupes anglo-égyptiennes par suite de la conquête d'Omdurman. »

Quant aux territoires du Barh-El-Ghazal, « lord Salisbury me dit que, ce territoire *faisant précisément l'objet de contestations entre nous*, il devait demander que nous nous retirions jusqu'à la ligne de partage des eaux, *sauf à nous à faire les réserves de droit que nous jugerions utiles.* »

M. de Courcel prend texte de cette réponse. Il rappelle la proposition qu'il a faite *d'une délimitation amiable*. C'est ici le point où tout va se rompre :

« Lord Salisbury me presse, alors, avec insistance, de lui faire des propositions, *si mes instructions m'y autorisaient...* »

Malheureusement, M. de Courcel est obligé de reconnaître qu'il n'a pas d'instructions; il ne peut sortir, cette fois encore, des généralités déjà produites. « Je lui dis que, quoique je n'eusse pas d'instructions nouvelles, je me croyais autorisé par vos directions antérieures à revendiquer pour les territoires français du bassin du Congo, la possession de leur débouché nécessaire sur le Nil, qui était la vallée du Bahr-El-Ghazal; qu'il me semblait de l'intérêt commun de la France et de l'Angleterre de ne pas intercepter cette voie naturelle du trafic de l'Afrique centrale, dont, au besoin, l'usage pouvait être garanti au commerce au moyen de stipulations spéciales, analogues à celles qui avaient été conclues pour les territoires du Niger... Si nous nous mettions d'accord, la question de Fachoda ne serait plus une cause de difficultés et disparaîtrait d'elle-même. »

« Lord Salisbury dit qu'il réfléchirait au désir que je lui manifestais de voir un accès réservé à la France sur le Nil par le Bahr-El-Ghazal et qu'il se concerterait avec ses collègues du Cabinet. » En réalité, le terrain de la discussion se dérobait, faute de précision. C'est ce qui ressort du compte-rendu que lord Salisbury fait, à son tour, du même entretien, dans une lettre à l'ambassadeur d'Angleterre à Paris.

« Au début de l'entretien, l'ambassadeur *a insisté sur ce qu'il n'avait pas d'instructions* et qu'il voulait seulement, dans une conversation avec moi, étudier la question... Je déclinai, cependant, de faire, dans ces conditions, une proposition ou une suggestion quelconque, en lui faisant observer que tout ce que je dirais engagerait mon gouvernement, tandis que tout ce qu'il dirait n'engagerait pas le sien... » « L'ambassadeur déclara que le but de son gouvernement était d'avoir un débouché vers le Nil pour les territoires de l'Oubanghi et il demanda une délimitation territoriale qui mettrait la France dans la portion navigable du Bahr-El-Ghazal, de façon qu'aucune frontière ne barrât le passage à son commerce du côté du Nil... L'extrême généralité de son langage et le caractère oratoire qu'il lui imprimait, par suite de la grande ardeur avec laquelle il traitait son sujet, m'ont mis dans l'impossibilité de formuler une opinion précise sur les différentes propositions qu'il semblait désirer me présenter. J'ai pensé qu'il valait mieux que ces propositions nous fussent soumises soit à moi, soit à votre Excellence, sous une forme plus précise et plus tangible que d'entreprendre une discussion qui, dans ces circonstances, aurait pu être fertile en fausses interprétations... »

On peut dire que la négociation finit là. M. de Courcel part pour Paris.

Lord Salisbury, tenu en haleine et en respect par la presse, par les violents et, en particulier, par l'intervention très vive de lord Rosebery (1), se laissait emporter au courant. Il n'était plus le maître (2). S'il regrettait ce qu'il y avait de fâcheux dans la substitution de l'esprit d'intransigeance à l'esprit de conciliation, il n'avait plus, pour le soutenir, que quelques rares organes de l'opinion ou personnalités politiques : le *Daily News*, qui, fidèle au vieil esprit libéral, réclamait « qu'on prît en considération les ambitions légitimes de la France, » lord Fitzmaurice, qui proposait encore qu'on laissât, du moins provisoirement, à la France les postes effectivement occupés par la mission Marchand ;

---

(1) Discours prononcé à Surrey, le 12 octobre.
(2) Rien de plus curieux, à ce point de vue, qu'un incident qui, dans la tempête, a passé inaperçu. La publication, en France, vers le milieu d'octobre, du *Livre Jaune* où se trouvaient reproduits les entretiens conciliants de lord Salisbury et de M. de Courcel, produisit un tel effet, à Londres, que le gouvernement anglais dut faire paraître, en toute hâte, un *Livre Bleu* où ces mêmes entretiens étaient présentés sous un tout autre aspect. M. Ritchie, ministre du Commerce, fait allusion à cet incident dans un discours prononcé le 26 octobre : « La presse et le public ont témoigné d'une façon irrécusable que le gouvernement a pris la position convenable et qu'il ne doit pas reculer. Le gouvernement n'a aucune intention d'abandonner cette position ; s'il y renonçait, il ne conserverait pas longtemps la confiance du pays... Je ne doute pas qu'un grand nombre de personnes n'aient lu le *Livre Jaune* avec quelque appréhension que le gouvernement cédât, à un degré quelconque, et abandonnait la position qu'il avait prise. Mais nous avons pu donner la suite dans le *Livre Bleu*, qui a complètement modifié la soi-disant « négociation » entre l'ambassadeur français et lord Salisbury. »

d'autres qui songeaient déjà à offrir en compensation le Maroc.

Ces voix étaient perdues dans le tapage assourdissant des virulences impérialistes. L'opinion anglaise était en proie à un accès de gallophobie. M. Chamberlain, M. Cecil Rhodes étaient au fort de leurs difficultés au Transvaal; ils entraînaient le public à l'idée d'une guerre dans l'Afrique du Sud, sans craindre de la faire coïncider, peut-être, avec une tension générale européenne.

Il serait pénible pour tous, et surtout pour ceux qui se sont laissés aller, en ces temps-là, à des violences si disproportionnées, d'en évoquer aujourd'hui le souvenir trop précis...

Lord Salisbury annonça, en ces termes, dans un discours qu'il prononça le 4 novembre, la conclusion de l'affaire : « J'ai reçu, cet après-midi, de l'ambassadeur de France, l'information que le gouvernement français était arrivé à la conclusion que l'occupation de Fachoda n'était d'aucune valeur pour la République française ; et il a fait ce que, je crois, le gouvernement de tout autre pays aurait fait dans la même position ; il a résolu que cette occupation devait cesser. Avis formel de ce fait m'a été donné cet après-midi et a été envoyé aux autorités du Caire... Je ne désire pas que l'on tire un malentendu de mes paroles en croyant que je dis que toutes les causes de controverse ont été écartées, par là, entre le gouvernement français et nous-mêmes. Il n'en est probablement pas ainsi et j'avance que nous aurons encore beaucoup de discussions dans l'avenir. Mais une cause de controverse d'une nature quelque peu aiguë et dangereuse a disparu et nous ne pouvons que nous en féliciter (1). »

(1) Voici les dates, d'après la presse, en l'absence de documents officiels publiés : *Le Temps*, 2 novembre : On télégraphie de Lon-

On sait le reste : la décision du gouvernement français de rappeler Marchand, le refus du capitaine de rentrer par le Nil et l'Égypte, l'impossibilité où il était de reprendre le chemin du Bahr-El-Ghazal, sa marche intrépide à travers l'Abyssinie, l'hommage public qui lui fut rendu par l'Europe entière et par l'Angleterre même. Encore une fois, je n'ai pas à raconter la partie la plus glorieuse de ces événements, c'est-à-dire la mission, mais seulement la partie la plus pénible, la négociation.

Cette négociation, achevée, en fait, vers le milieu d'octobre, eut, pourtant, un épilogue : ce fut la signature de la déclaration additionnelle du 21 mars 1899, complétant la convention de juin 1898.

M. le baron de Courcel avait quitté Londres, sur la fin de l'année 1898 : il avait été remplacé, à l'ambassade, par M. Paul Cambon. Dès le 12 janvier 1899, le nouvel ambassadeur, d'après « les instructions verbales » qu'il a reçues à son départ de Paris, rappelle à lord Salisbury la dernière conversation que celui-ci a eue avec le baron Courcel relativement aux questions africaines et déclare qu'il est en situation de la reprendre. Le noble lord accepte l'entretien. Bientôt il est entendu, sur la proposition de la France, « que l'accord qui terminerait les

dres : « On affirme que le gouvernement français aurait indiqué au gouvernement anglais qu'il consentirait à faire coïncider le départ de la mission Marchand avec l'ouverture de négociations ayant pour objet de faire accorder à la France un débouché dans la vallée du Nil. C'est dans le Conseil de jeudi (27 octobre) que le Cabinet de lord Salisbury a examiné cette éventualité. Ce qui se dit et se fait en Angleterre montre que le gouvernement anglais n'est pas disposé à les accepter. — 6 nov. Note Havas : « Le gouvernement a résolu de ne pas maintenir à Fachoda la mission Marchand. Cette décision a été prise par le Conseil des ministres après un examen approfondi de la question. »

négociations actuelles *serait rattaché à la Convention du 14 juin 1898.* »

La Grande-Bretagne reconnaît, en principe, à la France une route commerciale vers le Nil.

La délimitation intervenue suit, comme on le sait, la ligne de partage des eaux du Congo et du Nil, depuis les sources du M'Bomou jusqu'au 15e degré, en laissant le Ouadaï à la France et le Darfour à l'Angleterre; elle rejoint, ensuite, en s'inclinant, à l'Ouest, vers la Tripolitaine; le Tropique du Capricorne. Le Bahr-El-Ghazal, ainsi que le Darfour et le Kordofan jusqu'au Nil, font partie de la zone commerciale laissée libre entre les deux puissances.

Délimitation amiable, extension de la Convention de juin 1898, accès commercial au Nil, c'étaient, en somme, les principes que M. de Courcel avait exposés en octobre. Si la délimitation eût laissé à la France certains des postes établis dans le Bahr-El-Ghazal, comme cela fut suggéré, à diverses reprises, au cours des pourparlers, « la question de Fachoda, selon l'expression de M. de Courcel, se serait réglée d'elle-même. »

Ne peut-on pas admettre, maintenant, que si le débat se fût engagé *avant* le succès de l'expédition de Kitchener, l'arrangement eût consacré des satisfactions suffisantes pour les intérêts et pour l'honneur français et que la crise, — bien exagérée, — qui s'est produite, eût été évitée?

Peut-être même qu'un tel accord, couronnant celui de juin 1898, eût eu pour effet de confirmer dès lors, entre les deux pays, un état de confiance et d'harmonie qui est dans la nature des choses et eût permis de renouer les relations heureuses et cordiales reprises par la suite. Car, le but visé depuis si longtemps et poursuivi, sous des formes si diverses, était, en somme, atteint : la période des discussions coloniales entre les deux pays était close.

Puisque les événements n'ont pas permis que ce résultat fût obtenu, alors, selon les espoirs conçus et les plans préparés, en tenant compte du droit européen, des traités et des intérêts respectifs, il n'y a qu'à s'incliner : l'histoire a passé. Mais à prendre les choses dans leur sens profond, la France ne doit pas être la seule à le regretter.

La mission Marchand engagée en pleine crise, entravée par des difficultés inouïes, coïncidant avec des embarras extérieurs et intérieurs très graves, se heurtant enfin au formidable effort de la campagne Kitchener, n'a pas donné tous les résultats qu'il était permis d'espérer. La « grande négociation africaine » entre la France et l'Angleterre, heureusement poursuivie pendant plusieurs années, s'est enlizée brusquement et fâcheusement sur la fin.

Doit-on dire, pourtant, qu'un tel effort colonial et diplomatique ait été inutile? Il suffit de comparer les situations en 1894 et en mars 1899. Par l'arrangement de juin 1894, la France était rejetée non seulement loin du Nil, mais au delà du 4ᵉ parallèle, sur le M'Bomou et sur l'Oubanghi. Le sort de toutes les entreprises coloniales françaises en Afrique était en suspens. La question d'Égypte comme la question du Nil était réglée par un simple acte de la volonté de l'Angleterre, ses « déclarations » ayant été successivement acceptées par l'Italie, par l'Allemagne, par l'État indépendant.

La résistance opposée à cette procédure un peu trop succincte et l'échec éclatant de la tentative de lord Rosebery remirent la négociation africaine sur ses véritables bases. Partout, l'impérialisme anglais dut compter avec la France, à Madagascar, au Siam, sur le Mékong, en

Tunisie, à la Côte occidentale, sur le Niger, au lac Tchad. Et ces conflits furent réglés à l'avantage de la France. La Convention de juin 1898, arrachée à la résistance la plus tenace, et en dépit d'une pression menaçante, couvrit la carte du continent de son tracé magistral et porta les frontières françaises jusqu'au bassin du Nil; au delà même, puisque la zone commerciale reconnue par l'arrangement de mars 1899 couvre, en somme, une partie importante de ce bassin d'où la France paraissait, pour toujours, exclue.

La mission Marchand n'avait nullement pour objet, comme on l'a répété, de couper la ligne du Cap au Caire, à supposer même que l'intérêt de cette ligne n'ait pas été singulièrement gonflé et qu'elle doive réussir jamais.

Compter sur cette mission avec son faible effectif et ses ressources nécessairement restreintes pour entraver, dans ces régions, les projets de l'Angleterre, du moment où celle-ci se décidait à les soutenir par une armée, eût été une absurdité dont la polémique a triomphé trop facilement : les instructions données par M. Lebon à M. Liotard signalent et écartent une telle pensée.

Il ne s'agissait pas de cela, mais bien d'obtenir, par une exploration française, pareille à tant d'autres qui se sont produites en Afrique, les éléments d'une négociation et d'assurer finalement, par une entente semblable à celles qui étaient intervenues à la suite de concurrences analogues sur le Niger et au lac Tchad, l'exploitation commune des deux grands réservoirs de richesse africaine, les bassins du Congo et du Nil. Cet avenir a été compromis peut-être; mais il n'est pas perdu.

Quant à la question d'Égypte, malgré l'échec de la

mission Marchand, elle fut arrachée, par ces contacts positifs et ces revendications précises, aux brouillards des revendications juridiques. Les frontières communes du Bahr-El-Ghazal en faisaient désormais un débat de réalité.

Aussi, quand l'Angleterre, quelques années plus tard, voulut la régler, elle dut, pour obtenir le désistement de la France, le payer par les engagements qu'elle prit, elle-même, au sujet du Maroc. Ainsi, cette question resta, tout au moins, comme un élément de compensation, une monnaie d'échange. Seulement, elle fut reportée sur d'autres comptes que ceux qui étaient en cause lors de la mission Marchand. On ne l'eût pas retrouvée plus tard, si, en 1894 et en 1898, elle n'avait été si soigneusement préservée.

Les relations générales des deux pays furent, il est vrai, gravement troublées : mais l'opération était risquée, la négociation, engagée partout à la fois, laborieuse et irritante. Il y eut des circonstances fatales; il y eut des fautes, des violences inutiles ; et celles-ci (encore une fois) non pas d'un seul côté. L'incident, démesurément grossi à l'époque, fut, en somme, assez superficiel pour ne laisser dans l'âme des deux peuples aucun venin : on s'efforça, bien à tort, d'en faire une question d'honneur national et de drapeau.

La France n'avait pas provoqué cette difficulté : elle remontait à l'arrangement anglo-congolais de 1894. En agissant dans ces régions, la France usait d'un droit qui lui avait été reconnu par les déclarations formelles des ministres anglais. Décidée à tirer le meilleur parti d'une situation complexe, elle fit là ce que toutes les puissances faisaient, en Afrique, depuis dix ans, — sans esprit d'agression, comme en témoignent les secondes instructions à M. Liotard et au capitaine Marchand. Elle aborda la question du Nil selon ses moyens, mais avec la volonté persévérante de la résoudre à l'amiable comme un complément de la question africaine.

Le programme ne fut pas absolument réalisé; mais l'Afrique n'en reste pas moins, dans sa plus grande largeur, terre française. En 1894, on nous disputait les frontières du Sénégal; en 1898, nous étions au bassin du Nil, et nous nous en ouvrions l'accès. Tels furent les résultats positifs d'une négociation qui dura quatre ans.

Les contacts sont maintenus, désormais, entre les deux grands fleuves africains. Et ces résultats ont été acquis, en fait, par l'énergie de quelques hommes, sans que le bon renom et la bonne foi du pays aient reçu nulle atteinte.

(1909).

CHAPITRE TROISIÈME

L'AVENIR DE L'AFRIQUE

(Discours prononcé à la séance d'ouverture du Congrès de géographie d'Oran, mai 1902.)

Messieurs,

Aussi loin qu'il est donné à l'humanité de remonter dans ses souvenirs, elle trouve l'Afrique. L'Égypte, un doigt sur les lèvres, est assise au seuil des civilisations : au delà, il n'y a plus que la nuit.

Or, aujourd'hui, qu'après dix ou vingt mille ans (car on ne peut nombrer les siècles), l'homme achève de parcourir la planète, la terre qu'il découvre la dernière, c'est encore l'Afrique. L'Afrique est à la fois la plus ancienne et la plus récente conquête de l'humanité.

Le monde a été occupé, colonisé, civilisé, avant que l'Afrique, qui était aux portes de la civilisation, fût seulement explorée. Pendant la durée d'une si longue histoire, ce continent a fait défaut à l'histoire. Il est doublement le continent *noir*, — par les populations qui l'habitent et par le mystère de sa destinée.

Les causes qui ont produit ce retard millénaire vous sont connues. Je n'essaierai pas de porter, comme on dit, des hiboux à Athènes, en les expliquant devant une assemblée aussi compétente.

Permettez-moi seulement de vous les rappeler rapidement; car il s'agit de déterminer les conditions dans lesquelles la volonté et le travail humains vont, par un effort suprême, en avoir raison.

L'Afrique est un bloc compact et plein. Ses longues côtes monotones se déroulent fastidieusement devant le voyageur qui les longe, cherchant un abri contre la fureur des lames et la violence des vents.

Si, à la faveur de quelque rupture de la falaise, ou à l'embouchure d'un fleuve, il met pied à terre, c'est bien autre chose : l'Afrique, qui le repousse du dehors, l'arrête au dedans.

Le continent africain, en effet, présente une disposition singulière. Sa masse centrale forme un plateau immense et bas : à une certaine distance de la côte, elle est entourée et comme soutenue par une ceinture, un bourrelet de montagnes. La région côtière très étroite, de pente rapide, est seule en communication facile avec la mer; pour être clair, j'ai déjà comparé cette disposition à celle d'une *assiette renversée*.

Les fleuves qui viennent du plateau central ne franchissent donc le bourrelet intermédiaire que par une série de cataractes et de cascades qui jettent brusquement à l'Océan les masses d'eau accumulées à l'intérieur. Le Nil, le Sénégal, le Niger, le Congo, le Zambèse, tous présentent, à une certaine distance de la côte, ces gradins gigantesques.

Les navigateurs venant de la mer, sur ces frêles esquifs qui ont pourtant suffi à l'humanité pour conquérir le reste du monde, s'y sont heurtés, et, tandis qu'ailleurs, et notamment en Europe, les fleuves, continuant les anses et les golfes, étaient les véhicules naturels des relations, formant ces fameux « chemins qui marchent » dont parle Pascal, ici, ils ne présentaient qu'obstacles et déceptions, et la chute prodigieuse des cataractes opposait à l'explorateur surpris une infranchissable muraille d'eau et de granit.

Le climat de l'Afrique n'est pas plus favorable à l'homme. Ce continent, en effet, se caractérise nettement en trois zones : la zone des forêts, presque impénétrable ; la zone des déserts, presque infranchissable ; la zone des montagnes, presque inaccessible. Entre ces zones, nettement marquées, peu de régions intermédiaires, de rares terrains de transition.

L'homme est accablé ou déprimé. La nature l'anémie ou l'envahit. Du ciel il a tout à craindre, soit le soleil brûlant, soit le vent desséchant, soit la pluie pourrissante. Contre le plus terrible de tous, le soleil, la nuit seule est un refuge. Ah! c'est bien une déesse africaine, cette Tanit, cette Séléné, dont l'image est ici partout et qui, du haut du firmament sans nuages, accompagnée de l'étoile tutélaire, guide le voyageur et répand sa lumière amie sur la terre un moment apaisée!

Ce sol âpre, ce ciel capricieux ont assisté au plus étrange conflit des races. Le continent africain est le seul sur lequel les trois grandes familles humaines se soient rencontrées, mêlées, heurtées, combattues, superposées dans une lutte perpétuelle qui a multiplié souvent la désolation de la nature par la désolation de l'histoire.

Un autre fléau a singulièrement compliqué les conditions du peuplement de l'Afrique intérieure : ce mal presque imperceptible, mais dont les ravages sont incalculables, c'est la mouche *tsé-tsé*. Elle règne sur la moitié peut-être du continent africain; elle frappe la vache, le cheval, c'est-à-dire les auxiliaires les plus précieux de la civilisation; elle transforme la faune et la flore. En effet, la dent des herbivores n'arrêtant pas la pousse de l'herbe, de la brousse, de l'arbrisseau, les plantes arborescentes grandissent, abris naturels et nourriture abondante pour les grands pachydermes, l'éléphant, le rhinocéros, l'hippopotame. Grâce à l'épaisseur de leur peau, ils ont subsisté. Mais, vivant sur de larges espaces, ils ont maintenu, chez les populations qui les poursuivaient, les mœurs de la chasse, c'est-à-dire l'éparpillement des tribus dans la forêt, le manque de groupement, la mobilité constante de la société, les instincts sauvages, la violence, la rapacité, les foyers multiples, la polygamie et peut-être l'anthropophagie, fille de la guerre à outrance et de la détresse extrême.

Suivons, maintenant, les conséquences de la constitution du sol, du climat et de la faune sur l'expansion de la race humaine.

Il est évident, rien que par cet exposé succinct, que la plus grande difficulté rencontrée par l'humanité en Afrique, en raison surtout de la longueur des distances, c'est la pénurie singulière des *moyens de portage*. Le fleuve manque; le bétail, le cheval manquent. On s'est ingénié à trouver des remplaçants à ces auxiliaires indispensables du travail humain. On a élevé le chameau pour franchir le « pays de la soif »; on a essayé de domestiquer l'autruche, la girafe, l'éléphant.

Mais c'étaient là des ressources restreintes et, en somme, on s'est borné, le plus souvent, au plus effroyable des asservissements, celui de l'homme. L'Afrique a été le pays par excellence du *portage humain*, c'est-à-dire de l'esclavage.

Pour avoir des hommes, et surtout des hommes valides, il faut les vaincre, il faut les soumettre, il faut les plier au joug.

Par une sorte de nécessité lamentable, le rapt, la violence, la guerre ont été les procédés indispensables de la vie sociale; l'insécurité est devenue la règle ; la férocité de la bête a remonté jusqu'à l'homme, la servitude est devenue l'aboutissant de cette *forme de civilisation* (si on peut employer une pareille expression), comme la liberté est l'aboutissant de la civilisation européenne.

Si bien que la vie africaine, quand elle se découvre pour la première fois à l'histoire moderne, apparaît comme un soulèvement universel des tribus les unes contre les autres, agitant les ombres noires et les gestes farouches des vainqueurs autour des foyers qui éclairent, la nuit, les figures résignées des vaincus.

Sur ce fond de populations dispersées ou violentes, tour à tour victorieuses et asservies, d'autres populations surviennent et ce n'est pas encore elles qui amèneront la paix, ce sont les Asiates, astucieux et cruels, la famille de Sem, les fils de la tente.

Ne pouvant s'éloigner des régions accidentées où vivent leurs troupeaux, ils occupent la côte et la montagne voisine : ils se divisent en deux branches, l'une sur la côte orientale, l'autre sur la côte septentrionale, et forment ainsi, en terre d'Afrique, une véritable Asie, tandis que le Centre et le Sud restent l'Afrique proprement dite, l'Afrique noire.

Mais cette Asie prolongée se heurte à l'Europe, à la famille de Japhet, à la race blanche.

Au Nord, s'engage donc le grand duel méditerranéen, celui qui a pour héros les Annibal et les Scipion, les Omar, et les Charles Martel, Saladin et saint Louis. Sous des noms divers, guerres puniques, croisades, expéditions mauresques, ce duel se prolonge pendant des siècles, jusqu'au moment où l'Europe, par un mouvement tournant d'une hardiesse inouïe, prend l'Afrique à revers et porte son attaque dans l'océan Indien.

Quel émoi pour les populations sémitiques qui vivaient tranquillement sur ces côtes, faisant le commerce du golfe Persique, de Bagdad, des Indes, avec Sofala, Zanzibar et Madagascar!

L'océan Indien était un grand lac tranquille où prospérait, en robes longues et bonnets pointus, la civilisation des *Mille et une nuits*. Tout à coup, la piraterie des premiers conquérants de l'or s'abat sur ces peuples sans défense. Les Portugais sont les premiers des *conquistadors*, et c'est sur l'Afrique orientale que s'exercent d'abord leurs terribles instincts de rapaces :

> Comme un vol de gerfauts, loin du charnier natal,
> Fatigués de porter leurs misères hautaines,
> De Palos, de Moguer, routiers et capitaines,
> Partaient, ivres d'un rêve héroïque et brutal.

Et ces hommes, par leur terrible survenue, ajoutent de nouvelles misères à tant d'autres misères ; à la traite intérieure, la conquête européenne joint, par une superposition affreuse, la traite extérieure.

L'Europe, qui vient de s'emparer d'un autre monde, en détruit systématiquement les populations pour les remplacer par les populations africaines; un continent est versé et comme vidé sur un autre continent. Au prix de quelles infortunes, vous le savez! Jamais on ne vit de pareilles horreurs. Les trois races s'accablent, les unes les autres, de tous les maux que l'espèce humaine peut supporter. N'est-ce pas le cri de l'Afrique elle-même, la plainte de cette négresse qui disait à Livingstone : « Ah! qu'il serait bon de pouvoir dormir sans rêver qu'on vous poursuit avec une lance! »

Voilà ce qu'a subi l'Afrique. Voilà ce qui a retardé son essor. La nature était cruelle à l'homme, l'homme fut plus cruel encore. C'est la violence prolongée qui a maintenu si longtemps l'Afrique à l'état de terre barbare.

Il est temps que des faits nouveaux se produisent; il est temps qu'elle respire; il est temps qu'une aube apparaisse pour rendre, du moins, quelque espoir à cette terre que semblait poursuivre jusque-là la malédiction divine.

C'est l'honneur de la France d'avoir donné, à trois reprises différentes, le signal et l'exemple.

Bonaparte s'empare de l'Égypte et répand, sur la terre des Pharaons, les premières semences de la civilisation nouvelle. L'expédition de 1830 détruit le nid de pirates d'Alger; l'établissement de nos premiers colons prouve que la race européenne peut prospérer et grandir sur la terre africaine. Mais, surtout, M. de Lesseps perce l'isthme de Suez; il fait l'incision décisive. Il met ainsi toute la côte orientale de l'Afrique en communication immédiate avec l'Europe : d'un golfe qui n'était qu'un cul-de-sac, la mer Rouge, il fait le grand chemin du commerce du monde. L'Afrique devient une île, abordable, en tous sens, à la circumnavigation européenne.

Tels sont les trois faits nouveaux qui décident de l'avenir de l'Afrique. Elle est entrée, désormais, dans le champ des préoccupations européennes. En même temps, la période des explorations commence.

On veut mesurer la grandeur de la tâche avant de l'aborder. Les établissements embryonnaires posés sur les différents points de la côte deviennent les têtes de lignes pour cet immense travail de reconnaissance. La carte se meuble. Les itinéraires vont à la rencontre l'un de l'autre.

René Caillié part du Sénégal, Barth de Tripoli; le doux maître de l'exploration africaine, Livingstone, part du Cap; Stanley et Brazza, quittant les deux côtes opposées, se rencontrent sur le Congo; Binger relie le bassin du Sénégal à celui du Niger; Monteil fait son coude hardi par le lac Tchad; Marchand, enfin, traverse le continent dans toute la largeur et met sur le Nil, au point décisif, une inoubliable empreinte.

L'Afrique est découverte. Il faut maintenant la civiliser. Nous voilà donc en présence du grave problème.

Mais comment ne pas évoquer maintenant, par la pensée, la résistance farouche que cette terre a toujours opposée à la pénétration. Est-ce que cette résistance s'est affaiblie? Est-ce que les obstacles que nous énumérions tout à l'heure ont disparu? Non pas. Et alors, comment va-t-on procéder? Quelles sont les chances de succès?

L'Afrique a déjà coûté à l'Europe les frais de l'exploration et même d'une première et incertaine conquête? Rendra-t-elle en proportion ce qu'elle a coûté et ce qu'elle va coûter? Et, pour tout dire, étant donné le passé de l'Afrique, que faut-il augurer de son avenir?

Dès aujourd'hui, Messieurs, on peut avoir confiance, et je dirai en deux mots la raison : c'est que nous abordons le problème africain, d'une part avec des instruments, d'autre part avec une méthode et des principes qui sont, pour les générations futures, les gages à peu près certains du succès.

Reprenons, en effet, la série des obstacles que nous énumérions tout à l'heure : la forme du continent? Le manque d'abris et de ports?... Déjà, le percement du canal de Suez a modifié profondément l'état des choses antérieur. Si les ports naturels restent rares, la puissance des moyens d'action modernes saura développer ceux qui existent et en créer d'autres au besoin.

Les fleuves repoussent la navigation?... Ils se défendront mal, désormais, contre le travail moderne qui saura régulariser, canaliser ou détourner leur cours. D'ailleurs, un nouveau moyen d'action entre en ligne : c'est le chemin de fer. Voilà le véritable conquérant de l'Afrique. Le chemin de fer traverse les déserts ; il franchit les cataractes ; il réunit à la côte les bassins supérieurs de ces grands fleuves qui en étaient séparés ; il ouvre ainsi au commerce l'aire immense du vaste plateau intérieur et l'accès des grands lacs, si longtemps perdus au fond des terres, et qui verront des civilisations puissantes s'établir sur leurs bords.

La difficulté séculaire de la vie africaine, c'était, disions-nous, le manque de portage avec, pour terrible corollaire, la fatalité de l'esclavage humain. La mouche tsé-tsé multiplie, par son insaisissable offensive, la défensive naturelle du sol et du climat... Or, voici le nouvel ouvrier : c'est le fer. Les « porteurs » de l'avenir, c'est-à-dire les bâtiments, les locomotives et les trains, sont insensibles aux attaques de la mouche.

Un nouveau progrès non moins décisif est peut-être à la veille de se réaliser. Le vaccin de la mouche tsé-tsé est l'objet de recherches et d'études nombreuses ; le problème est serré de près ; sa solution est imminente. Le jour où la science aura combattu efficacement la « mouche », un des plus grands bienfaits qui puissent être répandus sur la planète par le génie humain se sera produit. La moitié du continent africain sera rendue à la civilisation et à la vie.

Le climat se ressentira d'une meilleure organisation des forêts naturelles. Les forêts profondes seront percées et des régions immenses reverront la divine lumière. Les marais seront desséchés, les écoulements facilités, l'excessive fécondité qui encombre la terre et les eaux sera contenue. Par une campagne savante, le moustique, avec la fièvre qu'il sème, sera vaincu.

Là où l'eau manque, là où le caprice des saisons la distribue mal, elle sera captée, retenue, aménagée, utilisée; celle qui repose sous le sol sera aspirée et répandue à la surface; le problème du désert sera abordé, et il connaîtra, un jour, par des plantations appropriées, une sorte de richesse et de fécondité.

Les réserves accumulées sur cette vieille terre sont telles qu'on peut à peine deviner, à l'heure présente, les bénéfices qu'elle doit nous livrer. Qui eût dit au maréchal Bugeaud que l'Algérie contenait des phosphates en quantité suffisante pour payer les frais de la conquête, l'eût bien surpris.

Les forêts de l'Afrique équatoriale recèlent, sous leurs voûtes, la richesse naturelle la plus précieuse de l'heure présente, le produit qui lutte avec le fer, qui le complète et qui parfois le remplace, le caoutchouc.

Ailleurs, ce sont les mines de diamant, les mines d'or dont la bande souterraine s'est retrouvée déjà sur les points les plus divers de ce bourrelet de montagnes qui entoure l'Afrique de sa précieuse ceinture.

J'ai parlé des phosphates; avec la calamine, l'étain, le minerai de fer, leur exploitation oriente vers le développement industriel l'Algérie et la Tunisie, jusqu'à présent exclusivement agricoles. Le charbon ne manque pas à cette terre. Le pétrole apparaît.

En tout cas, l'utilisation des chutes fournira bientôt à l'industrie africaine des ressources d'énergie incalculables et inépuisables. Il est probable, qu'à proximité des cataractes, qui ont été, longtemps, le principal obstacle à la civilisation, on verra s'élever des usines puissantes empruntant au fleuve lui-même la force nécessaire à l'exploitation de ses prodigieuses richesses.

Ne voyons-nous pas s'avancer, de la côte vers l'intérieur, par une entreprise universelle qui ne peut être une universelle erreur, les lignes de chemins de fer qui, bientôt, transformeront la vie économique du continent tout entier? En Algérie, la voie ferrée longe depuis longtemps la mer, d'Oran à Tunis. Mais, maintenant, elle pousse sa double pointe vers le Sud, soit, dans le Sud-Oranais, vers Aïn-Sefra et Duveyrier, soit par Biskra et par le Sud-Algérien. En Égypte, le chemin de fer a déjà franchi les cataractes du Nil et il atteint Khartoum.

De Djibouti, le chemin de fer abyssin se dirige vers le Harrar. De Zanzibar, le chemin de fer de l'Ouganda, qui va jusqu'à Oukala, sera la grande artère qui créera la future civilisation des Grands-Lacs.

Au Cap, le réseau des voies ferrées est considérable et les milliards dépensés pour une guerre déplorable laisseront du moins ce résultat particulier d'avoir facilité les communications sur ces terres, hier heureuses et maintenant malheureuses pour si longtemps.

Dans les colonies portugaises et allemandes de la côte orientale et de la côte occidentale, les réseaux de pénétration sont amorcés. Au Congo, le chemin de fer africain-type annule les cataractes et devient ainsi la véritable embouchure économique de l'immense bassin central.

Au Cameroun, au Bas-Niger, au Dahomey, au Togoland, à la Côte D'Or, à la Guinée, au Sénégal et sur le Haut-Niger, les voies sont entreprises ou à l'étude.

Trois milliards de francs sont déjà dépensés dans les travaux exécutés ou en cours d'exécution. On peut entrevoir comme d'une réalisation prochaine, le raccordement de ces lignes diverses vers certains nœuds décisifs, l'un situé quelque part vers les rives du Tchad, l'autre vers les Stanley-falls.

N'est-ce pas la plus évidente et la plus prochaine des éventualités que celle d'un programme d'ensemble traçant méthodiquement, par une entente internationale, la direction du réseau transcontinental africain, utilisant les grands fleuves, régularisant la navigation, réunissant le Nil au Congo, la Bénoué à la Sangha, par un vaste système de canalisation, appuyant le développement de la voie fluviale par le développement de la voie ferrée, et faisant ainsi, de l'intérieur de l'Afrique, une immense ruche bourdonnante où les trains et les vapeurs dévorant les distances, se précipiteront vers un immense garage et entrepôt central où se rencontreront les peuples et les marchandises de l'univers ?

Et ainsi, Messieurs, on verrait se réaliser, dans les deux phases de l'histoire africaine, la parole doublement prophétique de la Bible : « Que Dieu habite la tente de Sem ! que Dieu donne l'étendue à Japhet ! »

Donc, si nous nous en tenons uniquement au point de vue économique, tout indique que, dans les conditions nouvelles où le problème est abordé, il sera résolu. L'Afrique sera vaincue par l'homme moderne, parce que, aidé des *grands outils*, il entreprendra les *grands travaux*, en vue des *grands profits*.

Mais à mes yeux du moins, ce résultat serait bien incomplet s'il devait restreindre à une vaste et heureuse entreprise économique l'influence de la conquête moderne sur le continent africain. La civilisation serait indigne d'elle-même si elle n'était qu'une spéculation plus ou moins heureuse à une plus ou moins longue échéance. Elle ne justifie ses ambitions, et peut-être ses exigences, que si elle se propose un plus noble idéal.

Le grand bienfait qu'elle doit apporter à l'Afrique, c'est d'abord la paix. Déjà, la traite est si étroitement surveillée que le commerce des esclaves devient une affaire médiocre; avant peu, il aura disparu.

Ces populations, jadis accablées par des maux intolérables, vont respirer, se développer, se livrer probablement à ce goût naturel pour la culture que, pour employer les propres expressions de Livingstone, « tous les noirs aiment passionnément ».

La « paix européenne » doit être pour ce monde nouveau ce que la « paix romaine » fut pour le monde ancien. A moins que, par une effroyable folie, la grande famille des peuples civilisés ne transporte sur ces terres à peine apaisées ses querelles intestines, son esprit impatient de repos, une longue période de paix doit suivre les grands partages qui se sont récemment accomplis.

Alors, les populations se multiplieront, la main-d'œuvre s'accroîtra, et la mise en valeur de ces contrées immenses par les précieuses et rares cultures que seules elles peuvent produire sera, en même temps qu'une cause de richesse, un adoucissement de la vie, et une amélioration du bien-être auquel ces populations, par contre, ne pourront rester longtemps insensibles.

Nous leur devons la paix; nous leur devons la justice; nous leur devons aussi la tolérance. Je ne puis qu'effleurer d'un mot ce grave sujet de la religion qui met en jeu les ressorts les plus cachés de l'âme humaine.

En Afrique, et notamment dans l'Afrique du Nord, la pénétration européenne rencontre cette grande et antique croyance de l'Islam, qui, ici plus que nulle part ailleurs, est en pleine croissance et vitalité, cette religion qui proclame l'existence d'un Dieu unique, qui attache à la foi en ce Dieu toutes les vertus individuelles et sociales et qui tient le croyant d'une prise si forte que, quand une fois il s'est donné, il ne se reprend plus.

Je prononçais tout à l'heure le mot de tolérance : cela même ne suffit pas. Nous devons à l'Islam d'essayer de le comprendre. Nous lui devons plus encore. Nous lui devons de nous inspirer, en sa faveur, de la parole de son prophète : « Point de contrainte en religion. » Nous lui devons la vie tranquille au plein jour ; nous lui devons le respect.

Souvenons-nous de cette parole de l'émir Abd-el-Kader qui comparait « les trois prophètes du monothéisme à trois frères, fils d'un père unique, mais ayant plusieurs mères ».

Certes, il nous est difficile de partager l'espoir de ceux qui escomptent une fusion et une assimilation des civilisations et des races ; mais, du moins, devons-nous désirer qu'elles ne soient pas, de parti pris, en état d'hostilité. A défaut d'entente complète sur toutes les questions (et le monde n'a-t-il pas été livré aux disputes des hommes?) on peut, du moins, vivre les uns à côté des autres, se tolérer, se comprendre et peut-être s'aimer. En tout cas, c'est à nous qu'il appartient de faire, dans ce sens, les plus grands efforts.

Nous ne nous instruirons jamais assez des raisons d'agir, des aspirations, de l'état d'âme de ceux qui vivent auprès de nous, sur cette même terre, et qui ont, en somme, le même intérêt que nous à la voir heureuse et prospère. Si nous étions plus attentifs, plus intelligents et meilleurs, nous eussions plus fait pour le bien commun qu'en multipliant le fatras des polémiques vaines ou des décrets inappliqués.

Mais la pacification africaine doit compter sur un auxiliaire non moins précieux : c'est le travail. Voilà, Messieurs, ma véritable espérance. La leçon suprême que l'Europe apporte avec elle, c'est la leçon du travail. Non pas le travail pénible, maudit et détesté, mais le travail joyeux, fier et satisfait.

Le travail n'a pas été infligé à l'homme pour le punir, il lui a été donné pour le réjouir et pour l'exalter. Il n'en sera pas, en Afrique, autrement que dans les autres parties du monde : le travail, guidé par la prévoyance (qui est la véritable qualité des chefs), arrachera cette terre à la barbarie. Les races indigènes ne sont pas paresseuses, tant s'en faut. Je citais, tout à l'heure, le mot de Livingstone. L'Africain peut devenir, comme le fellah, le modèle des cultivateurs. Partout où les lendemains seront assurés, la population retournera à son instinct, elle saisira sa bêche et se penchera sur la terre.

Le travail en commun, telle est la véritable solution du problème africain.

Déjà, dans cette Algérie qui est vraiment, en Afrique, la terre des grandes expériences, déjà ce résultat se dessine nettement. L'élément indigène est intéressé par le salaire, par la plus-value donnée à la terre, par l'accroissement naturel de ses facultés, de ses aptitudes, de son intelligence, de son bien-être, il est intéressé autant que le colon à la prospérité du pays.

C'est un progrès désormais indéniable et qui, quelles que soient les préventions réciproques, se produit, pour ainsi dire, à l'insu de ceux qui l'accomplissent et de ceux mêmes qui en profitent.

Il en est de même partout. Les populations indigènes, dirigées avec sagesse et avec clairvoyance vers un avenir qu'elles ne peuvent même pas entrevoir, bénéficieront de l'ouverture d'esprit des chefs étrangers qui sont venus s'installer parmi elles. Une collaboration féconde, cimentée peut-être par le mélange des races, sera la forme du futur progrès africain. Nous ne sommes plus au temps où la violence et la rapacité qualifiaient d'inférieures les populations qu'elles voulaient faire disparaître.

L'Afrique, Messieurs, appartiendra à ceux qui sauront la cultiver. Permettez-moi d'ajouter immédiatement cette parole profonde de Montesquieu : « Les pays ne sont pas cultivés en raison de leur fertilité, mais en raison de leur liberté. »

Comme, pour cultiver la terre africaine, il faut pouvoir en supporter le climat, n'en résulte-t-il pas que les populations indigènes sont indispensables et que le premier soin des chefs nouveaux doit être de les conserver et de les développer, puisque, dès longtemps acclimatées, elles constituent la seule main-d'œuvre utilisable ; et ne sommes-nous pas autorisés, enfin, à compléter la première formule par celle-ci : l'Afrique appartiendra à ceux qui, pour la cultiver, sauront s'assurer le concours des populations indigènes.

C'est donc une loi d'humanité qui s'impose à l'Europe, au moment où elle aborde cette dernière et difficile entreprise. C'est une loi de douceur, c'est une loi de sagesse, c'est une loi de prévoyance, c'est une une loi de fraternité équitable et forte.

A la lumière de ces observations, réunies les unes aux autres par une logique évidente, nous pourrons conclure hardiment par une formule dernière : notre rôle, en Afrique, ce n'est pas la *conquête*, c'est la *protection*. Si nous luttons contre l'Afrique, elle luttera contre nous et se vengera. Si nous gagnons ces populations inquiètes et méfiantes, elles se donneront et ce sera pour longtemps.

Tels sont les termes dans lesquels me paraît pouvoir s'indiquer l'évolution progressive des destinées africaines. La grandeur matérielle ne suffit pas : il faut l'autorité morale. N'ai-je pas le droit d'ajouter, Messieurs, que dans ce progrès, la part réservée à la France sera considérable ? J'ai rappelé les services décisifs rendus par elle. Il suffit de jeter les yeux autour de nous pour voir ce qu'elle a su faire en terre d'Afrique.

En cinquante ans, elle a guéri ici, en Algérie, le ravage de quinze siècles. Elle a fait de cette côte, qui n'était qu'un repaire de pirates, un séjour délicieux et comme la réplique imprévue de cette « Côte d'azur » où le monde vient chercher, chaque hiver, la trêve de la lumière et de la joie. Avec le concours des bras indigènes, elle a défoncé cette terre ; elle y a implanté l'une des nourrices les plus fécondes de la civilisation, la vigne. Alger est le troisième port de France. L'Algérie est la plus belle colonie qu'ait créée le dix-neuvième siècle (1).

Un tel bienfait ne pouvait rester enfermé dans les limites de la régence algérienne. Une sorte d'infiltration s'est produite. La Tunisie s'est donnée sans coup férir, et ainsi, une autre belle contrée a été, en moins de quinze ans, rangée dans la famille des nations civilisées.

Et l'attraction algérienne continue à rayonner sur les terres environnantes : de Malte, de Sicile, d'Espagne, d'Italie, on vient ici partager les chances du travail commun et d'un avenir prospère.

Plus près encore, le Maroc n'est pas insensible à cet appel; les ouvriers marocains offrent leurs bras ro-

(1) Voir l'étude sur l'Algérie dans l'*Énergie française* (p. 267).

bustes. Les relations de bon voisinage qui viennent de se fortifier entre les deux pays sont le meilleur gage de leur amitié. Par une loi de l'histoire, l'autorité d'un centre comme Oran s'étend au loin.

Des devoirs nouveaux incombent, de ce chef, à la France. La protection de son amitié s'étend naturellement sur les pays qui la touchent. Tout le monde comprend, tout le monde admet qu'elle ne pourrait supporter que des prétentions précipitées vinssent troubler l'œuvre qu'elle confie elle-même, avec une grande sagesse, au temps, au progrès pacifique, à la force de la conviction et des exemples. Elle sait que la prospérité des régions qu'elle domine sera, autour d'elle, le plus puissant agent de pacification et de pénétration.

Ainsi, Messieurs, se réalise partout la loi de l'évolution africaine. En raison même des difficultés qu'elle surmonte, elle a besoin du concours de toutes les forces. Détruire ou laisser périr l'une d'elles serait la pire des fautes.

Les diverses familles humaines ici ne s'excluent pas; au contraire, elles sont nécessaires l'une à l'autre. Pour lutter contre les dispositions naturelles, le pasteur, l'agriculteur, l'ingénieur doivent s'unir.

S'ils retombent dans la faute des anciens âges, ils retomberont dans la punition des anciens âges; la conjuration de tous les éléments naturels ne sera vaincue que par la collaboration de tous les efforts humains.

Admirons les démarches de l'histoire. Elle a voulu que la civilisation, partie de ces bords, y revînt après un circuit gigantesque et après avoir pénétré le reste du monde.

Elle a voulu qu'elle les retrouvât plus barbares qu'elle ne les avait laissés, mais qu'elle eût elle-même ramassé dans son immense voyage, des instruments, des lumières, une autorité lui permettant de reprendre en sous-œuvre la tâche interrompue depuis des siècles.

Elle veut que l'œuvre de colonisation soit abordée au moment où, le monde se démontre à lui-même, avec une évidence invincible, le bienfait de la tolérance mutuelle et de la paix.

Ce pays qui a été le pays de la rapine, le pays du meurtre, le pays de l'esclavage, le pays des sacrifices sanglants, ce pays qui repoussait l'homme comme s'il en avait horreur, ce pays va le recevoir de nouveau et le mettre à l'épreuve.

Est-ce trop demander, à la famille des peuples civilisés, au moment où elle va produire, sur la terre de Cham, ce suprême effort, est-ce trop lui demander que le respect de la loi dictée par elle-même, la loi de justice, d'humanité et de fraternité ?

(1902).

CHAPITRE QUATRIÈME

ÉTUDES AFRICAINES

I

NOTRE EMPIRE AFRICAIN

Lorsque Prévost-Paradol, à la fin de son livre, la *France Nouvelle*, écrivait ces pages prophétiques que tout homme d'État, en France, devrait avoir sans cesse dans la pensée, et qu'il intitulait : *l'Avenir*, il tournait ses espérances vers l'Algérie, qui était alors notre seule colonie africaine.

« Il n'y a, disait-il, que deux façons de concevoir la destinée future de la France : ou bien nous resterons ce que nous sommes, nous consumant sur place dans une agitation intermittente et impuissante, au milieu de la transformation de tout ce qui nous entoure, et nous tomberons dans une honteuse insignifiance, sur ce globe occupé par la postérité de nos anciens rivaux, parlant leur langue, dominé par leurs usages, rempli de leurs affaires, soit qu'ils vivent unis pour exploiter en commun le reste de la race humaine, soit qu'ils se jalousent et se combattent au-dessus de nos têtes ; ou bien, de quatre-vingts à cent millions de Français établis sur les deux rives de la Méditerranée, maintiendront, à travers les temps, le nom, la langue et la légitime considération de la France.

« Qu'on en soit bien persuadé : ce n'est pas à un moindre prix, ni avec de moindres forces qu'on pourra être compté pour quelque chose et suffisamment respecté dans ce monde nouveau dans lequel vivront nos petits-fils. Puisse la préoccupation de ce redoutable avenir nous faire estimer à leur juste prix nos misérables querelles, et nous unir dans un vœu ardent et dans un généreux effort pour la perpétuité et pour l'honneur du nom français. »

Depuis que Prévost-Paradol traçait, non sans un doute amer, ce vaste programme, les événements ont marché, les faits se sont accomplis. Ce vaste empire qu'il rêvait a été fondé, du moins dans ses grandes lignes, par une politique suivie et persévérante, bien faite pour servir de réponse à ceux qui, les pieds au feu, le havane aux lèvres, sirotent leur café, en désespérant des forces et de l'activité de notre pays.

Repassons en l'esprit les étapes de ce grand travail qui arrache un cri d'admiration, même à nos plus tenaces adversaires.

L'Algérie qui, en 1868, n'était qu'une terre ingrate, « un camp, un champ d'exercice pour notre armée », est devenue une colonie brillante, où la race française, par une sorte de miracle qui n'étonne que ceux qui s'étonnent de tout, devient prolifique, et dont le beau vignoble a sauvé, dans les temps de crise, l'avenir du vignoble français. La Tunisie a été conquise, et elle soutient la comparaison avec les plus belles colonies étrangères. Le Sénégal s'est étendu, en remontant le cours de son fleuve, et est devenu la pépinière de notre armée d'expansion vers l'intérieur.

Nous avions affaire à des rivaux solidement implantés sur la côte occidentale de l'Afrique : partout, nous les avons tournés, circonscrits, enfermés. En 1889, une première convention nous a assuré le cours supérieur du Niger et a développé nos établissements de la Casamance et du Fouta-Djallon (1). La colonie portugaise de la Guinée, la colonie anglaise de Sainte-Marie-de-Bathurst, la colonie anglaise de Sierra-Leone, la petite république de Liberia, dangereuse par son obscure position internationale, ont été cernées, délimitées, enclavées (2).

A la côte d'Ivoire, des arrangements non moins féconds nous ont assuré le cours des fleuves qui pénètrent vers l'intérieur, le Cavally, le Lahou, la Comoé, la Volta. La belle campagne du Dahomey a porté notre hinterland vers les plateaux sains et peuplés du Mossi et du Gando : la colonie allemande du Togo a été cernée, à son tour (3).

Puis, ç'a été le tour du Cameroun allemand. La Convention du 15 mars 1894 a coupé son expansion vers l'intérieur et a limité au Chari ses accès sur le lac Tchad (4).

Enfin, nos comptoirs isolés et improductifs du Gabon se sont développés dans des proportions invraisemblables. Brazza, héroïque et dépenaillé, rencontrait, sur les rives du Congo, la belle expédition de Stanley mystérieusement amenée de l'intérieur sur les bords du grand fleuve africain, et du même coup portait à des centaines de kilomètres sur le haut fleuve les assises nouvelles de notre future domination.

---

(1) Voir ci-dessous, *Annexes* (p. 259 et sq.).
(2) *Annexes* (p. 265 et p. 277 et 283).
(3) *Annexes*. (p. 328).
(4) *Annexes* (p. 322).

Celle-ci, par bonds successifs, pénétrait dans le continent noir. Elle occupait l'Alima, la Sangha, l'Oubanghi et ses affluents du Nord, le Banghi, le Kotto, le Mbomou, le Shinko. La convention qui régla l'incident franco-congolais de 1894 nous assurait le contact définitif avec le bassin du Nil (1).

Cependant, la Tunisie restait encore soumise aux engagements pris lors de sa conquête : notre protectorat y était précaire. Les arrangements conclus successivement avec toutes les puissances, en 1896 et 1897, la libèrent complètement (2). Nous étions, désormais, du Maroc à la Tripolitaine, en terre française.

Ces points d'attache nombreux établis sur les côtes de la Méditerranée et de l'Océan, ces jalons posés hardiment sur le cours des grands fleuves n'étaient pas reliés encore ; ils ne suffisaient pas pour faire de nos possessions africaines un tout continu.

Ce fut l'objet de cette difficile négociation du Niger, dix fois reprise, et qui, on peut le dire, fut la préoccupation constante de notre diplomatie, depuis que les bases en furent posées, en 1894, dans des conférences où M. Phipps représentait l'Angleterre, jusqu'à l'heure présente.

Enfin, en juin 1898, on put conclure : tout le cours du Niger nous était acquis, de sa source à Ilo, bien au sud de Say, tous nos établissements du Sénégal et de la côte étaient reliés ; le Mossi nous appartenait, notre colonie du Dahomey s'ouvrait en éventail de la Volta au Niger ; sur l'autre rive, la colonie anglaise de la Bénoué trouvait sa limite, au sud du Sahara algérien. Enfin le lac Tchad était contourné par les possessions

(1) Voir les conventions aux *Annexes* (p. 335 et sq.).
(2) Voir les diverses négociations et conventions aux *Annexes* (p. 261 et sq.).

françaises. Sa rive septentrionale et sa rive orientale nous étaient reconnues (1).

D'Alger, à Brazzaville, les possessions françaises faisaient un territoire ininterrompu. Quand Gentil, dans sa belle exploration du Chari, nous apporta un traité de protectorat sur le Baghirmi, ce traité ne fut contesté par personne.

Ces données générales, incluses dans la convention du Niger, ont été confirmées par l'arrangement franco-anglais de 1899. Les limites sont fixées, du côté du bassin du Nil. L'Angleterre se réserve le Darfour et le Kordofan ; elle admet et prévoit notre libre développement dans le Ouadaï, le Kanem et le Borkou (2).

Le Français aime la précision ; il aime les solutions claires ; il désire savoir où il est pour décider ce qu'il lui convient de faire. Il le sait maintenant. Nulle part, son droit n'est contesté ; partout son domaine est reconnu par ses rivaux de la veille. Le rêve de Prévost-Paradol s'est singulièrement agrandi et il est *diplomatiquement* réalisé et dépassé.

Ainsi, se trouve également confirmée une autre parole prophétique, celle de la Genèse elle-même qui, du fond des âges, surgit dans une prédiction solennelle : « Que Dieu habite la tente de Sem ! Que Dieu donne l'étendue à Japhet » ; et le commentateur qui a exhumé, à propos, ces lointaines paroles, M. le comte de Castries, ajoute, dans une claire vision du sens profond de la parole sacrée : « Ils sont bien là, en effet, face à face les descendants des deux fils de Noé : les fils de Sem, fiers de leur foi, adorant le Dieu de leurs pères, le Dieu

(1) Voir la convention de juin 1898, aux *Annexes* (p. 303).
(2) Voir aux *Annexes* (p. 317).

qui avait visité la tente d'Abraham; et l'Aryen, fils de Japhet, celui qui s'étend par la conquête. »

C'est qu'en effet, sur ce vaste empire qui naît aux côtes où les villes barbaresques mirent dans la mer bleue leurs blanches mosquées et qui s'étend, par les sables, par les dunes, par les déserts, jusqu'à la noire forêt où Stanley vit ses compagnons périr sous les gouttes de la pluie éternelle; sur ce vaste empire où tant de peuples, tant de races, tant de religions se heurtent et se pénètrent comme dans un chaos, notre civilisation se trouve face à face, partout et toujours, avec le problème de l'Islam. C'est là la tâche de demain, et c'est là son nouveau devoir (1).

Il y a dix ans, alors que les premiers linéaments de cette immense conquête s'esquissaient à peine, il était de mode de railler, à Londres, les immenses étendues de terre *légère, très légère*, où le coq gaulois allait pouvoir *gratter à son aise*. Mais, dès cette époque aussi, un homme expert, plus que nul autre, aux choses de l'Afrique s'abstenait de cette douce gaieté : « Les Français ont pris la bonne part, disait-il, ils ont le pays des soldats et des confréries. »

Stanley voyait juste ; il connaissait l'histoire de l'Afrique ; il savait que ce vaste désert, semé des os des caravaniers et des chameliers, entend circuler, sur ses plaines silencieuses, la parole qui unit dans une même foi ces espaces immenses ; il savait que dans le désert même, dans ses oasis, sur ses confins, ont fleuri, fleurissent encore des civilisations rudimentaires mais déjà organisées, quelque chose comme des Algéries ou des Tunisies intérieures, qui n'attendent, peut-être, du

(1) Voir les Études sur l'Islam et les polémiques provoquées à ce sujet dans *La Paix Latine* (p. 87 et suiv.).

dehors, que le souffle nouveau qui leur rendra leur vieille vitalité.

Quand, au début de ce siècle, le prince des voyageurs africains, Barth, parcourut les régions du Tchad, il fut surpris de voir, si loin de la côte, des villes policées, défendues par des armées puissantes, comptant, par vingt mille, des cavaliers vêtus de la cotte de mailles et couverts du casque de Saladin ; il assista aux conseils des rois, à l'enseignement donné, dans les mosquées, par les imans venant de La Mecque ; il suivit les longues routes pleines d'un peuple paisible se rendant aux marchés des villes et vaquant à ses affaires ; le monde des *Mille et une Nuits* s'ouvrait tout à coup devant lui.

Tombouctou était alors la capitale de l'Afrique occidentale, un grand centre d'affaires, l'entrepôt général de la richesse de ces vastes régions. Ce passé est récent. Il a connu des splendeurs qui ont duré des siècles et que nous pouvons revoir. Tombouctou semble consacrée par son passé, par sa situation, à distance égale du Sénégal, de l'Algérie, de la Tunisie, du Dahomey et du lac Tchad. C'est la capitale future de la France africaine.

Mais que de problèmes, que de difficultés, que de responsabilités pour en arriver à ce résultat entrevu comme un rêve avenir !

D'abord, le problème que nous signalions tout à l'heure, celui qui nous étreint et nous prend, pour ainsi dire, à la gorge, celui de l'Islam ; puis l'autre, non moins grave, qu'il faut aborder avec tout autant de rapidité et de décision, celui des voies de communication ; puis les autres qui se pressent et réclament leur tour : celui de la colonisation, celui de l'exploitation, celui des concessions, celui des Compagnies à chartes...

Que faire et par où commencer ? Dans l'état actuel des

choses, je ne vois, quant à moi, qu'une seule façon de procéder. Avant d'agir, délibérer mûrement.

Autant que je puis avoir une opinion sur des questions qui me passionnent depuis des années, je supplie le gouvernement, je supplie les Chambres de prendre tout le temps de la réflexion, avant de décider de que pied ils partiront, et surtout, de ne laisser que le moins possible au hasard.

Je les prie instamment de constituer, avant tout, une Commission composée de personnes choisies, d'une compétence et d'une honorabilité indiscutables, et qui serait chargée de présenter un rapport complet sur la ligne de conduite à tenir pour la mise en valeur de ce vaste domaine.

Les questions indiquées tout à l'heure (et combien d'autres !) seraient l'objet de ses délibérations et de son enquête. Elle entendrait tout le monde : les pionniers comme Brazza et Binger, les savants comme Clermont-Ganneau et de Castries, les militaires comme Archinard, Duchesne et Trentinian, les financiers, les ingénieurs, les colonisateurs, les politiques comme les gouverneurs et anciens gouverneurs des établissements épars qui doivent vivre désormais d'une vie commune. Son devoir serait de tracer les grandes lignes et d'indiquer des vues d'ensemble. Le gouvernement, les Chambres, s'il y a lieu, auraient ensuite à agir et à légiférer.

Ainsi, toutes les forces vives de notre pays seraient penchées à la fois sur ces graves et difficiles problèmes.

Pensez-vous que, de leur collaboration, de leur contact, il ne surgirait pas je ne sais quelle force, quelle ardeur, quel enthousiasme qui enflammerait le pays tout entier, et qui le tournerait, avec sa foi, son zèle, son esprit de sacrifice, vers la tâche séculaire qui s'ouvre devant lui.

L'heure est décisive. Un siècle se ferme, un siècle va s'ouvrir. Abordons avec sang-froid et maturité les grands desseins et les vastes œuvres qui sont préparés pour le salut, pour la gloire, pour l'extension et la prospérité de la France, — de la *Plus grande France*.

(1900).

II

LE RETOUR DE MARCHAND

La joie que cause aux Français le retour de la mission Marchand est légitime ; c'est une joie saine et forte : elle n'est malheureusement pas dépouillée du « je ne sais quoi d'amer » qui est au fond de toutes les grandes émotions humaines.

Si jamais un sentiment doit nous rapprocher et nous unir, c'est celui qui nous porte tous, les mains tendues, au devant de ces braves gens qui ont été jusqu'au bout de leurs forces et jusqu'au bout de leur devoir. Les nègres d'Abyssinie se précipitaient, dit-on, sur les pas de la colonne, pour voir les hommes « qui avaient marché, sans s'arrêter, pendant trois ans ». Que doivent faire les Français, puisque ces hommes sont leurs compatriotes ?

A cette noble et forte race, tant décriée, Marchand et ses compagnons apportent, au moment propice, une leçon réconfortante. Ils viennent lui rendre cette confiance en elle-même qu'un dénigrement systématique s'efforce de lui enlever.

Car ces hommes ne sont pas isolés, parmi leurs contemporains. Ce qu'ils ont fait, d'autres l'ont fait, le feraient demain, sur un signe. Marchand est acclamé parce qu'il représente l'énergie française.

Assurément, parmi les grands événements contemporains, il n'en est pas de plus considérable que la découverte et la mise en valeur de tout ce que les siècles passés avaient laissé de terres barbares à la surface du globe. La moitié du monde restait inconnue au monde. Sur les cartes, les étendues blanches, anonymes, improductives, égalaient presque la superficie des terres habitées et cultivées.

L'Afrique est aux portes de l'Europe, et l'Europe l'ignorait. Sauf un léger ourlet sur les rives méditerranéennes, le continent noir opposait à la civilisation une masse impénétrable. Nous avions là, sous la main, un monde qui n'avait rencontré ni ses Christophe Colomb, ni ses Fernand Cortès.

Inviolée, elle cachait le mystère des origines sous le mystère des distances et de la barbarie.

En cinquante ans, tout s'est ouvert. Il n'est pas un enfant des écoles qui ne sache maintenant quelque chose des habitants de la forêt impénétrable qui couvre de son ombre éternelle l'Afrique équatoriale, et l'on pose, partout, les premiers rails des grandes lignes de pénétration qui, bientôt, inscriront leurs stations inattendues sur Baedeker international décuplé.

Je ne sais ce qu'il restera à faire à nos descendants, mais nous savons ce qui a été fait par nos contemporains et nous pouvons être fiers de ce qui appartient, en propre, à nos compatriotes.

Trois grandes écoles se sont succédé dans les fastes de l'exploration africaine : l'école allemande, dont les noms les plus illustres sont Barth, Schweinfurth, Nachtigall, Emin-Pacha; l'école anglaise, qui cite avec orgueil les Speke et les Grant, les Livingstone et les Stanley. Il serait être bien injuste de ne pas rappeler les noms de l'Italien Casati, du Portugais Serba-Pinto et du Russe Junker. Et, enfin, l'école française.

Un fait incontestable c'est que, depuis la dernière expédition de Stanley, les Européens ont, en général, renoncé à cette rude carrière de l'exploration, et qu'ils ont laissé la glorieuse tradition passer tout entière aux mains des Français.

De telle façon que si nos compatriotes n'avaient pas persévéré, on en serait resté, devant le problème africain, au point où on en était, quand Stanley ramenait le peuple d'Emin à la côte de Zanzibar, retour qui était, en somme, un échec de la civilisation devant la barbarie.

Il semblait bien, alors, que le livre des grandes explorations africaines était fermé pour longtemps.

Ce sont les Français qui, depuis cette époque, ont poursuivi, seuls, la tâche entreprise. Pour employer une expression qui n'a jamais trouvé une meilleure occasion de se réhabiliter, seuls ils ont *marché*.

Énumérons : Brazza découvre l'Ogoué, l'Alima, la Sangha, toute la rive droite du Congo; Binger fait la jonction du Sénégal et de la côte d'Ivoire; Tripier traverse l'Afrique de l'Est à l'Ouest, sans aide, sans ressources, la canne à la main; Monteil réunit le Sénégal à la Tripolitaine par le lac Tchad; Mizon entreprend la magnifique exploration qui va des embouchures du Niger aux embouchures du Congo; sa rencontre avec Brazza, qui remonte le cours de la Sangha, est un fait aussi dramatique que la rencontre de Stanley et de Livingstone dans l'Afrique du Zambèze.

Le capitaine Marchand explore le bassin du Cavalli et retrouve les restes du capitaine Ménard. Crampel cherche à passer, pour la première fois, du bassin du Congo dans le bassin du lac Tchad par le Chari. Il périt à la peine ; mais son œuvre est reprise par Dybowski et achevée par Gentil, qui, le premier, fait flotter le pavillon français — un pavillon européen — sur les eaux du grand lac.

Toutée, Decazes, Ballot, Bretonneau, d'Agoût parcourent tout l'hinterland du Dahomey et les rives du Niger. Hourst fait, pour la première fois, en bateau, la périlleuse descente du fleuve et réussit là où Barth avait échoué. Cazemajou meurt en s'efforçant de jalonner la frontière des possessions françaises au sud du Sahara, et enfin, à l'heure où j'écris, Chanoine et Voulet vont vers le lac Tchad par la voie occidentale.

Foureau et Lamy, partis de l'Algérie et reprenant les traces de Flatters, ont déjà parcouru le Sahara et s'enfoncent vers le Sud, tandis que Fourneau, successeur de Gentil, remonte par le Congo et s'efforce de consolider notre influence dans les régions riveraines du Tchad méridional.

Ainsi le lac, dernière position du mystère africain, est assiégé de toutes parts. Bientôt, des flottilles françaises le parcourront et les missions française se salueront sur ses bords.

Et, dans cette énumération trop courte, j'ai omis tant d'autres noms glorieux, notamment ceux des chefs qui ont combattu et détruit les résistances locales parfois si redoutables, Borgnis-Desborbes, Frey, Dodds, Archinar, Galliéni, Humbert, Bonnier, Trentinian, Lartigue, ceux qui ont vaincu Behanzin, ceux qui ont brisé

Ahmadou, ceux qui ont pris Samory, ceux qui ont occupé Tombouctou, ceux qui ont refoulé les Touaregs.

Je n'ai pas cité les administrateurs, des maîtres de toute autorité et sagacité, comme Liotard et Pennequin ; j'ai laissé de côté l'exploration et la conquête de Madagascar avec des noms comme ceux de Ranchot, d'Anthouard, Grandidier, Duchesne et encore Galliéni.

C'est dans cette glorieuse phalange que Marchand prend sa place. Parmi ces énergiques, Marchand s'appelle Énergie.

Son corps mince et souple comme une lame, son regard fixe et droit comme un trait, son langage bref, tout ce qui court d'électricité active de la plante des pieds à la pointe des cheveux de cet homme singulier, noir et fin, tout cela le disposait à la tâche que les événements lui réservaient. Il est un parmi tant d'autres ; mais il a sa place à part. En effet, il est le premier qui ait traversé l'Afrique, d'un bout à l'autre, dans sa plus grande largeur. Concevoir et mener à bien une pareille entreprise, c'est s'inscrire parmi les héros.

Et il ne faut pas perdre de vue que ce grand effort avait pour mobile et soutien une grande pensée. Marchand a trouvé d'autres obstacles que ceux qui viennent de la nature et de la barbarie. Il a aussi rencontré la civilisation, sur sa route. Se sentant de taille à interroger le sphinx, il était parti pour le faire parler. L'entretien n'a pas duré ; mais, tout de même, le sphinx a été surpris.

On dit que Ménélik, en voyant arriver Marchand à revers du côté du continent, a demandé d'où sortait cet homme, et qu'il a voulu se faire expliquer la chose sur la carte. C'est que, ni chez Ménélik, ni en Egypte, on ne savait pas l'Afrique si petite, et on ne croyait pas que le Nil fût si près des embouchures du Congo.

Maintenant, le revoilà parmi nous. Il va rentrer à son rang, parmi les vrais grands : les désintéressés. Car telle est, pour finir, la marque suprême de ces caractères, — de ces hommes qui poussent en avant l'histoire. Ils se donnent ; ils ne calculent pas. Ils ne sont bons que pour la tâche idéale ; ils n'entendent rien aux affaires, ni à leurs affaires. Et cela s'explique encore et se tient.

L'œuvre qu'ils accomplissent n'est haute que parce qu'ils cherchent les horizons lointains. Pris tout entiers par leur destinée, ils s'irritent contre ce qui lui est contraire. Leur parole est rude parfois, parce que leur âme est forte. Leurs discours sont la détente de l'arc. Mais, au fond, ils ne sont, eux, que dans l'action.

L'action, d'ailleurs, trouve, en elle-même, sa récompense. Et tout cela est bien encore dans le caractère de la race.

En un temps où tout le monde dit, d'une cause, d'une idée, d'une œuvre, d'un parti, d'une conquête, d'une colonie : « Qu'est ce que cela rapporte ? » les seuls qui soutiennent les idées, les œuvres, les partis, sont ceux qui ne se demandent pas « ce que cela leur rapporte », et qui vont de l'avant.

Or, parmi les peuples, c'est encore la France qui est la plus capable de négliger le calcul étroit et immédiat, pour se reporter au calcul généreux, au calcul des échéances lointaines, celui qui ne réclame d'honoraires que l'honneur.

Et c'est parce qu'elle est telle, qu'elle a persévéré en Afrique quand d'autres se dérobaient ; c'est parce qu'elle est telle, qu'elle a lancé tant de braves gens sur ces pistes inexplorées qui allaient on ne savait où ; c'est parce qu'elle est telle, qu'elle a semé tant de cadavres anonymes sur tant de chemins perdus dans la brousse ; c'est parce qu'elle est telle, qu'elle accueille avec un sourire, où il y a des larmes, ceux qui reviennent, couverts seulement de gloire, et qu'elle les salue comme les plus chers, parmi ses enfants.

(1899).

III

LES EXPLORATEURS

Il n'y a pas un Français qui n'eût déchiré le journal sur lequel il lisait l'affreux récit de la mort du colonel Klobb.

Aujourd'hui, encore, on voudrait n'y pas croire. On en parle à peine. C'est un deuil de famille qui serre le cœur. Les expérimentés hochent la tête en disant : « Choses d'Afrique ». Et, dans l'angoisse où l'on est, on se contente de cette explication qui, pourtant, ne résout pas l'énigme tout entière.

Certainement, la vie coloniale et, en particulier, la vie africaine, créent des façons de raisonner, de sentir, et d'agir qui n'ont rien de comparable à ce qui se passe au cœur de nos vieilles civilisations assises et pondérées.

En lutte perpétuelle avec le climat, avec les populations indigènes, avec la faim, la soif, la misère, la nature, l'imprévu, l'homme développe ses énergies, surchauffe ses facultés actives, tend ses nerfs.

Rien ne le contient ni le retient. Il a, devant lui, l'espace, autour de lui, la solitude, au-dessus de lui, le ciel ardent.

Jouet de son rêve, de son hallucination, il court après le mirage, la main et l'âme tendues vers l'horizon qui échappe, vers le but lointain qui fuit. Les obstacles, il ne les connaît pas, il ne veut pas les voir, il se les nie à lui-même. S'ils se dressent, il les aborde de front, sans souci des conséquences, habitué qu'il est à risquer mille fois sa vie et à jouer le tout pour le tout. Si on le heurte, il frappe; et il se réveille étonné, parfois terrifié du mal qu'il a fait, du mal qui *s'est fait* par lui... sans lui.

Voulet n'est pas un isolé dans l'histoire épique de la conquête africaine. Il y a eu, avant le sien, sur le sombre continent, d'autres drames au-dessus desquels plane le mystère. Qu'on relise les livres de Stanley, on y trouvera des récits terribles et des silences plus terribles encore. Il n'y a pas bien longtemps que deux officiers français, partis gais, souriants, confiants l'un dans l'autre, se sont aigris, découragés, détestés, une fois sur les lieux — et l'un d'entre eux n'est pas revenu.

Tous ceux qui connaissent les dessous, connaissent aussi des histoires de rivalités implacables, de violences inexplicables, de chocs entre les caractères, les tempéraments, les ambitions.

Et ils savent, également, que ces sentiments s'exaspèrent sur le terrain, qu'ils éclatent en propos violents, en luttes farouches, en guerre de paroles et de plume, en rencontres où les regards sont chargés comme des revolvers.

On sait des hommes qui ont parcouru des territoires immenses, franchi des déserts, affronté des périls, côte à côte, *sans se dire un mot*, durant des semaines et des mois. On sait des circonstances où, à travers le continent, des missions envoyées pour se porter aide et se prêter main forte, se jalousaient et se détestaient, sans s'être vues; comme si, en partageant les mêmes périls, elles se volaient quelque chose l'une à l'autre!

Emin fuyait devant Stanley. Il ne voulait pas le voir. Atteint, il resta plusieurs jours sans ouvrir la bouche. Peut-être mourut-il du désespoir d'avoir été sauvé.

L'Afrique produit ces passions sauvages et aiguës comme les dards de ses ronces et de ses cactus. C'est le pays des sentiments excessifs et enflammés... Quand, de retour dans la vieille patrie, dans ses régions attiédies et apaisées, — ils disent affadies, — par le climat de l'Océan et par l'antiquité de la civilisation, ces gens, ces héros se retrouvent, s'ils se rencontrent dans l'antichambre de quelque ministre ou à quelque table hospitalière, ils s'étonnent, se dévisagent; ils hésitent un instant, puis se tendent les mains et enfin s'embrassent fraternellement dans l'amour commun du pays *noir* où ils se haïssaient tant.

Oui, il faut faire la part de l'ambiance africaine, dans ce sombre drame. Mais ceci dit, tout n'est pas dit. Il y a autre chose. Cet officier de trente-trois ans qui a enfreint des ordres précis, qui a levé la main sur son supérieur, qui a rompu le pacte social et frappé l'image lointaine de la Loi, cet officier n'a-t-il pas obéi à d'autres impulsions plus intimes encore qui dormaient au fond de son âme de jeune Français du dix-neuvième siècle? Voilà le vrai problème.

Voulet fut un homme allant, un officier brillant. A tous ceux qui l'ont connu, il inspirait de la sympathie, de l'estime, de la confiance. Il était, dans toute la force du terme, un officier d'avenir.

Déjà on lui avait confié, à moins de trente ans, une mission des plus importantes. Il l'avait admirablement remplie. Si le Mossi et le Gourounsi sont, maintenant, des territoires français, c'est à Voulet et à Chanoine que nous le devons. Leur marche en avant et l'occupation de ces vastes régions ont été accomplies, sans coup férir, avec méthode et sang-froid, dans des conditions de rapidité et de sécurité qui leur ont fait le plus grand honneur. A leur retour, ils ont été remerciés, félicités, récompensés.

Mais la fièvre d'Afrique les tenait, comme elle tient tous ceux qui en ont été, une fois, atteints. Ils ont voulu repartir. Ils ont, eux-mêmes, conçu un nouveau projet; ils l'ont proposé; ils ont communiqué aux autres la foi qui les animait. La mission hardie, téméraire, qui devait les porter à la rencontre de Foureau et Lamy d'une part, de Gentil, d'autre part, a été décidée, organisée.

Quelle joie pour eux, quel rêve! Cette vie d'aventurier, de découvreur, de conquérant, à laquelle ils avaient goûtée et qui leur avait laissé de si fiers souvenirs, ils allaient la revivre, la mener pendant des années encore, loin de la caserne et de la monotonie des postes, avec l'espérance d'une grande œuvre à accomplir, d'un poème d'action à réaliser, d'une gloire personnelle, neuve, indiscutable, à recueillir.

Ils sont partis; ils ont commencé, marchant de l'avant rudement, brutalement, à leur façon, pressés de réussir, brûlant les étapes du chemin où Casemajou avait péri. Ils croyaient toucher au but. Et voilà ce qu'on venait leur arracher!

Cette lettre de Voulet qui n'est pas parvenue à son adresse, cette lettre écrite au colonel Klobb est poignante. Elle est poignante, parce qu'elle dit fortement et presque naïvement ce qui se passait au fond de cette âme à la fois exaspérée et troublée : « Que venez-vous faire ici?... me *voler* les fruits de mes efforts?... C'est

une *infamie*... *Un pas en avant* et vous êtes mort. »
Les mots sifflent comme des balles.

L'admirable colonel, lui, reste impassible. La menace ne le fait même pas hésiter. Il a un devoir à accomplir : il va droit devant lui, marchant sur la mort certaine. Il est frappé au front ; il tombe.

Quant à l'autre, il est, maintenant, on ne sait où, jeté parmi l'Afrique en *outlaw*, ballotté au hasard des événements, esclave de ceux qu'il commande, roulant comme une feuille morte par les déserts vides, se heurtant aux peuples étonnés de son apparition et de sa fuite, perdu, désemparé, anéanti. Voilà la fin du noble rêve !

Et ce rêve, pourtant, combien trouverait-on de jeunes Français qui l'ont caressé ? Combien d'âmes généreuses, vigoureuses, héroïques n'a-t-il pas séduites, hier ; combien en séduira-t-il demain ? Il court sur ces âmes, à l'heure présente, comme un frémissement dans l'attente de l'action. Beaucoup se précipiteraient vers le combat, vers la mort, s'il le fallait, avec un visage tranquille et souriant.

Je les ai vus, ces jeunes gens, je les vois autour de moi. Ils sont braves ; comme on dit, ils sont d'*attaque*. Si l'aventure, le sacrifice, la gloire les appellent, ils sont prêts, ils marcheront. Mais ils ne savent pas où et comment se donner. Et l'on ne sait pas où et comment les employer.

Voilà trente ans que l'instruction et l'éducation, en France, n'ont eu qu'un but : le relèvement de l'énergie physique et morale de la race. On avait une génération d'anémiques et de beaux fils. On a voulu des générations de sanguins, de mâles et de soldats.

On les trouvait trop dociles, trop promptes à baisser la tête, à se laisser conduire, parquer, domestiquer.

On riait beaucoup de ce grand-maître de l'Université, qui disait : « A cette heure, tous les lycéens de France composent en thème latin. » On déplorait que les Français ignorassent si profondément la géographie... On la leur a apprise, et ils la savent maintenant! Ils n'en font plus, des thèmes latins! On voulait des hommes. On les a. On voulait des soldats, on les a. On voulait des individualités fortes, on les a. On voulait des mâles, on a des mâles!

Plus j'observe autour de moi, plus je trouve que trente ans d'efforts constants et convergents, ont réussi, et que le jeune Français est plus robuste, plus entreprenant et plus hardi que n'était son père.

Mais, en même temps, il faut bien l'admettre, plus violent et plus indiscipliné. Que ce soit au fort Chabrol, que ce soit sur les bords du lac Tchad, il y a des symptômes qui sont des avertissements.

Les générations prochaines se marquent d'un trait précis : la vigueur même exubérante, la soif d'agir, de se dépenser, pourvu que le résultat soit au bout — et promptement, — sinon gare !

On a dit, déjà, que ces jeunes gens sont des *arrivistes*. Oui, mais pour arriver, il faut marcher... Ils marchent, et même ils courent. Mais où vont-ils et où va-t-on les diriger?

C'est cette évolution, cette révolution si marquée dans le tempérament de la race, révolution voulue, désirée, préparée, qui va surprendre, à ce qu'il semble, nos hommes publics et nos institutions.

Celles-ci sont-elles assez souples, ceux-là sont-ils assez clairvoyants et généreux pour se prêter à cette fière jeunesse et conserver, à force de confiance en elle, l'empire et l'autorité qui appartiennent à la loi, à la sagesse et à l'expérience? Là est toute la question.

Quoi qu'il en soit, les temps nouveaux approchent et il serait bien inutile de fermer les yeux sur des lendemains qui sont, déjà, de la plus pressante, de la plus poignante actualité.

(1899).

IV

TOMBOUCTOU

Est-il rien de plus amusant que de regarder de vieilles cartes ? Tout un passé naïf et sincère apparaît rien qu'à cette promenade que les yeux font sur les feuilles de papier jauni. On y retrouve, plus vivante et plus fraîche assurément que dans les livres, l'impression d'étonnement mêlé de joie et de terreur enfantines, que nos pères ressentaient en présence des terres inconnues qui se déployaient devant eux, et dont ils relevaient, d'une main incertaine, les premiers contours.

Voici l'Afrique, telle qu'elle fut gravée, en l'an 1550 de l'ère chrétienne, pour être insérée dans un des plus beaux et des plus curieux livres qui soient en librairie : « *Description de l'Afrique, tierce partie du monde, contenant ses royaumes, régions, villes, cités, châteaux et forteresses ; îles, fleuves, animaux, tant aquatiques que terrestres ; coutumes, lois, religion et façon de faire des habitants, avec pourtraits de leurs habits ; ensemble autres choses mémorables et singulières nouveautés, escrites de notre temps par* Jean-Léon African, *premièrement en langue arabesque, puis en toscane et à présent mise en françois.* » A Lyon, par Jean Temporal, 1556.

La carte est orientée à l'envers des nôtres : le Nord est en bas, le Sud en haut ; l'Afrique a donc la pointe en l'air, et elle est coupée d'une énorme ligne en damier qui représente l'Equateur.

Les fleuves courent sur le continent comme les rameaux épais d'arbres généalogiques ; les lacs, avec les rivières qui se tortillent, ont l'air de sangsues qui s'accrocheraient à la peau blanche des déserts ; les montagnes sont des taupinières soigneusement lissées par la pointe du graveur. Les déserts, immenses, sont parcourus par des monstres noueux et griffus.

Il en est aussi qui voguent sur les eaux : des requins, des dauphins, des lions ou des serpents de mer : leur croupe se recourbe en replis tortueux, leurs naseaux jettent des trombes en volute ; ils sont les gardiens du mystère et s'avancent vers les blanches caravelles qui, toutes voiles dehors, pénètrent hardiment dans la « Grand mer océane ».

Le cap de Bonne-Espérance justifie son premier nom de cap des Tempêtes, en amoncelant ses vagues terribles sur une coque de navire désemparé échouée à la côte méridionale de l'île Saint-Laurent, nommée depuis Madagascar.

La contemplation du continent n'est pas moins savoureuse. Le Niger prend sa source vers le royaume du Congo. Il suit à peu près le cours du Chari et vient, au Nord, traverser le lac Tchad ; de là, il reprend sa course vers l'Ouest — nommé comme de raison *Ponant* — il arrose les royaumes de Bornou, de Cassena, de Gano ; celui de Tombut — où il est facile de reconnaître Tombouctou — et, enfin, prenant le nom de Senega, il se jette dans l'Océan, entre le « Cap Rouge » et le « Cap Vert. » En un mot, le cartographe, suivant une erreur de l'antiquité qui s'est perpétuée jusqu'à notre siècle, ignore la source du fleuve et ce coude qu'on nomme aujourd'hui la boucle du Niger; il le fait couler à contre-pied et réunit ses eaux à celles du Sénégal ; erreur bien étrange si on pense que Léon l'Africain avait plusieurs fois parcouru ces régions.

L'auteur paraît mieux renseigné sur les sources du Nil, les origines lacustres du grand fleuve sont certainement connues et précisées ; près d'un lac qui s'étale au Sud de l'Equateur, le graveur inscrit la mention *Font du Nil.*

D'un autre lac voisin, plus considérable encore, sortent le Zambèze, qui coule vers le Sud, le Zaïre ou Congo vers l'Ouest. Tout cela n'est pas si mal vu.

On dirait vraiment, à regarder cette carte, que les connaissances géographiques, en cette matière, ont reculé durant les deux derniers siècles, et que les gens du seizième siècle, les premiers voyageurs, Arabes ou Portugais, en savaient long sur tout ce qui a été « redécouvert » de notre temps par les Speke, les Grant et les Livingstone.

Ces vieux voyageurs et géographes étaient des gens très simples et qui n'avaient pas l'ombre de romantisme dans la cervelle. Les spectacles qui s'ouvraient devant eux les surprenaient, mais ne les agitaient pas. Ils trouvaient le monde vaste, profond et terrifiant, mais tout à fait naturel.

Ils eussent rencontré les fameux hommes sauvages des naturalistes anciens, ceux, par exemple, qui sont grands comme des montagnes et qui ont un œil au milieu du front : ils auraient vu sortir des forêts l'armée fameuse des hommes à queue hurlant et frappant des tambours que, Hannon, de loin, avait entendus sur les rivages ; ils auraient découvert, au creux d'un arbre, les pygmées dont on racontait les combats contre les cigognes, et que Stanley a retrouvés au cœur de la grande forêt, qu'ils se seraient bornés à donner, de tout cela, un compte rendu sincère, sans phrases, n'usant même qu'avec discrétion de l'exagération permise à tout homme qui vient de loin.

Les royaumes de Thunes et de Fez, ceux du Congo et ceux du Mozambique, la Barbarie et le royaume du Prêtre-Jean, tous ces pays étranges sont décrits par eux d'un ton bonhomme, avec un sérieux à la fois gobeur et froid. On sent bien que ces gens-là ont lu l'*Histoire naturelle* de Pline, et qu'ils y ont appris à ne s'étonner de rien.

Une belle gravure représente les « Arabes qui habitent le désert ». Ce sont nos modernes Touaregs. Ils sont, ma foi, tout pareils à ceux que l'on nous dépeint aujourd'hui. Ils portent le vaste chapeau ; ils ont la figure recouverte du voile noir ; le corps est drapé dans une même étoffe noire ; ils sont armés de la lance, de l'arc et de flèches ; ils sont montés sur des chameaux extrêmement bossus, ridés, velus, squameux.

Malgré tout, ces Africains ressemblent à des guerriers antiques ; leurs caractères distinctifs se remarquent à peine. Il en est de même des Arabes, des Cafres et des divers représentants des races autochtones. Tous ces noirs n'étaient guère autre chose aux yeux de nos pères que des paysans un peu rudes et au teint très foncé.

C'est ainsi que la description qu'ils donnent de Tombouctou, de cette ville que l'ignorance des siècles suivants a renfoncée dans le plus sombre « mystère », est tout à fait plaisante et agréable. Ce serait quelque ville d'Espagne récemment arrachée à la domination mauresque, qu'on n'en parlerait pas autrement ; d'ailleurs, ce sont les architectes espagnols qui venaient bâtir, jusqu'à cette extrémité du désert.

« Cette ville, dit le géographe, est proche d'un bras du fleuve Niger d'environ douze milles ; les maisons d'icelle sont de tortis plâtrés et couvertes de paille ; mais il y a un temple de pierre et chaux construit par un excellent maître de Grenade et, semblablement, un somptueux palais auquel loge le roi... »

Est-ce que cette courte phrase n'en dit pas long sur la rapidité et la facilité des communications entre ces pays transsahariens et le monde européen ? D'ailleurs, nous savons, maintenant, que Tombouctou était un lieu d'agrément pour les Marocains, les Tripolitains et autres riverains de la mer Méditerranée. Ils y allaient, comme nous allons sur la côte d'Azur, ou, si vous voulez, en Algérie, lorsque les froids sont venus.

On s'y trouvait si bien que beaucoup y prenaient femmes ou amies, et n'en revenaient pas. Ce sont là des faits notoires, et le vieux géographe ne les a pas ignorés, car il y fait allusion dans une phrase engageante :

« Les habitants de cette cité sont tous de plaisante nature, et, le plus souvent, s'en vont le soir jusqu'à une heure de nuit, dançans parmi la cité. »

Or, cette vie gaie, ouverte, cordiale, que tous les témoignages authentiques s'accordent à reconnaître à la « mystérieuse » Tombouctou, quelle joie de la retrouver décrite, expliquée, vivante, dans le livre d'un de nos contemporains, dessinée d'un crayon vif, tracée d'une plume alerte, photographiée à plein codak.

Et voilà justement la charmante et savoureuse impression qui se dégage du récit que M. Félix Dubois nous a donné de son voyage à Tombouctou, récit mi-grave et mi-plaisant, mi-historique et mi-légendaire, notes d'un voyage rapide, fait vite, raconté de même, en belle humeur et à l'emporte-pièce.

Passons sur les incidents de voyage, laissons l'amusante histoire des deux paysans d'Europe, sergent et sapeur du génie faisant fonction, l'un de chef de gare et l'autre d'agent du télégraphe, et qui, vivant seuls, isolés, perdus — et respectés — au milieu des populations nègres, passent leur temps à élever le jeune hippopotame *Bibi*, comme, chez eux, quelque part en Normandie ou en Champagne, ils élèveraient des lapins ; laissons l'histoire héroïque et si sobrement expliquée de la prise de Tombouctou, par une douzaine de fusiliers marins, et de la mort de ce pauvre colonel Bonnier ; passons ; allons au fond des choses.

Que se dégage-t-il de la lecture de ce livre, le premier qui, depuis Barth, nous apporte des renseignements exacts sur l'existence traditionnelle de la vieille cité africaine ? C'est tout d'abord que la vie y fut large, riche, prospère, cultivée. Quand les rois Longhoïs eurent conquis le haut Soudan, ils développèrent, à Tombouctou, une civilisation complète, avec tout ce que ce mot comporte d'activité dans le commerce, l'industrie, les sciences, les arts, la philosophie et les lettres.

Tombouctou rayonnait par l'autorité de ses sages et de ses écrivains sur toute l'Afrique occidentale. Ecoutez plutôt le joli dicton soudanais : « Le sel vient du Nord, l'or vient du Sud et l'argent du pays des blancs ; mais les paroles de Dieu, les choses saintes, les histoires savantes et les contes jolis, on ne les trouve qu'à Tombouctou. »

Par trois siècles de prospérité, Tombouctou a donné

la preuve que les Noirs sont capables de s'élever beaucoup plus haut qu'on ne le pense, même par leur effort propre et par leur développement naturel.

Tombouctou, en relation étroite avec le Nord Méditerranéen d'une part, avec le Soudan Nigérien d'autre part, est donc, si l'on en croit son histoire, appelé à devenir le centre d'une des dominations puissantes qui, dans un délai plus ou moins rapproché, se constitueront en Afrique.

La loi de cette grandeur passée et probablement de cette grandeur future, est formulée, d'ailleurs, dans une expression saisissante par M. Félix Dubois : *Tombouctou est juste à l'endroit où le chameau, venant du Nord, ne peut plus avancer, et au-delà duquel le bateau, venant du Sud, ne peut plus remonter.* Évidemment, le point de contact et le point de jonction sont là. Ce que le passé musulman a fait, l'avenir européen et français ne pourra-t-il le faire ?

Jetons les yeux sur une carte, non plus celle du bon Temporal, mais la carte de l'Afrique contemporaine, celle que nous avons vu se graver sous nos yeux et qui couvre ses plaines et ses déserts des traits innombrables ajoutés et surajoutés par les découvertes modernes.

L'Algérie au Nord, le Sénégal à l'Ouest, le lac Tchad à l'Est, le Dahomey et la Côte d'Ivoire au Sud, toutes ces colonies rayonnent autour de Tombouctou.

Tombouctou n'est pas seulement un centre de domination : c'est le centre de la domination française. Abritée par les déserts, par les cataractes du fleuve, par sa situation si fortement continentale ; entourée de populations douces, vaillantes et dociles, Tombouctou n'attend plus que les lignes télégraphiques, — et qui sait, peut-être les voies ferrées — la rattachant aux quatre points cardinaux, pour devenir le nœud indispensable des communications reliant tout notre empire africain.

Donc, le rôle que la ville de Tombouctou a joué dans le passé, elle peut le ressaisir si elle trouve, chez ses nouveaux maîtres, l'esprit d'initiative et l'esprit de suite qu'elle a rencontrés chez ses anciens dominateurs musulmans.

Actuellement, la paix est à peine établie que le commerce a repris, et M. Dubois l'évalue déjà à 20 millions. Aussi, pour lui et pour nos Tombouctiens, la question de l'avenir de la ville ne fait pas doute, et il écrit, traduisant une pensée commune : « Dans le lointain des temps futurs, je vois Tombouctou apparaître lettrée, riche, reine du Soudan, telle qu'elle se dessine dans le lointain des temps passés, telle que son panorama en donne l'illusion au voyageur des temps présents. »

C'est le cas de dire : Ainsi soit-il !

(1900).

V

AU SAHARA

M. Laferrière, gouverneur général de l'Algérie, a dit : « Le Touat devait tomber au moindre choc, comme un fruit mûr. » L'image est d'autant plus expressive que les oasis du Touat sont comme une grappe suspendue à la frontière algérienne du Sahara.

Les résultats d'une longue politique de patience, de persévérance et de prudence apparaissent en effet. Après de lentes préparations, les circonstances sont devenues favorables et au moindre choc, le fruit mûr est tombé.

Voilà des années et des années qu'on attendait cette heure. Personne n'avait de doute sur le succès final. Mais il fallait connaître à fond les données du problème ; il fallait dénouer, un à un, tous les fils qui le rattachaient à tant d'autres difficultés qui nous environnent sur cette terre mystérieuse ; il fallait proportionner l'effort au résultat ; il fallait éviter les contre-coups qu'une politique précipitée aurait pu avoir sur d'autres questions plus hautes.

C'est à ce travail d'étude, de déblaiement et de circonvallation qu'ont été consacrées les dernières années, et quand, une fois, la préparation a été achevée, quand les fossés de l'assiégeant ont été poussés jusqu'aux murailles de l'assiégé, l'assaut a pu, pour ainsi dire, être épargné. Quelques centaines d'hommes résolus accompagnant un paisible voyageur scientifique, ont fait capituler la citadelle du désert et ont planté, sur la Kasbah de l'oasis, l'étendard aux trois couleurs.

C'est M. Flamant et le capitaine Pein qui ont emporté l'honneur du coup décisif. Combien d'autres, avant eux, avaient entr'aperçu l'oasis d'In-Sallah au bout de leurs rêves, combien en avaient pris la route, combien avaient dû rebrousser chemin avant de l'atteindre et combien avaient péri dans la lutte que de nouvelles équipes engageaient et renouvelaient sans cesse à la poursuite du décevant mirage !

La conquête du Sahara est une des pages héroïques de l'histoire humaine ; c'est une des plus belles pages de notre histoire.

Elle commence avec la conquête de l'Algérie.

Même à l'heure actuelle, il n'est pas un voyageur traversant la colonie pacifiée et organisée, qui ne frémisse à l'idée du courage et de la résolution qu'il a fallu à nos premiers soldats pour quitter les bords de la mer et les vallées connues, et pour s'enfoncer, sac au dos, dans les immenses étendues qui s'ouvraient devant eux, en allant vers le Sud. Bientôt, c'était le mystère, les sables, la soif.

A peine a-t-on franchi les défilés de l'Ouarsenis, et s'est-on élevé sur les derniers contreforts de la montagne que les Arabes appellent l' « œil de l'Afrique », du haut de ce balcon splendide, si on jette, au soleil couchant, les derniers regards sur l'étendue infinie que les Hauts Plateaux déroulent vers le sud, cette angoisse, déjà, vous saisit.

J'ai vu, d'un de ces contreforts, au sud de Tiaret, les trois pyramides que le général de Justinien, le lieutenant de Bélisaire, l'eunuque Solomon, a fait élever, en souvenir de la campagne qu'il avait menée dans ces régions contre les tribus barbares révoltées. Il vint, vainquit les nomades, construisit ces étranges monuments (autels ou cénotaphes), inscrivit à leur sommet son nom et celui de l'empereur, comme un souvenir de gloire impérissable, et il s'en retourna précipitamment..

Il lui semblait, en effet, qu'il avait atteint le bout du monde et, qu'au delà, il n'y avait plus que cette plaine obscure, hostile au genre humain qu'emplissent seuls, dans la solitude infinie, les hurlements des monstres africains.

Et, aujourd'hui, cette région, si on la compare aux autres espaces que nous avons parcourus et occupés, paraît être la bordure de la mer. Le chemin de fer qui franchit en moins d'une journée la vallée sablonneuse et désolée de la Mina, trouve, à l'extrémité, des contrées en pleine culture et des villages riants qui, à une altitude de mille mètres, semblent appartenir à quelque coin prospère de notre vieille France. C'est au Sud, bien au Sud que s'étend le mystère, et il recule tous les jours.

On a, maintenant, des cartes complètes du Grand Désert. Il apparaît peuplé et presque fertile.

Des voyageurs nous en ont rapporté des tableaux idylliques. Le Père Richard parle en ces termes des terrains de parcours des Imanghassaten : « Je demeurai émerveillé, dit-il, du spectacle qui s'offrit à mes yeux : de grands arbres, des prairies immenses et verdoyantes, de nombreux troupeaux de chameaux et de moutons dispersés çà et là ; ce n'était plus le désert, c'était la fécondité ! »

On a de ces surprises dans le Sahara. Il ne faut pas croire cependant qu'elles y soient fréquentes. Par sa configuration géographique vraiment extraordinaire, avec ses fleuves sans écoulement, avec ses cours d'eaux et ses lacs parfois à fleur de sable et parfois souterrains, avec ses contreforts qui s'élèvent, s'abaissent et se relèvent plusieurs fois, depuis le Djebel Amour qui le borde comme un rivage jusqu'au lac Tchad qu'il surplombe comme une muraille, avec le dos d'âne qu'il fait vers son milieu, avec ses thalwegs desséchés où de rares puits indiquent la présence de l'eau latente, le Sahara n'en reste pas moins l'immense mer de sables qu'ont décrite les anciens géographes.

Cette mer aux vagues agitées offre encore les phénomènes étranges tels qu'ils ont été racontés : elle impose encore aux yeux ravis et inquiets la déception mouvante du mirage ; elle ménage et gradue savamment toutes les tortures de la soif ; et, parfois, on entend, au déclin du jour, sur son étendue sans bornes, l'étrange orchestre des « Sables sonores », chantant comme les sirènes de l'autre Océan : « Quand les dunes de sable sont traversées par une caravane, dit Oskar Lenz, il s'y produit un déplacement de petits grains de sable fluides et musicaux. Ce mouvement, limité d'abord à une très faible étendue, occupe bientôt un espace de plus en plus grand et s'étend comme une avalanche sur toute la pente de la colline. Alors, il naît, du déplacement de tous ces grains imperceptibles, un son qui grandit peu à peu et qui devient un chant immense d'une intensité et d'un effet extraordinaires ».

Mais le pire des dangers que court le voyageur ne vient ni du sol, ni du ciel, ni de l'isolement ; il vient de l'homme et c'est là que la piraterie, délogée des côtes barbaresques, s'est peu à peu réfugiée.

Le Targui, le descendant des Berbères que les races conquérantes ont refoulé, s'est enveloppé la figure du voile noir, s'est drapé dans son ample vêtement, s'est armé du fusil et de la lance, et haut monté sur le mehari dont il a fait un admirable coursier, il parcourt l'espace et fond sur les caravanes qui vont et viennent du Soudan à la mer et de la mer au Soudan.

Au centre du Sahara, il a ses points de concentration ; il guette Tombouctou, Ghadamès, Rhat, les oasis de l'Est et de l'Ouest ; mais son vrai domaine est le désert. Avant tout, il est ivre d'indépendance. Un des chefs, neveu et héritier de cet Ikhenoukhen qui fut l'ami du grand explorateur Duveyrier, et qui signa l'arrangement de Ghadamès, disait encore récemment à M. Gaston Méry : « Venez en paix ; vous retournerez en paix. Vos marchands seront traités, Français ou musulmans, tout comme ceux de Tripoli. Ils n'auront rien à craindre pour leur tête ni pour leurs marchandises. La paix dans le cœur, vous trouverez ici la paix... mais pas de soldats ; ils viendraient deux, puis dix, puis cent. Nous ne voulons pas être esclaves ».

Voilà le fier langage que tiennent nos amis. Mais nos adversaires ne disent rien : ils attendent l'heure et tombent sur les missions pacifiques et militaires. L'histoire de l'exploration du Sahara est un long martyrologe. Fournaux-Dupéré et mademoiselle Tinné, les Pères Paulmier, Chénaret et Bouchand, Von Bary, Palat et Camille Douls, les Pères Richard, Morat et Pouplard et, surtout, la deuxième mission Flatters, ont jalonné de leurs cadavres la route de notre pénétration.

On recommençait toujours, et toujours les efforts étaient vains.

Les rares voyageurs qui ont franchi le désert n'y ont guère laissé qu'un sillage refermé derrière eux dès qu'ils avaient passé.

Il a fallu l'extraordinaire expérience et le courage inébranlable de Foureau et de Lamy pour réussir là où tant d'autres avaient échoué.

On ne pouvait pourtant laisser la question indéfiniment ouverte. La répercussion de nos échecs produisait, en Algérie, une sorte d'hésitation et d'attente parmi les tribus du Sud. Il semblait qu'il soufflât toujours, de là-bas, un vent de révolte et de désaffection, ou du moins je ne sais quelle espérance vague pour les insoumis et les dissidents.

Quelles trames se nouaient dans ces régions insondables? Quels conseils intéressés et insensés circulaient de bouche en bouche et se répandaient comme une traînée de poudre d'un bout à l'autre du désert? On devinait, on entrevoyait vaguement; et puis, tout à coup, on était réveillé par quelque catastrophe, comme la destruction de la mission Flatters ou de la colonne Bonnier.

Il fallait en finir. Mais comment? Une expédition pouvait être dangereuse et sanglante, si loin de nos bases d'opération. Il convenait donc, tout d'abord, de rapprocher insensiblement notre tête de ligne. Il fallait porter aussi loin que possible nos avant-postes et nos dépôts d'approvisionnements : c'était un premier devoir.

Il fallait, en outre, isoler le problème et cerner l'ennemi, pour lui faire comprendre que, de quel côté que ce fût, tout espoir de secours lui était interdit. Le premier point était du ressort de l'administration algérienne et de l'administration coloniale. La seconde partie de la tâche appartenait surtout à la diplomatie.

L'une et l'autre, sans se laisser ébranler ni par les

surprises soudaines ni par les impatiences irréfléchies, ont poursuivi simultanément et graduellement leur œuvre commune. Le point visé était évidemment In-Salah. C'était l'étape maîtresse, le nœud du Sahara central.

« L'oasis est à mi-chemin de la côte méditerranéenne et du Niger. Du haut de la Kasbah d'In-Salah, l'occupation française, comme une vigie, guette au loin et domine le désert. C'est vers In-Salah que se dirige la voie ferrée du Sud-Oranais : elle s'avança d'abord jusqu'à Aïn-Sefra, puis, par une seconde étape, jusqu'à Djenien-Bouresq. Elle projette en avant les deux forts de Mac-Mahon et de Miribel, installés au Gourara et qui permettent d'entrer en relations avec les Ouled-Sidi-Cheick d'abord, puis avec les Chambâa.

Au Sud, après les brillantes campagnes des Faidherbe, des Borgnis-Desbordes, des Archinard, la voie du Niger est déblayée et, bientôt, Tombouctou est occupée. Il ne s'agit plus seulement d'explorations géographiques ou de voyages rapides ; ce sont maintenant des installations durables et qui ne laissent aucun doute sur nos intentions.

Par ailleurs, toute une œuvre parallèle se poursuit, et l'Europe apprend, par une série de négociations entamées et de conventions conclues, ce que les faits se chargent d'apprendre, d'autre part, aux populations africaines, à savoir que la France entend être maîtresse des régions qui réunissent ses possessions méditerranéennes au Sénégal, au Soudan, au lac Tchad. Depuis le traité de 1898, le principe est consacré ; chaque résultat obtenu, dès lors, est un empire nouveau.

On connaîtra un jour les difficultés de toute nature auxquelles ou se heurtait. On s'étonnera des résistances imprévues que notre action pouvait rencontrer. On saura à quel point il importait d'agir promptement sur tous les points de l'immense circonférence réservée à nos efforts, en Guinée, à la côte d'Or, au Niger, au lac Tchad, au Congo, au Bahr-El-Ghazal, partout à la fois, si nous ne voulions pas être bloqués ou coupés par la savante pénétration de nos rivaux.

Mais, du moins, on avait le sentiment qu'une fois le cercle achevé et la délimitation générale solidement établie, le centre et le nœud, c'est-à-dire le Touat, « tomberait comme un fruit mûr ».

Ce fruit est tombé. Il faut maintenant achever la récolte. Déjà, le coup d'In-Rhar succédant au coup d'In-Salah, indique à quelles intrigues nous avions à faire. Il est bien inutile de laisser s'en reformer d'autres.

In-Salah est en grand'garde au centre du désert; il faut couvrir ses communications et assurer ses derrières. Partout où les conventions diplomatiques nous permettent d'agir, nous devons le faire sans hésiter.

Il y a quelque temps déjà que les problèmes européens en corrélation avec ces questions sont résolus. Nos droits sont reconnus; notre action légitime et pacifique ne peut soulver d'objections.

Un effort décisif, achevant ce que nous avons préparé à l'ouest du Gourara, couronnera l'œuvre persévéramment poursuivie depuis si longtemps. Vraiment, le général de Galliffet a de la chance; il retrouve, après vingt-huit ans, au ministère de la Guerre, un regain des lauriers cueillis par lui, en 1872, à El-Goléa.

(1900).

VI

DANS LE SUD

En laissant à l'initiative privée sa part, sa large part, la métropole et le gouvernement ont, en Algérie, une triple tâche : veiller à l'union, au profit de la France, des divers éléments rassemblés sur cette terre : c'est une œuvre de politique intérieure ; assurer le rayonnement sur le continent africain de notre puissante colonie de l'Afrique mineure : c'est une œuvre de politique extérieure ; aider, enfin, au développement intime de la colonie elle-même, à sa prospérité économique et, ainsi, achever sa puissance et sa grandeur.

De ces obligations supérieures, dérivent une foule de devoirs particuliers : les problèmes et les solutions se pressent dans l'esprit et s'y heurtent même confusément. La politique algérienne est variable et violente comme le climat. Au milieu de cette tempête constante, il faut de la poigne et de la tête pour tenir droit le timon.

Voilà ce qu'il faut répéter constamment à la France : il faut lui dire sans cesse la multiplicité des devoirs qu'elle a assumés du fait qu'elle est reine de ce magnifique domaine. Il faut lui dire que l'ère des sacrifices n'est pas close, si l'heure des satisfactions est déjà venue.

Quant à esquisser seulement, ici, un résumé des questions qui, là-bas, agitent tous les esprits, il n'y faut pas songer. Chaque difficulté vient en son temps; et, la plus brûlante de toutes les questions, celle de l'expansion vers l'Ouest, le Maroc, n'est pas de celles qu'on aborde sans y avoir mûrement réfléchi.

Mais ce qui paraît évident, si peu que l'on séjourne en Algérie, c'est que le grand ouvrier de ces diverses tâches, le collaborateur le plus puissant de la civilisation, le conquérant, le pacificateur par excellence, c'est le chemin de fer. Par le chemin de fer, on assurera tout à la fois l'ordre, la richesse et la pénétration.

Toutes les questions algériennes se perdent dans la question des chemins de fer, comme les fleuves dans la mer.

Si, du jour au lendemain, cette terre était couverte du réseau qu'il est facile de rêver, elle serait transformée comme par un coup de baguette : elle ferait de la France non seulement une « plus grande France », mais « une plus belle France ».

Des terres admirables sont encore désertes : c'est que le travail humain ne saurait les aborder; des récoltes magnifiques ne se vendent pas : c'est que les conditions du transport sont mal établies, ou insuffisamment assurées; des richesses immenses qui résident sous ce sol sont ignorées : c'est que l'homme n'est pas mis à pied d'œuvre.

Si une sorte d'inquiétude règne encore sur certaines provinces, c'est que la circulation des troupes n'y est pas rendue plus facile : la gare supprime le fort, voilà la grande théorie de l'occupation algérienne.

Et cette théorie pourrait s'étendre plus loin et s'appliquer à d'autres problèmes plus larges et plus complexes. Dans l'état actuel du monde, l'avenir est à ceux qui n'hésiteront pas à prélever, sur le travail accumulé, les moyens de développer au centuple le travail futur.

Allons sur les lieux ; allons jusqu'au dernier kilomètre posé, et puis, au delà encore, sur le tracé des kilomètres que l'on posera demain : c'est là que nous saisirons la puissance de l'outil moderne et que nous verrons véritablement l'histoire en marche.

La grande ligne de pénétration vers le Sud, celle que l'on considère désormais, avec la rapidité des conceptions et des imaginations algériennes, comme l'amorce du transsaharien, commence à Perrégaux. Longtemps, elle s'est arrêtée à Aïn-Sefra ; mais, par un élan récent, elle s'est portée, subitement, jusque vers les oasis du Sud, jusqu'à Figuig.

C'est donc là, à ce point précis, à Beni-Youniff, que se produit le contact entre la domination française et l'Afrique mystérieuse. Suivons la voie ferrée jusqu'à Beni-Youniff. Ce n'est rien, un peu moins de 1.200 kilomètres, aller et retour, que nous pouvons franchir en quelques jours.

La Compagnie franco-algérienne est placée, actuellement, sous la régie de l'Etat. La complaisance inépuisable de M. de Malherbe me donne pour compagnon de route le directeur de l'exploitation, M. Rouzeau.

C'est un homme solide et carré par la base ; colon, fils de colon, avec sa décision, sa clarté, sa lucidité active, il est, comme on dit, « représentatif ». Ce n'est pas un latiniste, ah non ! mais il a reçu une forte instruction pratique ; son esprit est ouvert à toutes les questions. Il connaît, naturellement, « sa » ligne sur le bout du doigt.

Il dirait le nom de tous les propriétaires qui sont échelonnés sur la route et le tonnage exact des marchandises livrées par chacun d'eux au trafic du chemin de fer. D'ailleurs, il adore « sa » ligne ; il l'a vue naître ; il la voit grandir selon ses prévisions. Sa confiance est entière, franche et saine. Ces hommes d'action sont de fameux optimistes. Avec lui, si longue que soit la route, on ne s'ennuiera pas.

Si je voulais recueillir la masse de faits précis, d'observations piquantes, d'exemples probants qui surgissent durant ce voyage, — si long et si court, — où j'ai indéfiniment devant moi la ligne de fer s'enfonçant comme une flèche sur le plateau nu, vers le désert, vers l'infini,... il faudrait m'arrêter à toutes les stations. Mais nous devons marcher, marcher à toute vapeur, puisque le but est plus passionnant encore que la route et que, là-bas, les dates sont prises et que l'on nous attend.

Nous arrivons à Aïn-Sefra, vers deux heures du matin. Le ciel est couvert, le vent fort, « il a grêlé, hier ». Au mois de mai ! Cette première nouvelle, reçue à la gare, me refroidit, si j'ose dire. Ce n'est pas comme cela que j'avais rêvé mon entrée dans les pays chauds.

Le lendemain, on se rattrape ; — la visite rapide du camp, du marché arabe, du Cercle militaire, et surtout de la dune mouvante qui menace sans cesse la petite ville déjà florissante, au pied de ses belles casernes à arcades mauresques, et parmi les plantations encore frêles, cette visite me réconcilie avec le soleil. On peut, désormais, dire adieu aux pardessus et aux couvertures. Les gens sages, cependant me disent : « Attendez ! »

Le lendemain encore, à la première heure, départ pour le Sud.

Le général Cauchemez veut bien nous accompagner. Il a son Algérie du Sud sur le bout du doigt. Comme c'est un homme réfléchi et simple, il la dit gravement, sans éclat de voix, sans parti pris et sans avoir l'air d'y toucher, et je ne sais pas de façon plus savoureuse d'exposer ces choses complexes où le fait prime tout et tient en échec les théories.

Nous voici à Djenien Bouresq. Depuis longtemps, tous ces petits centres, que la ligne crée au fur et à mesure qu'elle s'enfonce vers le sud, se ressemblent : c'est toujours la gare carrée, entourée d'une palissade ou d'un mur percé de meurtrières, ramassant tous les bâtiments autour de sa cour intérieure, au pied de la tour massive où veille un mirador de fer.

Généralement, sous son aile, la première plantation commence ; non loin, un bataillon de légion étrangère est campé sous la tente ; déjà, les premières boutiques des mercantis s'élèvent et les marchands de goutte, ouvrant le premier comptoir, font de la civilisation à leur manière.

A deux pas de la gare, la solitude sèche ; cependant, on voit, de temps à autre, sur les pistes qui se perdent vers l'intérieur ou le long de la route, qui a précédé la voie ferrée, une troupe d'arabes à bourricots, ou une longue caravane de chameaux qui viennent apporter à la gare les provisions ou les récoltes de la contrée.

M. Rouzeau ne se tient pas de joie. « Voyez ; à peine installés, partout le commerce s'amorce. Il y a toujours quelque chose à prendre ; quand ce n'est plus la vigne, ce sont les céréales, quand ce ne sont plus les céréales, c'est l'alfa. Les mauvaises herbes même, dans ce pays, ont leur utilité. Notre chiendent est d'un grand profit. On fait du crin végétal avec cette peste, le palmier nain ; voilà une autre peste, elle est excellente pour les balais de crin et nous concurrençons l'Italie.

« D'ailleurs, les chiffres parlent. Sur la ligne d'Aïn-Sefra à Duveyrier, ouverte au service de l'exploitation depuis le mois d'octobre dernier, les recettes s'élèvent, fin mars, à 166.000 francs, et les dépenses à 115.000 francs, soit un excédent de recettes sur les dépenses de 51.000 francs environ. Le trafic de cette ligne comprend : commerce, 90.000 francs ; transports militaires, 25.000 francs ; transports pour la construction, 46.000 francs. »

Il y a bien à dire, sinon sur ces chiffres qui sont exacts, du moins sur leur interprétation. Cependant, il faut se rendre quand l'habile directeur nous explique la sagesse des conditions d'exploitation, les frais de construction étant, d'ailleurs, réduits au minimum et ne dépassant guère, depuis Aïn-Sefra, 50.000 francs au kilomètre, et quand, enfin, il nous donne, d'un air triomphant, sa conclusion sur l'ensemble du réseau : « En 1901, les excédents de recettes sur les dépenses du réseau franco-algérien racheté par l'Etat et exploité par lui se sont élevés à 1.050.000 francs, au lieu de 52.000 francs lorsque ce réseau était exploité par la Compagnie Algérienne. »

Tout en causant et en discutant, nous avons gagné Duveyrier. Nous sommes à 140 kilomètres d'Aïn-Sefra. Le centre se crée, ici aussi, avec sa gare, ses premières plantations, son camp de légionnaires, et l'approche, hésitante encore, des premiers mercantis.

Mais le pays est en constante alerte. Derrière ces montagnes noires qui encombrent l'horizon, c'est le Maroc. A quelques centaines de mètres de la gare, sur une hauteur de sable, dans un coin entouré de murs, voilà la tombe récente de deux capitaines, Gratien et de Cressin, tués, récemment, dans des conditions mystérieuses, au cours d'une promenade dans la montagne. Leur sang a marqué ce nouveau progrès de la marche vers le Sud. D'une colline qui domine le cimetière et, au loin, la plaine, on voit Figuig, on voit le Sud infini. Allons !

Tout est prêt, chevaux et mulets. Une escorte de spahis nous accompagne, et nous couvre, en quelque sorte, du côté d'où on sait que viennent les maraudeurs et les coups de fusil.

Le développement que fait notre troupe est animé, pittoresque, semant la plaine de l'aquarelle des uniformes avec la longue cavalcade des chevaux arabes piaffant sous l'éperon et le mors.

Sur l'horizon, c'est la montagne inquiétante qui recèle les tribus hostiles. Au pied de cette montagne, à droite, dans l'échancrure de deux collines qui s'ouvre comme une baie immense, on voit, endormie et silencieuse, sous ses palmiers, Figuig.

Nous marchons sur une plaine absolument nue; le sol est craquelé, fendillé comme s'il venait de pleuvoir, et pourtant, il y a des mois, des années qu'il n'est pas tombé une goutte d'eau. L'atmosphère est lourde, étouffante, quoique remuée parfois par un tourbillon de vent chaud. Et on dit, autour de nous: « Quelle belle journée ! »

Une vibration constante de la lumière nous environne. Les contours des objets sont enveloppés de cette buée lumineuse. Le ciel est d'une pureté délicate et opaline, et non crue et dure. Plus nous avançons, plus la montagne nous étouffe avec sa muraille noire, aride, affreuse, infernale, — comme s'il fallait bientôt « laisser toute espérance ».

Mais la plaine, sous nos pieds, est tout aussi terrible. Elle est hostile par sa dureté nue, par sa monotonie cruelle et par cette malédiction qui l'a frappée.

Du sable, du grès, du grès, du sable, rien autre chose. Le grès s'effrite et devient sable. Le sable s'agglomère et redevient grès.

Il s'envole en tourbillons légers, mord les yeux, emplit l'atmosphère, pénètre partout, craque aux dents ; il retombe, s'amoncelle, devient dune et se remet à rouler dans un perpétuel et inutile mouvement. Il va, vient, se déplace, s'étale, se meut par masses énormes ou en imperceptible poussière.

Le soleil ardent le chauffe, le cuisine et le triture dans la cuvette qui est comme un immense creuset. Le miroir de sable jaune reflète la splendeur solaire jaune, et tout vibre ensemble, en un perpétuel rayonnement.

Sauf au fond de l'Oued qui nous accompagne d'une mince ligne verte, la végétation est nulle. L'alfa même a disparu. Parfois le pied des chevaux heurte une de ces touffes bizarres qui semblent des éponges, d'un vert si pâle et comme exsangue, que nos soldats nomment des choux-fleurs. Triste plante qui habite les derniers des derniers parmi les terrains. Quand il n'y a plus celle-là, sur le sol, il n'y a plus rien.

Un rare oiseau, une sorte d'alouette blanche et jaune, au vol prompt, se laisse approcher, tandis que, dans le ciel, nous sommes suivis par le vol circulaire d'un vautour, d'un « charognard » qui attend de se poser sur la carcasse d'un chameau.

Par ce sol à la fois doux et raboteux, toujours de grès et toujours de sable, fendillé et crevassé, dans son éternel rictus de désespérance, nous arrivons à l'oasis qui est à l'extrême pointe vers le Sud et vers Figuig. La palmeraie appartient, d'ailleurs, aux gens de l'oasis. C'est Beni-Youniff.

Partis à cinq heures du matin, nous avons faim depuis longtemps. Les officiers du camp nous reçoivent sous la tente avec une bonne grâce et une bonne humeur inappréciables. Quelle heure savoureuse que cette halte si loin de ce qui tient à l'âme de chacun de nous, mais si près de ce qui occupe si fortement, ici, toutes les intelligences, tous les courages!

Autour de la tente, tendue en tapis marocains, sont éparses les ruines naissantes de la ville future, jardin déjà préparé, plantations déjà vertes, redoute et caserne en construction. Sur une hauteur, sont ramassées, blanches et rondes comme des ruches, les tentes des légionnaires. Une animation populeuse et variée, une sorte de foire improvisée anime ce sol âpre, et déjà un afflux de gens venus d'on ne sait où, qui ont, dans leur regard voilé, de la curiosité, de la résignation plutôt que de la haine.

M. Rouzeau les couve des yeux : « Ça marche, ça marche, dit-il. Ils y viendront comme les autres. » C'est des gens de Figuig qu'il parle ainsi, escomptant déjà le trafic de la belle oasis.

Pour corser le spectacle, le commissaire marocain que, d'après les conventions récentes, nous avons imposé à Figuig, s'ennuyant d'être sans nouvelles et n'aimant guère le pays inconnu où, à sa grande surprise, on l'a installé en maître, aussi peu rassuré sur son autorité que sur sa sécurité, vient rendre visite à son « collègue », le commissaire français.

Il arrive, escorté d'une garde assez comique de ces soldats marocains qu'on a recrutés de bric et de broc et qui défilent un à un dans leurs uniformes bleus et groseille, déjà dépenaillés... Comme le « collègue » est occupé, le commissaire marocain s'en retourne, l'air penaud, suivi de ses nègres groseille, à la file indienne, sous le dur soleil de midi.

J'ai justement, pour voisin de table, le commissaire français à Figuig, le capitaine Ducloux. D'après les arrangements, il doit résider dans l'oasis; mais ses chefs, avec une grande sagesse, le gardent au camp pour éviter un malheur qui, de toutes parts, paraît menaçant. Ces jours derniers, on blessait un spahi et on tuait un ouvrier sur les chantiers.

Cependant, le capitaine va à Figuig tous les deux jours. Il s'y rend seul avec ses deux spahis, aussi tranquillement que si la mort ne rôdait pas autour de lui braquée derrière les murailles en pisé du *Ksour* silencieux.

Ce héros simple et sans phrase, comme on en compte tant dans ces postes du Sud, est un homme jeune, doux, gai, qui se prête volontiers à nos questions et rit de bon cœur aux saillies de mon camarade de route, tout en gardant ce fond de sérieux froid qui est le propre des hommes chargés de responsabilités lourdes. Il espère, selon son dire, que les choses s'arrangeront, que le temps aidera les bonnes volontés. Mais ses camarades sont moins affirmatifs, et, ayant des responsabilités moins directes, sur une question précise, ils se dérobent.

Au retour, nous approchons plus près encore de Figuig. Toujours protégés, à deux cents mètres de distance, par le cordon de cavalerie, nous dépassons la kouba où Bou-Amama avait, d'après lui, ses ancêtres et où il venait faire sa prière tous les vendredis.

Maintenant, il a levé le camp, et il « nomadise » quelque part dans l'Ouest, à la tête, dit-on, de près d'un millier d'hommes, et il est, probablement, l'instigateur secret de toutes les agitations qui se propagent contre nous dans la montagne louche, la montagne aux deux fronts, au pied de laquelle s'étend Figuig, et qui nous enveloppe, à trois kilomètres, de sa farouche étreinte.

Au moment de quitter Beni-Youniff, on nous conduit à la limite extrême de la voie ferrée. Là, devant nous, le bataillon des chemins de fer du génie, commandé par mon camarade de collège Fouquard (comme on se rencontre !) pose le rail qui s'avance à vue d'œil.

Il va vers le Sud, portant avec lui son progrès et sa force. En suivant du regard la direction des jalons et des poteaux déjà plantés, je vois, une dernière fois, s'ouvrant entre les deux montagnes, l'étendue immense, le désert qui va jusqu'à Tombouctou, faut-il dire l'Avenir ?

(1902).

VII

LE TRANSSAHARIEN

L'avenir est-il du côté de Tombouctou, — ou plutôt, — n'exagérons rien, — y a-t-il un certain avenir du côté de Tombouctou ? En un mot, construira-t-on le Transsaharien ?

J'ai fait partie, il y a une douzaine d'années, d'une commission réunie par M. de Freycinet, et où la question du Transsaharien fut, pour la première fois, officiellement posée et étudiée.

C'était au temps où on commençait à s'occuper des questions coloniales. M. Etienne était, si je ne me trompe, sous-secrétaire d'État. Il avait institué « un conseil consultatif des colonies » qui eut de nombreuses et utiles séances. Souvent, Jules Ferry y prit la parole avec cette autorité et cette clairvoyance qui faisaient de lui un maître, alors même qu'il paraissait, pour toujours, éloigné des affaires.

C'est là aussi que M. Paul Révoil fit ses premières armes et il rédigea, en qualité de secrétaire de la commission, des rapports qui, dès lors, attirèrent sur lui l'attention. Donc, en ce temps-là, les questions coloniales étaient traitées et délibérées, devant le public, par les hommes compétents. Et c'est ainsi que le ministère voulut se faire une opinion sur la question du Transsaharien.

La commission était présidée, bien entendu, par M. Picard. Elle réunissait toutes les notoriétés en matières africaines. J'ai connu là le doyen et le maître des études sahariennes, l'illustre Duveyrier, qui, après une carrière toute d'études, de dévouement et d'héroïsme, a, de lui-même, dit adieu à la vie, comme s'il la trouvait inutile, du jour où elle n'était plus un service ou un sacrifice.

Les délibérations furent longues, précises, mûries. On trouvera, un jour, dans quelque coin, les procès-verbaux des séances de la commission et le rapport final qui concluait — comme tous les rapports de commission — dans le sens de l'expectative, en invitant, cependant, le gouvernement à pousser vers le Sud les amorces du futur chemin de fer transafricain.

La plupart des objections que l'on faisait alors à l'exécution d'un si vaste projet ont toujours leur force, puisqu'elles tiennent surtout aux difficultés de la nature. Mais, il faut reconnaître que plusieurs d'entre elles se sont singulièrement affaiblies.

On était effrayé, d'abord, par la distance. Or, les travaux entrepris par Cecil Rhodes dans l'Afrique du Sud, par l'armée d'occupation anglaise vers Khartoum, par les Russes en Asie, — soit transcaspien, soit transsibérien, — ont fourni, depuis lors, des exemples concluants. Ces lignes « couvrent », comme on dit, des distances infiniment plus considérables que celles qui séparent les postes Sud de l'Algérie des frontières de notre colonie du Soudan.

Elles franchissent des espaces aussi vastes et aussi dénudés, et on commence à comprendre que, pour le problème du chemin de fer, la distance, au lieu d'être une objection, est, au contraire un argument. La distance, en effet, est un obstacle invincible à la domination et à l'occupation, si elle n'est pas vaincue par la voie ferrée.

Il faut ajouter qu'à cette époque nous n'avions pas les mêmes raisons qu'aujourd'hui de jeter les yeux, si j'ose dire, au-dessus de la grande zone désertique. Nos établissements du Sénégal, du Niger, de la Côte d'Ivoire, du Dahomey, du lac Tchad n'existaient pas ou n'étaient qu'à l'état embyronnaire. Maintenant, ils ont été développés et réunis les uns aux autres par la série des conventions achevée en 1898, et ils ont été rattachés, en même temps, à nos possessions du Congo. Depuis Alger jusqu'à Brazzaville, nous sommes chez nous.

Sur ce vaste espace il y a, il est vrai, du bon et du mauvais; il y a même de l'excellent. D'ailleurs, ceux qui savent l'histoire, n'ignorent pas que « tant vaut l'homme tant vaut la terre ».

Des civilisations puissantes ont prospéré dans des régions qui sont, aujourd'hui, des déserts et j'affirme, parce que je le sais, que la France de Henri IV avec la Sologne, les Landes, la Champagne Pouilleuse, les Dombes, avec ses marécages, ses fleuves débordants, ses montagnes inhabitées et ses forêts immenses, impénétrables et inexploitables, était un très mauvais pays, uniquement devenu « bon » par la volonté et l'énergie des races qui l'ont, peu à peu, assaini et aménagé.

On se heurta aussi, dans la commission, à une difficulté qui parut alors insurmontable, parce qu'elle touchait à des passions et à des intérêts : c'est la rivalité entre les divers tracés.

Sans entrer dans les détails, il suffit de rappeler que trois projets sont en présence : le projet le plus oriental ou projet tunisien, par Bizerte, Bougrara, Ghadamès, Rhat, Bilma, le lac Tchad, prolongé au besoin par la Sangha, sur le Congo.

Ce projet, qui n'existait alors qu'à l'état d'indication vague, a pris, il faut le reconnaître, une grande importance depuis que la Tunisie a recouvré sa liberté commerciale, depuis que nos possessions soudanaises sont réunies, non seulement à l'Algérie, mais au Congo, et et surtout depuis que la rive orientale du lac Tchad, placée dans notre domaine, établit seule la communication, en territoire français, entre nos possessions de l'Afrique septentrionale et celles de l'Afrique centrale.

S'il s'agissait de construire, d'ores et déjà, un « transafricain », le véritable tracé serait peut-être celui-ci. Il est vrai qu'il est le plus vaste et le plus onéreux de tous, mais il présente l'avantage considérable de relier, du même coup, toutes nos possessions africaines. En outre, il a un port d'attache excellent, à Bougrara, au point où la mer pénètre le plus près du centre de l'Afrique ; et son autre terminus, sur la Méditerranée, est notre grand port militaire de Bizerte ; enfin, sa construction supprimerait toute concurrence, toute rivalité politique et commerciale venant de l'Est vers le centre de l'Afrique.

Je n'insiste pas sur les objections. Il en est d'ordre politique. Mais, il faut reconnaître qu'avant de prendre un parti entre les divers tracés proposés, le projet Bizerte-Bougrara-Tchad-Congo, développé notamment par M. Bonnard, devrait être mûrement étudié.

Un autre projet pour lequel des études très sérieuses, très utiles, ont été accumulées est connu sous le nom de son principal défenseur, M. G. Rolland. Il remonte à 1890. Le tracé a pour point de départ Biskra ; il se prolonge par Ouargla, Aïn-Guid, Assiout, et va au lac Tchad jusqu'à Kouka, se tenant, sur tout son parcours, en territoire français. Il est d'une utilité incontestable : en suivant la voie traditionnelle des caravanes, il ramasse la meilleure partie du trafic transsaharien, sans négliger celui du sel qui, si l'on en croit certains calculs, suffirait pour faire face aux frais d'exploitation de la ligne.

Enfin, le troisième tracé, le transsaharien proprement dit, relie nos postes du Sud Oranais à la capitale ancienne et probablement future du Soudan français, c'est-à-dire Tombouctou. Ce projet présente, vers l'Ouest, les mêmes avantages que le projet Bougrara-Tchad offre vers l'Est. Il assure et délimite nettement, une fois pour toutes, notre domination. Il devient, ainsi, un précieux auxiliaire de notre politique. En outre, il rencontre, sur son parcours, ces riches oasis du Touat qui forment certainement la partie la plus précieuse de l'étendue saharienne. Autre avantage considérable : il rejoint, par les voies les plus courtes, le Sénégal à l'Algérie.

Enfin, deux raisons qui, à l'heure présente, paraissent presque décisives, lui donnent une supériorité incontestable ; d'une part, il est le prolongement naturel d'une ligne déjà construite sur une longueur de près de 600 kilomètres, et d'autre part, il est, de beaucoup, le plus court de tous les tracés et le moins onéreux, puisqu'il ne resterait à construire désormais, pour atteindre Tombouctou, que 1.000 ou 1.200 kilomètres environ.

Rien que par cet exposé, on voit que la question des tracés s'est peu à peu ventilée. Le véritable débat s'engage désormais entre le « Transafricain », Bizerte-Brazzaville, et le « Transsaharien », Duveyrier-Tombouctou. La commission de 1890 a posé la question un peu prématurément, peut-être ; mais les faits accomplis depuis lors permettent de l'aborder désormais avec des raisons d'agir et des moyens d'investigation nouveaux.

Le vingtième Congrès de géographie tenu à Alger a fait, de cette question, l'objet principal de ses études. Le succès de la mission Foureau-Lamy et de la mission Flamant a réparé, jusqu'à un certain point, l'échec, à jamais déplorable, de la mission Flatters. Du côté de la Tripolitaine, du côté du Wadaï, du côté du Maroc, des événements nouveaux paraissent sur le point de s'accomplir. L'heure est donc propice pour que la question soit reprise et vidée une fois pour toutes. Pour répéter la phrase de M. le président de la Chambre de commerce d'Alger : « Il est temps que l'on soit délivré de l'obsession du Transsaharien ».

Quel que soit le parti que l'on adopte, une solution, fût-elle négative, sera préférable à l'état d'inaction et d'indécision où l'on se tient volontairement. Le temps marche. Il travaille contre nous.

Nous avons été les premiers occupants. Longtemps isolés en terre d'Afrique et maîtres d'y travailler à notre guise, nous avons amené nous-mêmes, sur le terrain, des concurrents qui, demain, seront des rivaux. Sachons, du moins, ce que nous voulons : une fois un parti adopté, nous verrons si la France ne peut pas, comme l'Angleterre et la Russie, exécuter ce qu'elle aura résolu.

Je veux dire un mot, en terminant, de la grande objection que soulève le projet en lui-même, quel que soit, d'ailleurs, le tracé ; il s'agit, comme on le pense, du point de vue économique et financier. La dépense est immense, dit-on, et la rémunération sera nulle. Le trafic du désert, quelle plaisanterie ! Cinq ou six millions tout au plus par an. Et le transport à de telles distances, même s'il s'agit du sel, ne produira que de minimes bénéfices. Des voyageurs? qui donc? Les Touaregs. Les relations, entre le Sénégal et l'Algérie ? Elles n'existent pas et la création du chemin de fer elle-même ne les développera pas.

Précisons. Le trafic du désert, il est vrai, c'est bien peu de chose. Attendre, du futur chemin de fer, une rémunération prochaine du coût de premier établissement et des frais d'exploitation, cela paraît un rêve.

Mais ce point de vue n'est pas le seul. Que le désert ne *paye* pas, d'accord. Mais qu'est-ce que le désert ? c'est un obstacle; c'est une séparation. Prétendre lui demander une rémunération, c'est prendre la question à rebours. La mer aussi est un obstacle, une séparation. On n'hésite pas à la franchir, pourtant, pour relier des pays, qui, sans l'initiative et l'audace des premiers navigateurs, auraient été pour toujours séparés. Et la mer non plus ne paye pas.

Il s'agit donc de savoir si un chemin de fer réunissant nos deux grandes colonies africaines présente un intérêt suffisant pour que l'œuvre soit entreprise, alors même que le parcours dans le désert ne serait pas, en lui-même, rémunérateur. Voilà la vraie question.

Désormais, que nous le voulions ou que nous ne le voulions pas, nous sommes entraînés à étendre et à consolider sans cesse notre domination sur les deux rives de cette mer de sable qui s'appelle le Sahara. Nous avançons même, de part et d'autre, sur ses bords. Or, plus nous avançons, plus les frais de l'occupation sont lourds. Demain, les dépenses résultant des extensions nouvelles et nécessaires seront plus lourdes encore.

Je disais récemment : « La gare supprime le fort ». Je dirai, aujourd'hui : le rail supprime la conquête. Partout où le chemin de fer pénètre, la paix s'établit.

Hier encore, en parcourant la ligne d'amorce vers

Figuig, je contemplais, sur les derniers kilomètres du parcours, la trace des efforts incroyables faits par les gens de l'intérieur pour gagner la mer : partout, sur les pistes, des carcasses de chameaux et de mulets morts. C'est au devant de cet appel, de cet effort désespéré que la locomotive s'avance. Le chemin de fer transsaharien est, avant tout, un chemin de fer de domination et de paix ; un chemin de fer *impérial*.

S'il économise sur les frais d'installation, s'il économise sur les frais de ravitaillement, s'il protège militairement l'Algérie et le Sénégal, s'il dispense d'établir dans le Sud ces postes échelonnés qui coûtent si cher et qui sont, pour nos troupes, un si fastidieux loisir loin des points où leur présence serait utile en cas de mobilisation, s'il rend ces services — services, d'ailleurs, appréciables en écus sonnants et trébuchants — s'il rend de tels services, sa création peut se justifier.

La dépense sera-t-elle, d'ailleurs, aussi grande qu'on le prétend? Ici encore, le problème peut être serré de près. Quant aux frais de construction, l'expérience est faite. Dans le Sud, la voie d'un mètre actuellement employée, et qui suffira pour longtemps, coûte environ 50.000 francs le kilomètre. Mettez 100.000 francs, si vous voulez. C'est donc, pour 1.000 à 1.200 kilomètres, cinquante ou cent millions de dépenses prévues.

Or, la Russie et l'Angleterre dépensent des centaines de millions et des milliards pour des entreprises analogues. Cent millions, si la dépense est gagée par l'État — c'est une somme annuelle de 3 millions de francs environ. Il me semble que l'économie faite sur les frais de ravitaillement seuls compenserait largement ce sacrifice.

Où est donc la véritable objection financière? Elle est

dans la question des frais d'exploitation. Que le chemin de fer soit coûteux à établir, cela peut passer encore. Mais, si son exploitation est très onéreuse, il faut y regarder à deux fois ; car, alors, c'est une charge permanente pour des budgets déjà surchargés.

On peut demander à toutes nos colonies intéressées, Algérie, Tunisie, Niger, Sénégal, de contribuer aux frais d'un chemin de fer qui serait, pour elles, un grand bienfait. La métropole, elle-même, entreprendrait l'œuvre et ferait, au besoin, les sacrifices indispensables ; mais à une condition, c'est que ces sacrifices ne se prolongent pas indéfiniment. La vraie question est là.

Ramenée à ces proportions, la question du transsaharien et même du transafricain est de celles qui peuvent être, dès maintenant, envisagées. En tout cas, si on se laissait prendre à l'entrain qui existe sur les lieux, on la considérerait déjà comme résolue.

C'est une véritable fièvre, une sorte de folie du rail. Ils disent tous : « Où en est-on ? Avance-t-on ? » Ils se tournent vers les survenants avec des yeux inquiets ; ils ont des arguments plein la bouche, et visiblement la conviction dans le cœur : « Surtout qu'on ne s'arrête pas. Que ce soit, cette fois-ci, la bonne ! »

Quand on assiste à de tels spectacles et à de tels efforts, quand on examine de près ce qui est fait déjà et qu'on voit le projet d'aujourd'hui se transformer si vite en réalité de demain, on est gagné aussi et on se dit avec les autres : « Il y a nécessité, il y a fatalité : aujourd'hui, ou demain, *cela se fera.* »

Et de cette longue contemplation sur les bords du désert, je reviens, quant à moi, avec un sentiment profond de l'inéluctable. Les distances, décidément, appellent l'instrument contempteur des distances.

(1902.)

VIII

LA LEÇON DE TIMGAD

« A deux heures du matin, les chevaux seront prêts », m'avait dit l'hôtelier de Batna; et, n'ayant qu'une journée à donner à Timgad, je voulais, du moins, la consacrer tout entière à ces ruines que je savais belles. Je craignais aussi la chaleur du jour; et puis, le voyage dans l'ombre, par ces plaines immenses et mornes, a un charme étrange ; l'Afrique est si belle la nuit !

Donc, à deux heures du matin, on part. La voiture roule bruyamment dans les rues rectilignes de la ville endormie. Les chevaux s'animent et nous sommes bientôt dans la campagne. D'abord le ciel est couvert; mais la lune se dégage et elle se met à galoper, elle aussi, d'un train rapide, sur les nuages clairs. Un coup de vent frais nettoie l'atmosphère, qui devient lucide. Tanit nous est favorable. Les étoiles sont d'une grandeur et d'une beauté incomparables. Plus belles que toutes, Vénus tient sa lampe très haut sur le sombre azur.

Peu à peu, l'Orient blanchit. Des formes de montagnes grandissent, sur l'horizon. Il fait froid. A Lambessa, on devine les murs du pénitencier, des plantations de peupliers. Quelques lumières tremblent aux fenêtres. Déjà, des Arabes, blancs comme des fantômes, se glissent le long des murs.

Puis, la plaine infinie recommence, déserte, monotone, dominée par la noire muraille de montagnes qui l'environne. La fraîcheur croît, le vent pique ; une gelée blanche fleurit les champs cailloutoux. La lumière de la première aurore traîne, longtemps indécise, et on dirait, parfois, à des tournants de vallées, que la nuit revient. L'étoile brille d'un éclat splendide et vert.

La brume est comme une ouate froide; à certaines échancrures de la montagne, elle s'étale en lacs flottants. Les sommets des montagnes sont encore douteux et ne se distinguent pas des nuages.

Nous nous arrêtons, les chevaux pour souffler, les voyageurs pour remuer, à la seule maison qu'il y ait entre Lambessa et Timgad, la maison du cantonnier.

On repart. Le soleil s'est levé. Il éclaire la plaine d'un jour glauque, puis blanc, puis splendide. Il a dévoré tous les nuages, de même que, dans les légendes puniques, le lion dévore le sanglier.

Nous allons toujours rondement, au trot régulier des trois bons chevaux, animés par la sonnaille des grelots et par le « Ah! » traînant du conducteur arabe.

Cependant, peu à peu, la terre s'améliore, la vallée se peuple ; on voit des tentes, des gourbis ; on rencontre parfois une petite troupe d'Arabes qui s'en va vers Batna, portant quelque orge, un agneau, des poulets pendus par la patte ; les hommes à cheval, quelquefois la femme en croupe, rieuse, et oubliant de ramener son voile ; une fois, un gamin de huit ou dix ans court vers la voiture, la main tendue : il est nu.

Tout à coup, on tourne. Là-bas, au fond de la cuvette, voilà Timgad. Surprise, coup de théâtre : « Voyez donc ! Est-il possible ? » On n'en peut croire les yeux. Mais oui ; ce sont bien les ruines. Imaginez l'effet : peut-être deux mille colonnes de marbre, debout, serrées les unes contre les autres, alignées en longues enfilades, faisant comme une forêt de troncs inégaux et dénudés, éclairés par le soleil du matin !

Nous mettons pied à terre. Nous approchons. La première impression est celle de la solitude, de l'abandon. Au pied de la montagne noire, la plaine est vide et silencieuse ; pas un arbre, pas une maison ; les ruines sont seules : une bicoque, qu'on appelle le Musée, et c'est tout. Vous ne trouveriez pas un lit pour dormir, un morceau de pain, dans cette ville qui fut magnifique. Les quelques tentes d'Arabes, semées sur les bords de l'Oued tari, ne vous donneraient même pas un abri. On est saisi par le sentiment, si lourd à l'homme, de la mort substituée à la vie.

Mais l'illusion de la vie vous reprend, dès que vous pénétrez dans les ruines. La ville est tout alignée, toute prête, toute nettoyée, comme si elle attendait le retour des cavaliers byzantins et des cataphractaires qui sont sortis pour aller au-devant des hordes arabes menaçantes.

Voici la grande rue, pavée, dans toute sa longueur, de superbes dalles de granit disposées d'équerre, et sur lesquelles vous suivez l'ornière des chars qui les ont creusées peu à peu ; voici les caniveaux pour l'écoulement des eaux, voici les trottoirs pour l'abri des piétons, les portiques et les colonnades qui bordent les avenues.

A la croisée des rues principales, voici l'*Arc de Triomphe*, aux trois portes, monument exquis, puissant et souple à la fois, consacré à la majesté de l'empereur Trajan, fondateur de la ville et dont l'entablement portait une de ces inscriptions si nettes et si pures que nous a laissées la plus belle époque de l'art gréco-romain.

Voici le *Forum*, avec son temple de la Victoire, avec sa vaste place carrée et dallée, tout encombrée encore des édicules commémoratifs et des piédestaux où s'élevaient les statues des héros et des magistrats ; voici, au fond de la place, les rostres et la tribune aux harangues. Voici le marché, qui est un véritable bijou, et dont je ne puis comparer l'élégante disposition et les proportions si justes qu'à la cour intérieure de notre Palais de la Légion d'honneur. Voici l'*Odéon*, où l'on goûtait, en flânant, sous la fraîcheur des portiques, de la bonne musique.

Voici les *Thermes*, ou plutôt une sorte d' « Eden » ou « Maison de fleurs », que l'art des constructeurs et des décorateurs avait orné avec un raffinement somptueux et délicat. Voici, au Nord, les autres *Thermes*, avec leurs salles de quarante mètres de long, dallées de mosaïque, où le peuple des baigneurs faisait les cent pas, leurs sous-sols immenses, leurs appareils puissants destinés à chauffer et à rafraîchir les bains chauds ou froids, et, autour des grandes salles et des piscines, une installation de salons, de divans, de réfectoires, de cuisines et de cabinets ; les *graffitti* encore visibles ne laissent aucun doute sur l'emploi ordinaire des molles après-midi d'Afrique.

Voici le *théâtre*, où douze mille spectateurs tenaient à l'aise, où la scène et les coulisses sont encore debout, et qui réveillerait si vite — au rire d'une comédie de Plaute — sa prompte sonorité.

Enfin, voici les temples, et voici le plus grand et le plus beau de tous, un des plus grands et des plus beaux dont le monde romain nous ait laissé les vestiges, le temple de Jupiter, le *Capitole*. Il était au point culminant de la ville ; il était en marbre blanc, élevé sur un perron de quarante marches. L'enceinte, qui formait un quadrilatère régulier, mesurait 90 mètres de longueur sur 66 mètres de largeur et couvrait ainsi, de ses constructions colossales, un espace de 6.000 mètres carrés. Les vingt-deux colonnes qui soutenaient le temple avaient, chacune, près de 16 mètres de hauteur ; d'ordre corinthien, elles mesuraient à la base 1 m. 44 de diamètre. Elles sont là, couchées à terre, imposantes encore dans leur ruine séculaire : deux d'entre elles ont été relevées, et, debout sur le haut perron, toutes blanches, elles provoquent de loin le regard, témoins illustres de l'antique magnificence.

Assurément, peu de spectacles sont comparables à celui de ces ruines. Dans leur nudité elles paraissent plus grandes et plus nobles ; elles évoquent le souvenir, sinon de la beauté antique, du moins de la grandeur et de la puissance de l'Empire romain.

Mais cette émotion grave s'efface, tout à coup, devant une autre, plus poignante, si vous sortez de la ville et si, dans la direction de la montagne, vous marchez vers cet édifice dont la masse carrée et noire occupe l'horizon. C'est le fort byzantin.

Il est encore presque entier. Ses murailles sont construites en assises régulières, formées, aux rangs inférieurs, par d'énormes pierres de taille, mais qui, plus haut, ont été achevées à la hâte avec des matériaux disparates provenant des ruines de la ville. Aux coins, des tours carrées, massives ; au milieu, d'un côté, une porte fortement défendue, de l'autre, une simple poterne qui laisse, à peine, passer un homme, coupent la muraille, épaisse de 3 mètres, et livrent accès vers l'intérieur. Et cet intérieur n'est rien autre chose qu'une esplanade, une vaste place carrée et vide ; dans ce large espace, entouré si puissamment par la main des hommes, rien.

Voici, maintenant, l'histoire et le drame final. Ne vous y trompez pas : c'est la mort de l'Afrique romaine, c'est la mort de l'Empire romain. Cette ville qui, au temps de sa splendeur, couvrait 90 hectares environ de ses constructions publiques et prévues, vécut six siècles.

Voisine du camp de Lambessa, installée sur la route qui reliait ce point à Tebessa, elle faisait partie du système de défense qui couvrait l'Afrique romaine contre les incursions des montagnards de l'Aurès. Installée en pleine montagne, à 1.071 mètres au-dessus du niveau de la mer, elle commandait le défilé de Foum-Ksentina.

Son existence dépendait toute du soin avec lequel avaient été aménagées les eaux de la montagne qui la domine, le mont Morris : « La source d'Aïn-Morris, située à trois kilomètres environ au Sud, alimentait la ville en eau potable, au moyen de conduites en maçonnerie. Au sortir d'un appareil élévatoire contenu dans un château d'eau, l'eau était captée en deux endroits et amenée par deux aqueducs dans la cité. » (Ballu.)

La ville avait un caractère essentiellement militaire et impérial. On y avait installé des détachements de la fameuse IIIe légion qui protégeait toute la contrée. C'était une ville de garnison.

Ce caractère se dessine fortement, si l'on essaye de pénétrer dans le détail de la vie que l'on menait dans ces lointaines régions. Non pas que les textes écrits nous renseignent ; car, fait singulier et qui, à lui seul, nous donnerait l'idée de la grandeur de l'Empire, cette ville, dont la splendeur nous frappe encore aujourd'hui, est à peine mentionnée par l'histoire. Si on n'avait retrouvé ces ruines, personne ne connaîtrait l'existence de l'antique Thamugadi, dont le nom est à peine prononcé, dans des phrases incidentes, par de rares écrivains de la décadence.

Et, pourtant, elle a vécu, pendant des siècles, d'une vie magnifique et voluptueuse. Tous ces monuments à demi ruinés en témoignent.

Évidemment, ces militaires installés avec leurs familles, leurs maîtresses et leurs esclaves, au bout du monde, ayant pour consigne de veiller à la garde de la frontière, n'entendaient pas s'ennuyer. La volonté impériale, désireuse, d'ailleurs, d'affirmer partout la grandeur romaine, accumula autour d'eux toutes les commodités, tous les luxes, tous les plaisirs.

Timgad étalait donc, sous le ciel brûlant de l'Afrique, les recherches de l'épicurisme le plus raffiné. D'où ces théâtres, ces voies triomphales, ces eaux abondantes, et surtout ces thermes, avec leurs marbres, leurs mosaïques érotiques, leurs statues, leurs fraîches retraites, leurs salles préparées pour le repos, la distraction et les jeux, et jusqu'à ces latrines publiques, qui étaient un modèle de propreté et d'élégance, où l'eau coulait à profusion, et où le client s'arrêtait entre deux dauphins de marbre.

Tous ces détails ne révèlent-ils pas une conception de la vie que démontrerait, au besoin, l'inscription retrouvée sur les parois du Forum : *Venari, lavari, ludere, hoc est vivere* : (Chasser, se baigner, jouer et rire, c'est là vraiment vivre)?...

Tout cela devait mourir. Le christianisme survint. Les divisions religieuses compromirent, d'abord, la tranquillité publique et le calme de la cité. On commença à s'entre-déchirer. La ville traîna une existence déjà déchue. Pourtant, elle construisait encore; elle élevait des églises; ses temples se transformaient et devenaient des basiliques chrétiennes.

A la fin, le ressort de l'administration impériale, qui tenait tout le monde debout, faiblit. Ce sont les populations voisines, les montagnards de l'Aurès, les Maures, qui s'insurgent d'abord et qui, une première fois, font irruption dans la ville sans défense et la ruinent.

Puis, les Vandales s'emparent de l'Afrique; la décadence commence.

Un retour se produit. Bélisaire et son lieutenant, Solomon, réoccupent l'Afrique au nom de l'Empire byzantin. Justinien veut que l'on restaure les villes détruites de l'Aurès et qu'on les protège, et c'est alors que s'élève le fort byzantin, construit avec les débris de la ville ruinée.

La pensée qui anima ces nouveaux constructeurs est facile à discerner. Évidemment, la ville était à demi morte. Mais on sentait que de nouveaux périls grandissaient de toutes parts. On voulait sauver du moins ce qui pouvait être sauvé, tenir aussi longtemps qu'il se pourrait contre la barbarie, montant, tout autour, comme une marée.

Et, alors, lentement, d'abord, puis en hâte, on éleva, non pas dans la ville, ni près d'elle, mais loin, comme si elle était déjà une charge trop lourde, et qu'on la sentît trop grande pour être défendue, on éleva cette étonnante bâtisse, informe à force d'être simple, ce fort byzantin carré, avec ses tours aux quatre coins, avec ses poternes étroites et sa vaste esplanade intérieure.

Et là, quand le péril fut proche, quand on apprit que les premiers escadrons arabes couraient dans le voisinage, on entassa tout ce qu'on pouvait emporter, on réunit le peu qui restait de peuple et de soldats; à l'abri derrière les murs, on vécut sous la tente ; on construisit seulement une petite chapelle pour pouvoir, du moins, prier Dieu, et, tandis que les sentinelles veillaient sur les hautes tours, on attendit...

On attendait, quoi ? Le secours qui devait venir du centre, — d'où les ordres étaient venus depuis des siècles ? — des provinces voisines ? — elles-mêmes isolées et menacées ; du hasard ? — Que sais-je ?

On attendit, pendant longtemps, de longues années, dans les alternatives de l'espoir et de l'abattement. On ne pouvait se résigner à abandonner la ville, à délaisser ces plaines accoutumées, qu'on cultivait encore entre deux alertes, ces richesses qui paraissaient toujours précieuses ; comment quitter tout cela ?

A la fin, on apprit que le dernier patrice, Boniface, venait de se faire tuer devant Sbeitla avec sa fille, l'héroïne légendaire ; les Arabes s'installent à Kairouan. Le cercle se resserre.

Cinquante ans plus tard, une autre héroïne, une Maure, celle-là, la reine Kahena, défend encore, pied à pied, le pays. Par ses ordres, on commence le ravage de la contrée dans l'espoir vain qu'un pays ruiné arrêterait l'envahisseur. Mais Kahena est vaincue, à son tour. Les survivants s'enferment de nouveau dans le fort...

Que se passa-t-il alors ?... — On ne sait rien de plus.

Ces faits remontent aux premières années du huitième siècle. Pendant mille ans, le nom même de la ville fut oublié. La conquête française la retrouva, à demi ensablée, mais debout, dans son luxe à peine effleuré par les siècles. La vallée tout autour est nue, stérile, et les derniers fils des habitants de la ville voluptueuse vivent, près d'elle, épars dans les gourbis.

La ville donc mourut. Elle mourut comme ses voisines, Lambessa, Bagaï, Mascula, Tebessa. Ville impériale, elle succomba dans la ruine générale de l'Empire.

Mais, si nous ne savons pas comment mourut Timgad, du moins nous savons par où elle mourut. Ici, les ruines parlent encore. Les eaux, nous l'avons dit, étaient amenées par une savante canalisation qui distribuait dans la ville et dans la vallée celles qui étaient captées dans la montagne.

On a retrouvé tout le système d'aqueducs et de tuyaux; mais on constate que les canaux, d'abord si soigneusement entretenus pendant des siècles, se sont crevés *ou plutôt, qu'ils ont été coupés.*

Quoi qu'il en soit, par suite de cette rupture, l'eau s'échappa dans la vallée; on essaya quelques réparations, mais combien inhabiles! A la fin, l'homme se décourage et abandonne tout. L'eau se perd définitivement et la ville périt, comme un être vivant à qui on eût coupé les veines...

Pour revoir, en Afrique, la prospérité antique, il faut des habitants unis; il faut des voies de communication; mais, surtout, *il faut de l'eau.*

Le principal devoir est là. Que l'on me permette de répéter une formule adressée, il y a dix ans déjà, à l'un de nos hauts fonctionnaires qui partait pour la Tunisie : « En Afrique, l'eau se perd : retenez-la; l'eau est dessous, mettez-la dessus. »

(1902.)

IX

LE GOUVERNEMENT DE L'AFRIQUE FRANÇAISE

Le Président de la République a voulu voir l'Algérie. Ce voyage, toujours annoncé et toujours retardé, s'accomplit enfin. Depuis le règne de Napoléon III, aucun chef d'État français n'avait visité notre belle colonie. M. Loubet a pris la sage détermination d'exécuter ce que ses prédécesseurs avaient promis. Il parcourt, d'un bout à l'autre, le vaste domaine que la France s'est constitué dans le Nord de l'Afrique.

Ce domaine s'est singulièrement accru depuis l'impériale visite. Vers le Sud, il s'enfonce jusqu'à Figuig. A l'Est, il s'est adjoint une autre province, non moins belle et non moins florissante, la Tunisie.

C'est un empire plus grand que la France et plus varié, — en raison de la constitution du sol, de la diversité des climats, du mélange des races, — que le Président de la République visite en ce moment et dont il prend possession avec les yeux, avec la main, avec le pied, et non plus par la froide et pâle communication des rapports politiques et administratifs.

Et lui, par contre, apporte à cette terre la présence réelle.

Cette colonie, à la fois si proche et si lointaine, qu'on s'obstine à considérer comme un pays de conquête, une province étrange et un peu étrangère, enfin, on vient vers elle.

Malgré la tempête, on traverse le « grand espace des mers ». Tant de hauts personnages vont, pendant quelques semaines, vivre de sa vie, respirer son souffle, sympathiser avec elle !

De ces courtes effusions, où, malheureusement, par la nécessité des choses, trop d'officiel est mêlé, il restera du moins un peu de cette impression profonde et pénétrante que cette captivante terre d'Afrique produit sur ceux qui l'ont une fois touchée.

Par ce qu'il verra, le Président devinera ce qu'il ne peut atteindre; sous la décoration brillante, il sentira l'effort journalier, le travail, la lutte, la peine.

La fantasia, où les cavaliers aux dents blanches hennissent comme leurs chevaux et font parler la poudre comme leurs fusils, lui paraîtra bien ce qu'elle est désormais, un souvenir et une *fantaisie*; mais les harangues officielles laisseront percer, sous leurs phrases convenues, les difficultés inévitables, les conflits nécessaires et les graves problèmes qui sollicitent l'attention des grands chefs et froncent le sourcil des hommes d'État.

Le pèlerinage de touriste que le Président accomplit trop rapidement fera la conquête de son âme.

Au premier abord, il a eu cette impression d'un éboulement de splendeurs que donne, à l'arrivée, la vue d'Alger. Il a parcouru ces environs verts et bleus, et on a dû l'arrêter sur cette colline de la Bouzaréa, où l'on ne saurait dire si c'est la terre, la mer ou le ciel qui prodiguent à la fois le plus d'émotions et le plus de charmes.

Il a mis le pied dans la province oranaise par cette entrée de Saint-Denis-du-Sig, un des plus exquis endroits du monde, et où la voix fredonne, d'elle-même, sous les hauts platanes de l'arrivée :

Jardins de l'Alcazar!...

Il a séjourné quelques heures dans cette autre capitale, Oran, qui fait comme une immense déchirure de pierre, sur la côte aride et noble où son puissant avenir accroche l'espoir futur des relations pacifiques entre le Maroc et l'Algérie.

A-t-il entendu, à Tlemcen, l'âme de l'Algérie dans le murmure de la fontaine de Lourit? Les murs écroulés de Mansourah, « la Victoire » disent les faits héroïques et le passé légendaire d'une grande civilisation disparue.

Les vieilles mosquées aux portes de bronze et aux innombrables piliers trapus et blancs racontent les croyances si simples, si respectables des populations vaincues qui n'ont de refuge inviolable que leur conscience.

Enfin, du haut de la terrasse à demi écroulée des jardins du bey, contemplant les perspectives infinies de l'immense vallée, toute blanche de la fleur des cerisiers, tout embaumée de la fleur des roses et des jasmins, il a le spectacle des printemps algériens : floraison puissante et éphémère, vents soudains et contrastés, délicieuse et accablante lumière.

Quand il aura achevé cette rapide tournée et qu'il aura vu d'autres merveilles en Kabylie, où la terre et les hommes donnent une si claire vision d'une antique survivance, à Constantine et dans toute cette province où l'industrie moderne unit ses efforts à ceux de l'agriculture pour transformer l'aspect et les conditions de la vie africaine; à Biskra, — s'il va jusqu'à Biskra, — où il aura du moins, de loin, le contact avec cet autre mystère, le désert : quand, heureux et accablé d'une si fière tournée, il pénétrera dans cet autre domaine, la Tunisie, il pourra, en repassant dans sa mémoire ces spectacles successifs, se dire qu'il a vu un monde féerique, et pourtant il n'aura fait que goûter et préliber l'Algérie ; il lui restera d'elle, j'en suis sûr, plutôt une curiosité qu'une satiété.

C'est qu'en effet, derrière l'Algérie du touriste et derrière l'Algérie officielle, il y a l'autre, celle qu'un contact moins rapide et moins arrangé peut seul toucher.

Il faudrait arriver à l'improviste dans quelqu'une de ces fermes perdues à la limite des terres habitées pour y surprendre l'entreprise hagarde du colon qui frappe du pied ce sol vierge et lui demande la première moisson. Vigneron, il arrache le jujubier et fait, avec la barre de fer, le trou où il mettra le sarment initial; cultivateur, il arrive avec son attirail rudimentaire, attache au pieu son maigre bétail, jette les fondations de la maison basse aux tuiles rouges, s'enferme derrière le quadrilatère de sa cour qui devient un fortin, et, après avoir jeté la semence au vent, il regarde au ciel si la pluie vient, attendant, — avec quelle angoisse ! — la première récolte !

Plus loin, au milieu des sables du désert, en enfants perdus, le poste établi d'hier surveille les tribus nomades qui se détournent et vont chercher, plus loin encore, les passages et les puits.

Là, c'est la fin de la civilisation, *finis terrœ*, bien au delà de ces plaines où Solomon, lieutenant de Justinien, planta les trois pyramides qui devaient, dans sa pensée, marquer le bout du monde.

Eh bien! là-bas, tout là-bas, à Beni-Ounif, en face de Figuig, à Igli, et plus au Sud encore, la France veille.

C'est là que le sang-froid, la vigilance, la persévérance de l'homme civilisé sont en lutte contre la ruse, la promptitude et la patience du nomade qui défend désespérément cette pauvre terre qui le nourrit si mal. Là, autour de la tente du jeune lieutenant qui commande le poste, s'ébauchent les premières irrigations et pointent les premières laitues, — vert et frêle espoir des futures civilisations.

Et c'est ainsi que l'on surprendrait et que l'on comprendrait, sur les lieux mêmes, les véritables difficultés et les vrais problèmes, — ceux qui ont apparu si tragiquement dans les incidents de Margueritte, ceux qui ont occupé, récemment, la Chambre dans le débat relatif aux tribunaux répressifs, c'est-à-dire les difficultés qui résultent du contact des deux races et des deux intérêts appelés à vivre sur cette terre, — le problème de la pénétration et celui de la colonisation.

Le Président de la République, dans son discours, a rendu un juste hommage aux résultats obtenus. Il y a quelques années, quand j'écrivais l'*Énergie française*, on me disait trop optimiste. Aujourd'hui, tout le monde reconnaît que la colonisation française a fait ses preuves en Afrique.

Alger est un des plus grands ports de la France; Oran est une grande ville pleine d'avenir : le vignoble algérien est une conquête admirable sur la brousse; le chiffre du commerce algérien dépasse celui de plusieurs États européens.

Mais la prospérité même du présent fait l'inquiétude de l'avenir. Les colons appelés par des résultats connus et, en somme, brillants, arrivent en grand nombre. Toute la Méditerranée, Malte, Baléares, Sicile, Italie, Espagne, Provence déverse son trop plein sur l'Algérie et sur la Tunisie. Les colons européens atteignent, d'ores et déjà, le chiffre de 800.000, parmi lesquels, environ 400.000 Français.

D'autre part, à l'abri de la « paix française », la population indigène se développe avec une rapidité imprévue. Les Arabes étaient moins de deux millions au moment de la conquête. Ils sont six millions aujourd'hui.

Ces populations nombreuses et croissantes de part et d'autre se disputent des terres, immenses, il est vrai, mais qui ne sont pas toutes, tant s'en faut, d'une fertilité égale et qui demandent, en tout cas, des capitaux et du temps pour être mises en valeur.

Cependant, le pays souffre du contact et de la rivalité de ces deux intérêts mis à présence, également ardents, également respectables, également chers à la mère-patrie.

La mère-patrie! C'est donc à elle qu'appartient le dernier mot. Quel doit être son rôle dans le débat inévitable? Un rôle de protectrice et d'arbitre.

M. Loubet l'a dit, à diverses reprises, dans ses discours, l'Algérie n'est pas seulement une colonie, c'est une autre France; il a dit encore que « l'Algérie identifiait ses destinées avec celles de la France ». Tout cela est vrai.

Mais si l'Algérie doit être tendrement aimée, encore faut-il aussi qu'elle soit gouvernée. Sa sollicitude, la mère-patrie ne la manifestera jamais plus utilement qu'en intervenant dans les affaires algériennes, non pour les aigrir, mais pour les apaiser.

Cette politique est connue et parfaitement définie.

Elle résulte de la longue expérience et des tâtonnements du passé qui font notre sagesse d'aujourd'hui.

La métropole a, à l'égard de la colonie, un seul devoir, un devoir de gouvernement, et cette mission, elle l'exerce par l'intermédiaire du haut fonctionnaire qui la représente et qui ne représente qu'elle : le gouverneur général.

Ainsi, nous sommes ramenés inévitablement à cette question du gouvernement général de l'Algérie, que Jules Ferry, Burdeau, M. Jonnart ont traitée dans leurs rapports, qu'on avait cru tranchée par des mesures récentes, et qui est, en réalité, la question même de notre avenir en Afrique, parce qu'elle décidera du gouvernement de l'Afrique française.

Depuis quatre ou cinq ans, aucun des gouverneurs généraux qui se sont succédé en Algérie n'a pu y rester plus de deux ans. Nous voilà au septième gouverneur général depuis M. Cambon : et il s'agit d'un pays qui, en raison de ses promptes et perpétuelles agitations et transformations, a besoin surtout de stabilité dans son gouvernement.

La morale de ces incidents qui sont de politique courante porte plus haut. Elle se rattache à des conclusions que j'ai formulées depuis longtemps, et sur lesquelles j'ai bien le droit de revenir, puisque les événements me donnent trop évidemment raison.

J'ai dénoncé et je dénonce à nouveau la précarité des fonctions du gouverneur général, relativement à leur importance. Dans l'état actuel des choses, le gouverneur général n'est qu'un fonctionnaire ; or, si on envisage l'importance de son mandat, une situation ainsi subordonnée n'est pas séante.

Pris dans le conflit permanent et inévitable entre les populations, les colons, les électeurs, les députés, le

Parlement, ayant les responsabilités de là-bas et les responsabilités d'ici, administrant un Empire, dirigeant les destinées futures de la France africaine, représentant la France devant l'étranger et devant six millions d'indigènes, le gouverneur général n'est pas assez élevé, n'est pas assez soutenu, n'est pas assez fort.

On veut qu'il *gouverne;* c'est entendu, et pourquoi, alors, ne ferait-il pas partie du gouvernement? Le gouverneur général de l'Algérie et de l'Afrique française, membre du cabinet, — voilà ma formule.

La grandeur présente et future de la France africaine vaut bien cela. Ayons un ministre de l'Afrique, comme l'Angleterre a un ministre des Indes.

Pour que le chef responsable d'un domaine qui doit occuper une telle place dans l'avenir du pays, pour que ce chef soit vraiment le fondé de pouvoirs de la France, pour qu'il soit défendu, pour qu'il soit autorisé, en un mot, il faut qu'il soit ministre; je l'ai dit, je le répète, je le répéterai tant, et les événements s'accumuleront de telle sorte, qu'on finira bien par le croire...

Pourvu qu'il ne soit pas trop tard, et que les faits n'aient pas, une fois de plus, précédé l'heure des réflexions. Car, en France, selon la parole trop juste du cardinal Bentivoglio, on agit d'abord et on réfléchit après : « *Qui si fà, poi si pensa!* »

(1903.)

NOTE

On trouvera, ci-après, un Recueil des Traités et des actes relatifs à la prise de possession et à la délimitation des possessions françaises en Afrique, signés de 1890 à 1898, époque à laquelle je fus appelé à prendre part aux négociations, soit comme sous-directeur des protectorats, soit comme plénipotentiaire, soit comme ministre des Affaires étrangères.

Pour plus de clarté, et pour ne pas laisser le cycle incomplet, j'ai joint quelques autres conventions ou actes antérieurs ou postérieurs : ils sont imprimés en plus petits caractères.

Ce recueil présente un tableau, en quelque sorte officiel et synallagmatique, de l'activité diplomatique et coloniale qui, en moins de dix ans, a renouvelé la carte de l'Afrique.

Chaque traité est un dialogue entre la France et les puissances intéressées : « Ceci est à nous. » — « Nous le reconnaissons. » Ainsi, le consentement fonde le droit.

Si embryonnaire que soit ce recueil, rien de tel n'a été fait jusqu'ici. La plupart des actes, réunis pour la première fois, sont disséminés dans des Livres Jaunes ou ont paru dans des ouvrages difficilement accessibles au public.

On a joint au présent volume une carte permettant de suivre le travail des négociations en Afrique centrale, notamment celles qui précédèrent la convention de 1898 et l'affaire de Fachoda. Cette carte, empruntée au Livre Jaune, a déjà été reproduite par la Revue des Deux Mondes.

Je me suis borné à publier, le plus souvent, l'acte décisif mentionnant la prise de possession définitive de chaque colonie par la France ou établissant les délimitations dans leurs grandes lignes. Pour les actes qui offrent un caractère provisoire ou complémentaire, on les trouvera dans le Recueil des Traités *de* De Clercq *(tomes XVI à XXI).*

En ce qui concerne Madagascar, les documents se rapportant à l'expédition et à la soumission des Hovas ont été recueillis dans mon livre : L'Affaire de Madagascar; *il a paru suffisant de reproduire ici la loi sanctionnant l'annexion, votée ultérieurement par les Chambres, sur la proposition du cabinet Méline.*

ANNEXES

CONVENTIONS RELATIVES AU PARTAGE DE L'AFRIQUE DE 1890 A 1898

CONVENTIONS
RELATIVES AU PARTAGE DE L'AFRIQUE
DE 1890 A 1898

I
TUNISIE

CONVENTIONS
QUI ONT ABOLI EN TUNISIE LE RÉGIME DES CAPITULATIONS ET QUI ONT CONSACRÉ LE PROTECTORAT DE LA FRANCE.

Ces conventions, au nombre de onze, ont été négociées et signées du 20 juillet 1896 au 18 septembre 1897, avec l'Autriche-Hongrie (20 juillet 1896), l'Italie (28 septembre 1896), la Russie (2/14 octobre 1896), la Suisse (14 octobre 1896), l'Allemagne (18 novembre 1896), la Belgique (2 janvier 1897), l'Espagne (12 janvier 1897), le Danemark (26 janvier 1897), les Pays-Bas (3 avril 1897), la Suède et Norvège (5 mai 1897), l'Angleterre (18 septembre 1897).

Elles ont été publiées dans un *Livre jaune* spécial. (Voir aussi DE CLERCQ, *Recueil des traités*, t. XX, p. 596-632.)

Chaque convention a été l'objet de négociations particulières. La convention avec l'Italie comporte : 1° une convention de commerce et de navigation; 2° une convention consulaire et d'établissement et un protocole annexe; 3° une convention d'extradition et un protocole annexe.

Les deux textes suivants, c'est-à-dire la convention avec l'Autriche-Hongrie, signée la première, et la convention avec l'Angleterre, signée la dernière, sont donnés comme les types de cet ensemble de tractations qui ont consacré la domination française dans le Nord de l'Afrique.

AUTRICHE-HONGRIE

DÉCLARATION

(20 juillet 1896)

En vue de déterminer les rapports entre la France et l'Autriche-Hongrie en Tunisie et de bien préciser la situation conventionnelle de l'Autriche-Hongrie dans la Régence, les Soussignés, dûment autorisés par leurs Gouvernements, font d'un commun accord la Déclaration suivante :

L'Autriche-Hongrie déclare qu'elle renonce à invoquer en Tunisie le régime des Capitulations et qu'elle s'abstiendra de réclamer pour ses Consuls et ses Nationaux d'autres droits et privilèges que ceux qui leur sont acquis en France en vertu des Traités existants entre l'Autriche-Hongrie et la France.

L'Autriche-Hongrie n'entend pas non plus revendiquer le bénéfice du régime établi ou à établir en matière de douane et de navigation entre la France et son Protectorat tunisien, pourvu que le traitement de la Nation la plus favorisée lui reste conservé à l'égard de toute autre Puissance.

Par suite, les droits, privilèges ou avantages de toute nature qui sont ou qui, à l'avenir, seraient concédés en Tunisie à une tierce Puissance, — excepté la France, — reviendront de plein droit à l'Autriche-Hongrie, et aucune tierce Puissance, — toujours à l'exception de la France, — ne pourra être traitée, sous aucun rapport, dans le Protectorat, d'une manière plus favorable que l'Autriche-Hongrie.

Le Gouvernement de la République déclare en cette

circonstance qu'il renonce à réclamer — jusqu'au 1er janvier 1904 — pour les vins français, à leur entrée en Autriche-Hongrie, le traitement acquis à certains vins italiens par le Traité de commerce du 6 décembre 1891, conclu entre l'Italie et l'Autriche-Hongrie, traitement qui, en Autriche-Hongrie, n'est pas appliqué, en vertu du régime de la Nation la plus favorisée, aux vins d'aucune autre Puissance.

Fait à Paris, en double exemplaire, le 20 juillet 1896.

G. HANOTAUX.
A. WOLKENSTEIN.

GRANDE-BRETAGNE

ARRANGEMENT

(18 septembre 1897)

En vue de déterminer les rapports de la France et du Royaume-Uni de la Grande-Bretagne et d'Irlande en Tunisie, et de bien préciser la situation conventionnelle dudit Royaume-Uni dans la Régence, les soussignés, dûment autorisés par leurs Gouvernements respectifs, sont convenus de ce qui suit :

ARTICLE PREMIER.

Les Traités et Conventions de toute nature en vigueur entre la France et le Royaume-Uni de la Grande-Bretagne et d'Irlande sont étendus à la Tunisie.

Le Gouvernement de Sa Majesté Britannique s'abstiendra de demander pour ses Consuls, ses ressortissants et ses établissements en Tunisie d'autres droits et privilèges que ceux qui lui sont acquis en France.

En outre, le traitement de la Nation la plus favorisée qui est assuré, de part et d'autre, par les Traités et Conventions précités, et la jouissance réciproque des tarifs de douane les plus réduits sont garantis au Royaume-Uni de la Grande-Bretagne et d'Irlande en Tunisie et à la Tunisie dans le Royaume-Uni pendant une durée de quarante années à partir de l'échange des ratifications du présent arrangement.

Toutes les marchandises et tous les produits manufacturés originaires du Royaume-Uni, importés en Tunisie, soit par la voie directe, soit après transbordement à Malte, jouiront des avantages concédés par le présent article.

Il est, d'ailleurs, entendu que le traitement de la nation la plus favorisée en Tunisie ne comprend pas le traitement français.

Art. 2.

Les cotonnades originaires du Royaume-Uni et des Colonies et Possessions britanniques ne pourront pas être frappées en Tunisie de droits d'importation supérieurs à 5 pour 100 de leur valeur au port de débarquement. Elles ne seront pas grevées d'autres taxes ou impôts quelconques.

Cette disposition restera en vigueur jusqu'au 31 décembre 1912 et, après cette date, jusqu'à l'expiration du sixième mois à partir du jour où l'une des Parties Contractantes aura notifié à l'autre son intention d'en faire cesser les effets.

Art. 3.

Le présent arrangement sera ratifié et les ratifications en seront échangées à Paris aussitôt que faire se pourra.

Toutefois le tarif actuel des douanes à l'importation en Tunisie continuera à être appliqué jusqu'au 31 décembre.

Fait à Paris, en double exemplaire, le 18 septembre 1897.

G. Hanotaux.
Ed. Monson.

II

COTE OCCIDENTALE

Convention

Relative à la délimitation des possessions FRANÇAISES et PORTUGAISES dans l'Afrique occidentale.
(12 mai 1886.) (1)

Le Président de la République française et Sa Majesté le Roi de Portugal et des Algarves, animés du désir de resserrer par des relations de bon voisinage et de parfaite harmonie, les liens d'amitié qui existent entre les deux Pays, ont résolu de conclure, à cet effet, une Convention spéciale pour préparer la délimitation de leurs possessions respectives dans l'Afrique occidentale, et ont nommé pour leurs Plénipotentiaires, savoir :

Le Président de la République française ;

M. Girard de Rialle, Ministre plénipotentiaire, Chef de la Division des Archives au Ministère des Affaires étrangères, Chevalier de l'Ordre national de la Légion d'honneur, etc.

Et M. le Capitaine de vaisseau O'Neill, Commandeur de l'Ordre national de la Légion d'honneur, etc.

---

(1) Ratifié à Lisbonne le 31 août 1887.

Sa Majesté le Roi de Portugal et des Algarves;

M. Isão d'Andrade Corvo, Conseiller d'État, Vice-Président de la Chambre des Pairs, Grand'Croix de l'Ordre de Saint-Jacques, Grand'Croix de l'Ordre de la Légion d'honneur, son Envoyé extraordinaire et Ministre plénipotentiaire près le Gouvernement de la République française, etc.;

Et M. Carlos Roma du Bocage, Député, Capitaine de l'État-Major du Génie, son Officier d'ordonnance ordinaire et Attaché militaire à la Légation, près Sa Majesté l'Empereur d'Allemagne, Roi de Prusse, Chevalier de l'Ordre Saint-Jacques, Officier de l'Ordre de la Légion d'honneur, etc.

Lesquels, après avoir échangé leurs pleins pouvoirs trouvés en bonne et due forme, sont convenus des articles suivants :

Article premier.

En Guinée, la frontière qui séparera les Possessions françaises des Possessions portugaises suivra, conformément au tracé indiqué sur la carte n° 1 annexée à la présente Convention :

Au Nord, une ligne qui, partant du Cap Roxo, se tiendra, autant que possible, d'après les indications du terrain, à égale distance des Rivières Cazamance (Casamansa) et San-Domingo de Cacheu (São-Domingos de Cacheu), jusqu'à l'intersection du Méridien 17°30' de longitude Ouest de Paris avec le parallèle 12°40' de latitude Nord. Entre ce point et le 16° de longitude Ouest de Paris, la frontière se confondra avec le parallèle 11°40' de latitude Nord;

A l'Est, la frontière suivra le Méridien de 16° Ouest, depuis le parallèle 12°40' de latitude Nord jusqu'au parallèle 11°40' de latitude Nord;

Au Sud, la frontière suivra une ligne qui partira de l'embouchure de la Rivière Cajet située entre l'île Catack (qui sera au Portugal) et l'île Tristao (qui sera à la France), et, se tenant autant que possible, suivant les indications du terrain, à égale distance du Rio Componi (Tabati) et du Rio Cassini, puis de la branche septentrionale du Rio Componi (Tabati) et de la branche méridionale du Rio Cassini (Marigot de Kakondo) d'abord, et du Rio Grande ensuite, viendra aboutir au point d'intersection du Méridien 16° de longitude Ouest et du parallèle 11°40' de latitude Nord.

Appartiendront au Portugal toutes les Iles comprises entre

le Méridien du Cap Roxo, la côte et la limite Sud formée par une ligne qui suivra le Thalweg de la Rivière Cajet et se dirigera ensuite au Sud-Ouest, à travers la passe des Pilotes, pour gagner le 10°40' de latitude Nord, avec lequel elle se confondra jusqu'au Méridien du Cap Roxo.

ART. 2.

Sa Majesté le Roi de Portugal et des Algarves reconnaît le Protectorat de la France sur les territoires du Fouta-Djallon, tel qu'il a été établi par les traités passés en 1881 entre le Gouvernement de la République française et les Almamys du Fouta-Djallon.

Le Gouvernement de la République française, de son côté, s'engage à ne pas chercher à exercer son influence dans les limites attribuées à la Guinée portugaise par l'article premier de la présente Convention. Il s'engage, en outre, à ne pas modifier le territoire accordé, de tout temps, aux Sujets portugais, par les Almamys du Fouta-Djallon.

ART. 3.

Dans la région du Congo, la frontière des possessions portugaises et françaises suivra, conformément au tracé indiqué sur la carte n° 2 annexée à la présente Convention, une ligne qui, partant de la pointe de Chamba, située au confluent de la Loema ou Louisa Loango et de la Lubinda, se tiendra, autant que possible et d'après les indications du terrain, à égale distance de ces deux rivières et, à partir de la source la plus septentrionale de la rivière Luali, suivra la ligne de faîte qui sépare les bassins de la Loema ou Louisa Loango et du Chiloango, jusqu'au 10°30' de longitude Est de Paris; puis se confondra avec ce méridien jusqu'à sa rencontre avec le Chiloango qui sert, en cet endroit, de frontière entre les possessions portugaises et l'État libre du Congo.

Chacune des Hautes Parties contractantes s'engage à n'élever à la pointe Chamba aucune construction de nature à mettre obstacle à la navigation.

Dans l'estuaire compris entre la pointe de Chamba et la mer, le thalweg servira de ligne de démarcation politique aux possessions des Hautes Parties contractantes.

ART. 4.

Le Gouvernement de la République française reconnaît à

Sa Majesté Très Fidèle le droit d'exercer son influence souveraine et civilisatrice dans les territoires qui séparent les possessions portugaises d'Angola et de Mozambique, sous réserve des droits précédemment acquis par d'autres puissances, et s'engage, pour sa part, à s'y abstenir de toute occupation.

Art 5.

Les citoyens français dans les possessions portugaises sur la côte occidentale d'Afrique et les sujets portugais dans les possessions françaises sur la même côte seront respectivement, en ce qui concerne la protection des personnes et des propriétés, traités sur un pied d'égalité avec les sujets et les citoyens de l'autre Puissance contractante.

Chacune des Hautes Parties contractantes jouira, dans lesdites possessions, pour la navigation et le commerce, du régime de la nation la plus favorisée.

Art 6.

Les propriétés faisant partie du domaine de l'Etat de chacune des Hautes Parties contractantes dans les territoires qu'elles se sont mutuellement cédés, feront l'objet d'échanges et de compensations.

Art. 7.

Une Commission sera chargée de déterminer, sur les lieux, la position définitive des lignes de démarcation prévues par les articles premier et trois de la présente Convention, et les membres en seront nommés de la manière suivante :

Le Président de la République française nommera, et Sa Majesté Très fidèle nommera deux commissaires.

Ces commissaires se réuniront au lieu qui sera ultérieurement fixé, d'un commun accord, par les Hautes Parties contractantes, et dans le plus bref délai possible après l'échange des ratifications de la présente Convention.

En cas de désaccord, lesdits commissaires en référeront aux Gouvernements des Hautes Parties contractantes.

Art. 8.

La présente Convention sera ratifiée, et les ratifications en seront échangées à Lisbonne aussitôt que faire se pourra.

En foi de quoi les Plénipotentiaires respectifs ont signé

la présente Convention et y ont apposé le sceau de leurs armes.

Fait à Paris, le 12 mai 1886.

Girard de Rialle.
Commandant O'Neill.
J. d'Andrade Corvo.
Carlos Roma du Boccage.

Arrangement

Relatif à la délimitation des possessions françaises et anglaises sur la côte occidentale d'Afrique.
(10 août 1889.)

Les soussignés, délégués par le Gouvernement de la République française et par le Gouvernement de S. M. la Reine de la Grande-Bretagne et d'Irlande à l'effet de préparer un accord général destiné à régler l'ensemble des questions pendantes entre la France et l'Angleterre, au sujet de leurs possessions respectives sur la côte occidentale d'Afrique, sont convenus des dispositions suivantes :

Article premier.

En Sénégambie, la ligne frontière entre les possessions françaises et anglaises sera établie dans les conditions suivantes :

1º Au Nord de la Gambie (rive droite), le tracé partira de Jinnak-Creek pour suivre le parallèle qui, passant en ce point de la côte (environ 13º 36' Nord), coupe la Gambie dans le grand coude qu'elle fait vers le Nord, en face d'une petite île située à l'entrée de Sarmi-Creek, dans le pays de Niamena.

A partir de ce point, la ligne frontière suivra la rive droite jusqu'à Yarbatenda, à une distance de 10 kilomètres du fleuve;

2º Au Sud (rive gauche), le tracé partira de l'embouchure de la rivière San-Pedro, suivra la rive gauche jusqu'à 13º 10' de latitude Nord. La frontière sera établie ensuite par le parallèle qui, partant de ce point, va jusqu'à Sandeng (fin de Vintang-Creek, carte anglaise).

Le tracé remontera alors, dans la direction de la Gambie, en suivant le méridien qui passe par Sandeng jusqu'à une distance de 10 kilomètres du fleuve.

La frontière suivra ensuite la rive gauche du fleuve, à une même distance de 10 kilomètres, jusqu'à et y compris Yarbatenda.

Art. 2.

Au nord de Sierra-Leone, conformément aux indications du traité de 1882, la ligne de démarcation, après avoir séparé le bassin de la Mellacorée de celui de la Grande Scarcie, passera entre le Bennah et le Tambakka, laissant le Talla à l'Angleterre, le Tamisso à la France, s'approchera du 10ᵉ degré de latitude Nord, en comprenant le pays des Houbbous dans la zone française, et le Soulimaniah avec Falabah dans la zone anglaise.

Le tracé s'arrêtera à l'intersection du 13ᵉ degré de longitude Ouest de Paris (10° 40' de Greenwich), carte française, et du 10ᵉ degré de latitude.

Art. 3.

§ 1ᵉʳ. — Sur la Côte d'Or, la frontière anglaise partira du bord de la mer à Newton, à 1.000 mètres à l'Ouest de la maison occupée, en 1884, par MM. les commissaires anglais. Elle se dirigera ensuite en droite ligne vers la lagune Tendo. La ligne suivra ensuite la rive gauche de cette lagune et de celle d'Ahy, puis la rive gauche de la rivière Tanoué ou Tendo jusqu'à Nougoua. A partir de Nougoua, le tracé de la frontière sera établi en tenant compte des traités respectifs conclus entre les deux Gouvernements avec les indigènes. Ce tracé sera prolongé jusqu'au 9ᵉ degré de latitude Nord.

Le Gouvernement français prendra l'engagement de laisser l'action politique de l'Angleterre s'exercer librement à l'Est de la ligne frontière, particulièrement en ce qui concerne le royaume des Achantis; le Gouvernement anglais prendra l'engagement de laisser l'action politique de la France s'exercer librement à l'Ouest de la ligne frontière.

La frontière française partira également du bord de la mer à Newton, à 1.000 mètres à l'Ouest de la maison occupée en

1884 par MM. les commissaires anglais. Après avoir rejoint en ligne droite la lagune Tendo, elle suivra la rive droite de cette lagune et de celle d'Ahy, ainsi que la rivière Tanouë ou Tendo, pour aboutir à Nougoua, point où les deux frontières se confondent.

§ 2. — Dans les cas où le Gouvernement de « Gold Coast » jugera utile d'établir un poste de douane à l'embouchure de la rivière Tendo, le Gouvernement français ne fera pas d'objection à ce que les autorités anglaises exigent des embarcations françaises des certificats de destination pour les marchandises remontant le Tendo, certificats spécifiant que les droits d'entrée dans la Colonie française ont été intégralement payés par elles.

La navigation sur les lagunes Tendo, Ahy et la rivière Tendo sera libre et ouverte aux embarcations et aux habitants des deux protectorats.

Dans le cas où le Gouvernement français jugera utile d'établir un poste de douane pour contrôler les embarcations anglaises venant du côté d'Apollonie dans les conditions exigées des embarcations françaises à l'embouchure du Tendo, le Gouvernement anglais ne fera pas d'objection.

§ 3. — L'acquiescement du Gouvernement anglais aux lignes de démarcation ci-dessus mentionnées demeure subordonné à l'adoption par le Gouvernement français d'un projet de tarif douanier à établir à Assinie, dans lequel les droits sur les alcools ne seraient pas inférieurs à 40 francs l'hectolitre pour les alcools et liqueurs de traite, titrant moins de 25°; à 60 francs l'hectolitre pour les alcools de 25 à 49°, et de 100 francs l'hectolitre pour les alcools à 50° et au-dessus.

Les droits sur le tabac en feuilles et fabriqué ne seraient pas inférieurs à 80 centimes le kilogramme. Les tissus seraient soumis à un droit de 15 p. 100 *ad valorem*.

Art. 4.

§ 1er. — Sur la côte des Esclaves, la ligne de démarcation entre les sphères d'influence des deux Puissances se confondra avec le méridien qui coupe le territoire de Porto-Novo à la crique d'Ajarra, en laissant le Pokrah ou Pokéa à la colonie anglaise de Lagos. Elle suivra le méridien précité pour s'arrêter, au Nord, au 9e degré de latitude Nord. Au Sud, elle ira aboutir à la plage, après avoir traversé le territoire d'Appah, dont la capitale restera à l'Angleterre.

La navigation de l'Ajarra et celle de la rivière d'Addo seront libres et ouvertes aux habitants et aux embarcations des deux protectorats.

§ 2. — Des garanties seront stipulées en vue d'assurer aux commerçants français toute liberté pour leurs échanges avec les pays qui ne seraient pas compris dans la sphère d'influence de la France, et notamment avec le Egbas.

Réciproquement, les garanties seront stipulées en vue d'assurer aux commerçants anglais toute liberté pour leurs échanges avec les pays qui ne seraient pas compris dans la sphère d'influence de l'Angleterre.

§ 3. — Des garanties seront également stipulées en faveur des habitants de Ketenu et de la partie française du territoire d'Appah. Ces habitants seront libres d'émigrer s'ils le désirent, et ceux qui resteront seront protégés par les autorités françaises contre toute atteinte, de la part du roi de Porto-Novo ou de ses gens, à leurs personnes, leur situation et leurs biens.

Les mêmes garanties sont stipulées en faveur des habitants du territoire de Pokrah.

§ 4. — Il est convenu, en outre, que : 1° l'action politique du Gouvernement français s'exercera librement à l'Ouest de la ligne frontière, et que 2° l'action politique du Gouvernement anglais s'exercera à l'Est de la ligne frontière.

§ 5. — Comme conséquence de l'entente qui vient d'être ainsi définie et pour éviter les conflits auxquels les rapports journaliers des populations du pays de Porto-Novo avec les habitations de Pokrah pourraient donner lieu si un poste de douane devait être établi par l'une ou l'autre des parties contractantes à la crique d'Ajarra, les délégués français et anglais s'accordent à recommander à leurs Gouvernements respectifs la neutralisation, au point de vue douanier, de la partie du territoire de Pokrah comprise entre la crique d'Ajarra et l'Addo, en attendant qu'un accord douanier définitif puisse intervenir entre les Établissements français de Porto-Novo et la Colonie de Lagos.

Art. 5.

Les deux Gouvernements se réservent de nommer des commissions spéciales de délimitation pour tracer sur les lieux, là où ils le jugeront utile, la ligne de démarcation entre les possessions françaises et anglaises, en conformité avec les dispositions générales qui précèdent.

En foi de quoi les délégués soussignés ont dressé le présent arrangement, sous réserve de l'approbation de leurs Gouvernements respectifs, et y ont opposé leur signature.

Fait à Paris, en double expédition, le 10 août 1889.

Edwin Egerton.
Augustus W. L. Hemming.

A. Nisard.
Jean Bayol

DÉCLARATIONS

Échangées entre le gouvernement de la République française et le gouvernement de Sa Majesté Britannique au sujet des territoires d'Afrique, signées à Londres, le 5 août 1890.

I

Déclaration de M. Waddington.

Le soussigné, dûment autorisé par le Gouvernement de la République Française, fait la déclaration suivante :

Conformément à la demande qui lui a été faite par le Gouvernement de Sa Majesté Britannique, le Gouvernement de la République Française consent à modifier l'arrangement du 10 mars 1862, en ce qui touche le sultan de Zanzibar. En conséquence, il s'engage à reconnaître le Protectorat Britannique sur les îles de Zanzibar et de Pemba, aussitôt qu'il lui aura été notifié.

Dans les territoires dont il s'agit, les missionnaires des deux pays jouiront d'une complète protection. La tolérance religieuse, la liberté pour tous les cultes et l'enseignement religieux sont garantis.

Il est bien entendu que l'établissement de ce Protectorat ne peut pas porter atteinte aux droits et immunités dont jouissent les citoyens français dans les territoires dont il s'agit.

Londres, le 5 août 1890.

WADDINGTON.

II

Déclaration de Lord Salisbury.

Le soussigné, dûment autorisé par le Gouvernement de la République Française, fait la déclaration suivante :

1° Le Gouvernement de Sa Majesté Britannique reconnaît le Protectorat de la France sur l'île de Madagascar, avec ses conséquences, notamment en ce qui touche les exequaturs des Consuls et Agents britanniques qui devront être demandés par l'intermédiaire du Résident général français.

Dans l'île de Madagascar les missionnaires des deux pays jouiront d'une complète protection. La tolérance religieuse, la liberté pour tous les cultes et pour l'enseignement religieux sont garantis.

Il est bien entendu que l'établissement de ce Protectorat ne peut porter atteinte aux droits et immunités dont jouissent les nationaux anglais.

2° Le Gouvernement de Sa Majesté Britannique reconnaît la zone d'influence de la France au sud de ses possessions méditerranéennes, jusqu'à une ligne de Say sur le Niger à Barrua, sur le lac Tchad, tracée de façon à comprendre dans la zone d'action de la Compagnie du Niger tout ce qui appartient équitablement au Royaume de Sokoto ; la ligne restant à déterminer par les commissaires à nommer.

Le Gouvernement de Sa Majesté Britannique s'engage à nommer immédiatement deux Commissaires nommés par le Gouvernement de la République Française dans le but de fixer les détails de la ligne ci-dessus indiquée, mais il est expressément entendu que quand même les travaux des Commissaires n'aboutiraient pas à une entente complète sur tous les détails de la ligne, l'accord n'en subsisterait pas moins entre les deux Gouvernements sur le tracé général ci-dessus indiqué.

Les Commissaires auront également pour mission de déterminer les zones d'influence respectives des deux pays dans la région qui s'étend à l'ouest et au sud du Moyen et du Haut Niger.

Londres, le 5 août 1890.

SALISBURY.

Arrangement

Entre la France et la Grande-Bretagne, relatif à l'établissement de la frontière entre les possessions françaises et anglaises au Nord et à l'Est de Sierra-Leone et à la Côte-d'Or, signé à Paris, le 26 juin 1891.

Les soussignés, Commissaires plénipotentiaires chargés, en exécution des déclarations échangées à Londres, le 5 août 1890, entre le Gouvernement de Sa Majesté Britannique et le Gouvernement de la République française, de procéder à l'établissement de la ligne de démarcation des zones d'influence respectives des deux pays dans la région qui s'étend à l'Ouest et au Sud du Moyen et du Haut Niger, sont convenus de ce qui suit :

Les Commissaires techniques qui seront désignés par les Gouvernements Anglais et Français par application de l'article 2 de l'arrangement du 10 août 1889, en vue de tracer la démarcation des zônes respectives, suivront, autant que possible, ainsi qu'il est indiqué audit arrangement, la ligne du méridien 13° Ouest de Paris, à 10° de latitude, en se dirigeant vers le Sud. En établissant la frontière d'après la direction générale de ce méridien, ils pourront tenir compte, d'un commun accord, de la configuration du terrain et des circonstances locales, et faire fléchir la ligne de démarcation, soit à l'Est, soit à l'Ouest du méridien, en prenant soin de ne pas avantager l'une des deux parties sans compensation équitable pour l'autre. Ces modifications ne seront, d'ailleurs, définitives qu'après ratification des deux Gouvernements.

Il est entendu que la ligne de démarcation suivra, autant que possible, la crête des hauteurs qui, d'après la carte Monteil, avoisinent le cours du Niger sur la rive gauche, entre le 10° et Tembi Counda.

Cependant, au cas où la ligne de partage des eaux ne serait pas telle qu'elle figure sur la carte Monteil, les Commissaires des deux pays pourront tracer la frontière sans en tenir compte, sous la réserve expresse que les deux rives du Niger resteront dans la zône de l'influence française.

Par le terme « Niger » est entendu le Djaliba, ainsi que ses deux sources principales, le Fatiko et le Tembi. Dans le cas précité, la ligne frontière à partir du 10° degré jusqu'à Tembi Counda suivra, à une distance de 10 kilomètres, la rive gauche du Djaliba, du Fatiko et ensuite du Tembi jusqu'à sa source, s'il y a lieu.

Au cas où la crête des montagnes se trouverait plus rapprochée de la rive gauche du Niger, la frontière suivrait la ligne de partage des eaux.

Les Commissaires techniques, qui seront nommés par les deux Gouvernements, en exécution de l'article 3 de l'entente du 10 août 1889, recevront pour instruction de tracer la frontière d'après les indications suivantes relevées sur la carte Binger :

La ligne suivrait la frontière de Mongoua sur le Tanoe entre le Sauwi et le Broussa, l'Indenié et le Sabué, laissant le Broussa, l'Aowin et le Sabué à l'Angleterre ; puis la frontière couperait la route d'Annibilekrou au Cape

Coast Castle, à égale distance de Debison et d'Atiebendekrou, et longerait à une distance de 10 kilomètres dans l'Est la route directe d'Annibilekrou à Boudoukou par Bomdefil et Dadiasi. Elle passerait ensuite par Bouko, pour atteindre la Volta, à l'endroit où cette rivière est coupée par le chemin de Bangabadi à Kirhindi, et la suivrait jusqu'au 9° degré de latitude Nord.

Fait à Paris, le 16 juin 1891.

EDWIN HENRY EGERTON.
JOSEPH ARCHER CROWE.

GABRIEL HANOTAUX.
JACQUES HAUSSMANN.

ARRANGEMENT

Relatif à la délimitation des POSSESSIONS FRANÇAISES et des territoires de la RÉPUBLIQUE DE LIBÉRIA, signé à Paris, le 8 décembre 1892 (1).

Les soussignés G. HANOTAUX, Ministre plénipotentiaire, Directeur des consulats et des affaires commerciales au Ministère des Affaires étrangères de la République française, etc., etc.

J. HAUSSMANN, Chef de division au Sous-Secrétariat d'État des Colonies de la République française, etc., etc.

Et le baron DE STEIN, Ministre Résident et Consul général de la République de Libéria en Belgique, commissaire de la République de Libéria près le Gouvernement de la République française, etc., etc.

Délégués par le Gouvernement de la République française et par le Gouvernement de la République de Libéria, à l'effet de préparer un accord relatif à la délimitation des possessions françaises et des territoires de la

République de Libéria, sont convenus des dispositions suivantes de part et d'autre, sauf ratification des Gouvernements respectifs.

Article premier.

Sur la côte d'Ivoire et dans l'intérieur, la ligne frontière entre les possessions françaises et la République de Libéria sera constituée comme suit, conformément au tracé porté sur la carte annexée au présent arrangement en double et paraphée, savoir :

1° Par le thalweg de la rivière Cavally jusqu'à un point situé à environ 20 milles au Sud du confluent de la rivière Fodégobou-Ba à l'intersection du 6° 30′ de latitude Nord et du 9° 12′ de longitude Ouest.

2° Par le parallèle passant par ledit point d'intersection jusqu'à la rencontre du 10° de longitude Ouest de Paris, étant entendu, en tout cas, que le bassin du Grand Seisters appartient au Libéria et que le bassin du Fodégoudou-Ba appartient à la France;

3° Par le méridien 10° jusqu'à sa rencontre avec le 7° de latitude Nord; à partir de ce point, la frontière se dirigera en ligne droite vers le point d'intersection du 11° avec le parallèle qui passe par Tembi Counda, étant entendu que la ville de Barmaquirlid et la ville de Mahomadou appartiendront à la République de Libéria, les points de Naalah et de Mousardou restant par contre à la France;

4° La frontière se dirigera ensuite vers l'Ouest, en suivant ce même parallèle jusqu'à sa rencontre au 13° de longitude Ouest de Paris, avec la frontière franco-anglaise de Sierra-Leone. Ce tracé devra, en tout cas, assurer à la France le bassin entier du Niger et de ses affluents.

Art. 2.

La navigation sur la rivière Cavally, jusqu'au confluent du Fodégoudou-Ba, sera libre et ouverte au trafic et aux habitants des deux pays.

La France aura le droit de faire, à ses frais, dans le cours ou sur l'une et l'autre rive du Cavally, les travaux qui pourraient être nécessaires pour le rendre navigable, restant toutefois entendu que, de ce fait, aucune atteinte ne sera portée aux droits de souveraineté qui, sur la rive droite, appartiennent à la République de Libéria. Dans le cas où les travaux exécutés donneraient lieu à l'établissement de taxes, celles-ci seraient déterminées par une nouvelle entente entre les deux Gouvernements.

Art. 3.

La France renonce aux droits résultant pour elle des anciens traités conclus sur différents points de la côte des Graines et reconnaît la souveraineté de la République de Libéria sur le littoral à l'Ouest de la rivière Cavally.

La République de Libéria abandonne, de son côté, toutes les prétentions qu'elle pouvait faire valoir sur les territoires de la côte d'Ivoire situés à l'Est de la rivière Cavally.

Art. 4.

La République de Libéria facilitera, comme par le passé, dans la mesure de ses moyens, le libre engagement des travailleurs sur la côte de Libéria par le Gouvernement français ou par ses ressortissants. Les mêmes facilités seront accordées réciproquement à la République de Libéria et à ses ressortissants sur la partie française sur la côte d'Ivoire.

Art. 5.

En reconnaissant à la République de Libéria les limites qui viennent d'être déterminées, le Gouvernement de la République française déclare qu'il n'entend s'engager que vis-à-vis de la République libérienne libre et indépendante, et fait toutes ses réserves, soit pour le cas où cette indépendance se trouverait atteinte, soit dans le cas où la République du Libéria ferait abandon d'une partie quelconque des territoires qui lui sont reconnus par la présente convention.

Fait à Paris, en double exemplaire, le 8 décembre 1892.

G. Hanotaux.
J. Haussmann.
Baron de Stein.

Arrangement

Entre la France et la Grande-Bretagne, fixant la frontière entre les possessions françaises et anglaises à la Côte d'Or, signé à Paris, le 12 juillet 1893.

Les Commissaires spéciaux nommés par les Gouvernements de la France et de la Grande Bretagne, en vertu de l'article 5 de l'arrangement du 10 août 1889, n'étant pas parvenus à tracer, entre les territoires respectifs des deux puissances, sur la Côte d'Or une ligne de démarcation conforme aux dispositions générales de l'article 3 de cet arrangement et aux indications du paragraphe final de l'arrangement du 26 juin 1891, les Plénipotentiaires soussignés, chargés, en exécution des déclarations échangées à Londres, le 5 août 1890, entre le Gouvernement de la République française et le Gouvernement de Sa Majesté Britannique, de délimiter les sphères d'intérêt respectives des deux pays, dans les districts Sud et Ouest du moyen et du haut Niger, se sont entendus, pour fixer, dans les conditions ci-après énoncées, la ligne de démarcation entre les Possessions Françaises et Britanniques de la Côte d'Or :

1° La frontière britannique part de la côte à Newtown, à une distance de 1.000 mètres à l'Ouest de la maison occupée, en 1884, par les Commissaires britanniques, puis se dirige droit vers le Nord jusqu'à la lagune de Tanoe ou Tendo, suit la rive Sud de cette lagune jusqu'à l'embouchure de la rivière du Tanoe ou Tendo (des quatre îles qui se trouvent à proximité de cette embouchure, les deux qui sont au Sud étant attribuées à la Grande-Bretagne, et les deux qui sont au Nord, à la France). La frontière britannique longe, à partir de cet endroit, la rive gauche de la rivière Tanoe ou Tendo jusqu'au village de Nongoua, que, vu sa situation sur la rive droite de cette rivière, l'Angleterre consent à reconnaître à la France ;

2° La frontière française part également sur la côte, de Newtown, à une distance de 1.000 mètres à l'Ouest de la maison occupée, en 1884, par les Commissaires britanniques. Elle s'avance, de là, droit au Nord, vers la lagune de Tanoe ou Tendo, puis, traversant cette lagune, en suit la rive Nord, et les rives Nord et Est de la lagune Ehi, jusqu'à l'embouchure de la rivière Tanoe ou Tendo, et suit la rive droite de cette rivière jusqu'au village de Nongoua.

3° La frontière britannique continue à suivre la gauche du Tanoe ou Tendo durant cinq milles anglais en amont de la maison qui sert actuellement de résidence au Chef de Nongoua. Elle traverse en ce point la rivière et se confond avec la frontière commune déterminée ci-dessous.

La frontière française suit la rive droite de Tanoe ou Tendo, également pendant cinq milles en amont de Nongoua, jusqu'au moment où elle est rejointe par la frontière anglaise ;

4° La frontière commune quitte la rivière Tanoe et se dirige au Nord vers le sommet de la colline de Ferra-ferrako. De là, passant à 2 milles à l'est des villages d'Assikasso, Sankaina, Assambossona et Akouakrou, elle court à 2 milles à l'Est de la route conduisant de Souakrou à la rivière Boi, pour atteindre cette rivière à 2 milles au Sud-Est de Bamianko, village qui appartient à la France. De là, elle suit le thalweg de la rivière Boi et la ligne tracée par le capitaine Binger (telle qu'elle est marquée sur la carte ci-annexée), laissant Edubi, avec un territoire s'étendant à un mille au Nord de ce point, à la France, jusqu'à ce qu'elle atteigne un point situé à 16,000 mètres droit à l'Est de Yaou. A partir de ce point, elle coïncide avec la ligne tracée par le capitaine Binger (voir la carte ci-annexée) jusqu'à un point situé à 1.000 mètres au Sud d'Abourouferrassi, village appartenant à la France. Elle continue à se tenir ensuite à une distance de 10 kilomètres à l'Est de la route conduisant directement d'Annibilekrou à Boudoukou, par Bodonfil et Dadiassi, passe à mi-chemin entre Buko et Adjamrah, court à 10 kilomètres à l'Est de la route de Boudoukou, viâ Sorcbango, Tambi, Takhari et Bandagadi, et atteint la Volta au point d'intersection de cette rivière et de la route de Bandagadi à Kirkindi. Elle suit alors le thalweg de la Volta jusqu'à son intersection par le 9° de latitude Nord;

5° Il est convenu que les habitants des villages français, qui, antérieurement à la conclusion du présent arrangement, jouissaient du droit de pêche sur la rivière de Tanoe ou Tendo, continueront à jouir de ce droit, en se conformant aux règlements locaux;

6° La frontière déterminée par le présent arrangement est inscrite sur la carte ci-annexée;

7° Dans la pensée des Parties contractantes, le présent arrangement complète et interprète la section I de l'article 3 de l'arrangement du 10 août 1889, relatif à la délimitation des Possessions Britanniques et Françaises sur la Côte d'Or et le paragraphe final de l'arrangement de 26 juin 1891.

Fait à Paris, le 12 juillet 1893.

Les Commissaires français :
G. HANOTAUX.
J. HAUSSMANN.

Les Commissaires britanniques :
H. PHIPPS.
J.-A. CROWE.

Arrangement

Entre la France et la Grande-Bretagne, fixant la frontière entre les possessions françaises et anglaises au Nord et à l'Est de Sierra-Leone, signé à Paris, le 21 janvier 1895.

Les Commissaires spéciaux nommés par les Gouvernements de la France et de la Grande-Bretagne, en vertu de l'article V de l'arrangement du 10 août 1889, n'étant pas parvenus à tracer une ligne de démarcation entre les possessions des deux Puissances, au Nord et à l'Est de Sierra-Leone, conforme aux dispositions générales de l'article II dudit arrangement, de son annexe I et de son annexe II (Sierra-Leone), et aux indications de l'arrangement du 26 juin 1891, les Plénipotentiaires soussignés, chargés en exécution des déclarations échangées à Londres, le 5 août 1890, entre le Gouvernement de la République française et le Gouvernement de Sa Majesté Britannique de délimiter les sphères d'intérêt respectives des deux pays, dans les régions Sud et Ouest du moyen et du haut Niger, se sont entendus pour fixer, dans les conditions ci-après énoncées, la ligne de démarcation des territoires susmentionnés :

Article premier.

La frontière part d'un point sur la côte de l'Atlantique au Nord-Ouest du village de Kiragba, déterminé par l'intersection d'un arc de cercle de 500 mètres de rayon, décrit du centre dudit village, avec la ligne des hautes eaux.

De ce point, elle se dirige vers le Nord-Est parallèlement au chemin de Kiragba à Roubani (Robenia) qui passe par ou près les villages anglais de Pungala, Rohaut, Mengeti, Mandimo, Momotimenia et Kongobutia, à une distance égale de 500 mètres du milieu dudit chemin, jusqu'à un point situé à égale distance du village de Kongohutia (anglais) et du village de Diguipali (français); à partir de ce point, elle tourne au Sud-Est et coupe le chemin à angle droit et, arrivée à 500 mètres au Sud-Est dudit chemin, le suit parallèlement à la même distance de 500 mètres, mesurée comme ci-dessus, jusqu'à ce qu'elle atteigne un point situé au Sud du village de Diguipali, d'où elle gagne en ligne droite la ligne de partage des eaux de la chaîne de collines qui commence au Sud du village ruiné de Passimodia et marque distinctement la ligne de séparation entre le bassin de la rivière Mellacorée (Mellakori) et celui de la Grande Scarcie ou Kolenté.

La frontière suit cette ligne de partage des eaux, laissant à la grande-Bretagne les villages de N'Bogoli (Bogolo), Musaliya, Malaguia (Lukoya), Maforé (Mufuri), Tanéné (Tarnenai), Madina (Modina), Oblenia, Oboto, Ballimir, Massini et Gambiadi, et à la France, les villages de Roubani (Robenia), N'Tugon (N'Tunga), Darragoué (Daragli), Kunia, Tambaiya, Grimakono (Herimakuno), Fousiga (Frasiga), Talansa, Tagani (Tanganne) et Maodea, jusqu'au point le plus rapproché de la source de la petite Mola; de là elle se dirige en ligne droite sur ladite source, suit le cours de la petite Mola jusqu'à sa jonction avec la Mola, puis le thalweg de la Mola jusqu'à son confluent avec la Grande Scarcie ou Kolenté.

De ce point, la frontière suit la rive droite de la Grande Scarcie (Kolenté) jusqu'à un point situé à 500 mètres au Sud de l'endroit où aboutit, sur la rive droite, le chemin qui conduit de Onelia (Wulia) à Onossou (Wossou) par Lucenia. A partir de point, elle coupe la rivière et suit une ligne tirée au Sud du chemin ci-dessus mentionné, à une distance égale de 500 mètres, mesurée du milieu du chemin, jusqu'à la rencontre d'une ligne droite déterminée à ses extrémités par les points suivants : 1° un point situé en amont et à 500 mètres du coude que décrit la rivière Kora au nord du village de Lucenia, à environ 2.500 mètres de ce village et à environ 5 kilomètres du confluent de la rivière Kora avec la Grande Scarcie (Kolenté), mesurés le long de la rive; 2° une brèche formée dans le flanc Nord-Ouest de la chaîne des hauteurs qui se trouvent dans la partie Est du Talla, à environ 2 milles anglais (3,200 mètres) au sud du village de Donia (Duyunia).

A partir du point où elle rencontre la ligne droite mentionnée ci-dessus, la limite suit ladite ligne, vers l'Est, jusqu'au centre de la brèche susmentionnée, d'où elle gagne ensuite, par une autre ligne droite, la rivière Kita, en un point situé en amont et à 1.500 mètres, à vol d'oiseau, du centre du village de Lakhata; elle suit alors le thalveg de la rivière Kita jusqu'à son confluent avec le Lolo.

De ce confluent, elle rejoint en ligne droite la petite Scarcie ou Kaba, en un point situé à 4 milles anglais (6,400 mètres) au sud du 10° parallèle de latitude nord; elle suit le thalveg de la petite Scarcie jusqu'audit parallèle, qui forme ensuite la limite jusqu'à son intersection avec la ligne de partage des eaux entre le bassin du Niger, d'une part, et les bassins de la petite Scarcie et des autres rivières qui se jettent, vers l'Ouest, dans l'Océan Atlantique d'autre part.

La frontière suit enfin ladite ligne de partage des eaux vers le Sud-Est, laissant Kalieri à la Grande-Bretagne, et Erimakono (Herimakuno) à la France jusqu'à son intersection avec le parallèle de latitude qui passe par Tembikounda (Tembikunda), c'est-à-dire la source du Tembiko ou Niger.

ART. 2.

La frontière déterminée par le présent arrangement est inscrite sur la carte ci-annexée.

ART. 3.

Dans la pensée des Parties contractantes, le présent arrangement complète et interprète l'article 2 de l'arrangement du 10 août 1889, ainsi que l'annexe I et l'annexe II

(Sierra-Leone) dudit arrangement et l'arrangement du 26 juin 1891.

Fait à Paris, le 21 janvier 1895

Georges BENOIT.
J. HAUSSMANN.

E. C. H. PHIPPS
J. A. CROWE.

ANNEXES

Bien que le tracé de la ligne de démarcation sur la carte annexée au présent arrangement soit supposé être généralement exact, il ne peut être considéré comme une représentation absolument correcte de cette ligne jusqu'à ce qu'il ait été confirmé par de nouveaux levés.

Il est donc convenu que les Commissaires ou Délégués locaux des deux pays qui pourront être chargés, par la suite, de délimiter tout ou partie de la frontière sur le terrain, devront se baser sur la description de la frontière, telle qu'elle est formulée dans l'arrangement. Il leur sera loisible en même temps de modifier ladite ligne de démarcation, en vue de la déterminer avec une plus grande exactitude, et de rectifier la position des lignes de partage, des chemins ou rivières, ainsi que des villes ou villages indiqués sur la carte susmentionnée.

Les changements ou corrections proposés d'un commun accord par les Commissaires ou Délégués seront soumis à l'approbation des Gouvernements respectifs.

M. HANOTAUX, Ministre des Affaires étrangères, au marquis DE DUFFERIN ET AVA, Ambassadeur d'Angleterre à Paris.

Paris, le 22 janvier 1895.

Au cours des récents pourparlers relatifs à la délimitation des possessions françaises et britanniques au Nord et à l'Est de Sierra-Leone, les commissaires des deux pays ont été amenés à examiner la situation qui résulte de l'arrangement conclu, le 8 décembre 1892, entre le Gouvernement de la République française et le Gouvernement de la République de Libéria, en ce qui concerne la frontière Est de la Colonie britannique de Sierra-Leone, et ils sont tombés d'accord sur la déclaration suivante :

« D'après l'arrangement conclu, le 8 décembre 1892, entre le Gouvernement de la République française et le Gouvernement de la République de Libéria, la ligne frontière entre les Possessions françaises et la République de Libéria est déterminée, au nord, par le parallèle de Tembi-Counda jusqu'à sa rencontre, au 13° de longitude Ouest de Paris, avec la frontière franco-anglaise de Sierra-Leone.

« La délimitation de la frontière franco-anglaise de la Sierra-Leone doit donc s'arrêter au parallèle de Tembi-Counda.

« Toutefois il y a lieu de rappeler, qu'en vertu des notes échangées les 2 décembre 1891 et 4 mars 1892, entre M. Ribot et M. Egerton, le 13° de longitude Ouest de Paris devait, en tout état de cause, former la limite des possessions françaises du Soudan et de la colonie britannique de Sierra-Leone jusqu'au point de rencontre de ce méridien avec la frontière anglo-libérienne.

« C'est dans ces conditions que le Gouvernement français a fait abandon au Gouvernement libérien de certains territoires faisant partie du Soudan français, au Sud du parallèle de Tembi-Counda et à l'Est du 13° de longitude Ouest de Paris.

« En conséquence, il demeure entendu que la frontière de la colonie de Sierra-Leone, à partir du point d'intersection de la ligne de partage des eaux entre le bassin du Niger, d'une part, et les bassins des rivières qui se jettent à l'ouest dans l'Océan Alantique, d'autre part, avec le parallèle passant par Tembi Counda, est formée par ledit parallèle jusqu'à sa rencontre avec le 13° de longitude Ouest de Paris, et, ensuite, par ce méridien jusqu'à sa rencontre avec la frontière anglo-libérienne. »

J'ai l'honneur d'informer Votre Excellence que le Gouvernement de la République est disposé à approuver les termes de cette déclaration, et je vous serais reconnaissant de vouloir bien me faire connaître si le Gouvernement de Sa Majesté Britannique y donne également son assentiment.

G. Hanotaux.

TRADUCTION.

Paris, le 22 janvier 1895.

J'ai l'honneur d'accuser réception à Votre Excellence de votre lettre du 22 du mois courant, dans laquelle vous faites observer qu'au cours des récents pourparlers relatifs à la délimitation des possessions françaises et britanniques au Nord et à l'Est de Sierra-Leone, les commissaires des deux pays ont été amenés à examiner la situation qui résulte de l'arrangement conclu, le 8 décembre 1892, entre le Gouvernement de la République Française et le Gouvernement de la République de Libéria, en ce qui concerne la frontière Est de la colonie de Sierra-Leone, et que les commissaires sont tombés d'accord sur la déclaration suivante :

« D'après l'arrangement conclu, le 8 décembre 1892, entre le Gouvernement de la République française et le Gouvernement de la République de Libéria, la ligne frontière entre les possessions françaises et la République de Libéria est déterminée, au Nord, par le parallèle de Tembi-Kunda jusqu'à sa rencontre, au 13° de longitude Ouest de Paris, avec la frontière franco-anglaise de Sierra-Leone.

« La délimitation de la frontière franco-anglaise de

Sierra-Leone s'arrête donc au parallèle de Tembi-Kunda.

« En même temps, il y a lieu de rappeler, qu'en vertu des notes échangées, le 2 décembre 1891 et 4 mars 1892, entre M. Egerton et M. Ribot, le 13° de longitude Ouest de Paris devait, en tout état de cause, former la limite des possessions françaises du Soudan et de la colonie britannique de Sierra-Leone, jusqu'au point de rencontre de ce méridien avec la frontière anglo-libérienne.

« C'est dans ces conditions que le Gouvernement français a fait abandon au Gouvernement libérien de certains territoires faisant partie du Soudan français, situés au Sud du parallèle de Tembi-Kunda et à l'Est du 13° de longitude Ouest de Paris.

« En conséquence, il demeure entendu que la frontière de la colonie de Sierra-Leone, à partir du point d'intersection de la ligne de partage des eaux entre le bassin du Niger, d'une part, et les bassins des rivières qui se jettent à l'Ouest dans l'Océan Atlantique, d'autre part, avec le parallèle passant par le Tembi-Kunda, est formée par ledit parallèle jusqu'au 13° de longitude Ouest de Paris, et ensuite par ce méridien jusqu'à sa rencontre avec la frontière anglo-libérienne ».

J'ai l'honneur, conformément aux instructions du Gouvernement de Sa Majesté Britannique, d'informer Votre Excellence que le Gouvernement de Sa Majesté est disposé à approuver les termes de la déclaration, tels qu'ils sont formulés ci-dessus.

M. Hanotaux, Ministre des Affaires étrangères, au marquis de Dufferin et Ava, Ambassadeur d'Angleterre à Paris.

Paris, 22 janvier 1895.

Au cours des récents pourparlers relatifs à la délimitation des possessions françaises et britanniques au Nord et à l'Est de Sierra-Leone, les commissaires des deux pays se sont mis d'accord sur le principe des dispositions destinées à régler les relations commerciales entre la colonie britannique de Sierra-Leone et les possessions françaises avoisinantes. Il a été en même temps convenu que les conditions de cette entente feraient l'objet d'un échange de notes immédiatement après la signature de l'arrangement.

En conséquence, j'ai l'honneur de faire connaître à Votre Excellence que le Gouvernement de la République est disposé à donner son assentiment aux dispositions ci-après :

1° Dans les territoires dépendant de la colonie de Sierra-Leone, d'une part, et des colonies de la Guinée française (y compris le Fouta-Djallon) et du Soudan français, d'autre part, les commerçants et les voyageurs des deux pays seront traités sur le pied d'une parfaite égalité en ce qui concerne l'usage des routes et autres voies de communication terrestre;

2° Les routes traversant la frontière déterminée par l'arrangement du 21 janvier 1895 entre la colonie britannique de Sierra-Leone et les colonies françaises voisines seront, de part et d'autre, ouvertes au commerce, sous réserve de l'acquittement des droits et taxes qui pourraient être établis.

3° Les deux Gouvernements prennent l'engagement réciproque de ne pas établir, sur la frontière terrestre déterminée par l'arrangement du 21 janvier 1895 entre leurs colonies respectives, des droits, soit à l'entrée, soit à la sortie, supérieurs à ceux qui seront perçus à la frontière maritime, soit de la colonie de Sierra-Leone, soit de la colonie de la Guinée française.

Les droits de sortie n'excéderont en aucun cas 7 p. 100 de la valeur calculée d'après les mercuriales de chaque colonie.

4° Pour la perception des droits ou taxes, à l'entrée ou à la sortie, des postes seront établis en des points déterminés de la frontière, de manière à ne pas détourner les caravanes des routes qu'elles auraient à suivre pour pénétrer de la colonie de Sierra-Leone dans les colonies françaises voisines ou inversement.

Je serais reconnaissant à Votre Excellence de vouloir bien me faire savoir si le Gouvernement de Sa Majesté Britannique est disposé, de son côté, à donner son adhésion à l'accord dont il s'agit.

G. HANOTAUX.

LORD DUFFERIN A M. HANNOTAUX

Paris, le 22 janvier 1895.

J'ai l'honneur d'accuser réception à Votre Excellence de votre note en date du 22 du mois courant, dans laquelle vous faites observer, qu'au cours des récents pourparlers relatifs à la délimitation des possessions françaises et britanniques au Nord et à l'Est de Sierra-Leone, les commissaires des deux pays se sont mis d'accord sur le principe des dispositions destinées à régler les relations commerciales entre la colonie britannique de Sierra-Leone et les possessions françaises avoisinantes.

Votre Excellence fait ressortir qu'il a été en même temps entendu que les conditions de cet accord feraient l'objet d'un échange de notes, immédiatement après la signature de l'engagement.

En conséquence, Votre Excellence me fait l'honneur de me faire connaître que le gouvernement de la République est disposé à donner son assentiment aux dispositions ci-après :

1° Dans les territoires dépendant de la colonie de Sierra-Leone, d'une part, et des colonies de la Guinée française (y compris le Fouta-Djallon), et du Soudan français, d'autre part, les commerçants et les voyageurs des deux pays seront traités sur le pied d'une parfaite égalité en ce qui concerne l'usage des routes et autres voies de communication terrestre.

2° Les routes traversant la frontière, indiquée par l'arrangement du 21 janvier 1895, entre la colonie britannique de Sierra-Leone et les colonies françaises voisines seront, de part et d'autre, ouvertes au commerce, sous réserve de l'acquittement des droits et taxes qui pourraient être établis.

3° Les deux Gouvernements prennent l'engagement réciproque de ne pas établir, sur la frontière terrestre, déterminée par l'arrangement du 21 janvier 1895 entre leurs colonies respectives, des droits, soit à l'entrée soit à la sortie, supérieurs à ceux qui seront perçus à la frontière maritime, soit de la colonie de Sierra-Leone, soit de la colonie de la Guinée française.

Les droits de sortie n'excéderont en aucun cas 7 pour 100 de la valeur calculée d'après les mercuriales de chaque colonie.

5° Pour la perception des droits ou taxes, à l'entrée ou à la sortie, des postes seront établis en des points déterminés de la frontière, de manière à ne pas détourner les caravanes des routes qu'elles désireraient suivre pour pénétrer de la colonie de Sierra-Leone dans les colonies françaises voisines ou inversement.

J'ai reçu du Gouvernement de Sa Majesté pour instruction de déclarer qu'il adhère à l'accord spécifié ci-dessus, et qu'il ne doute pas que cet accord n'exerce une action bienfaisante sur les intérêts commerciaux des deux pays.

DUFFERIN AND AVA.

Paris, le 22 janvier 1895.

Au cours des récentes négociations relatives à la délimitation des possessions françaises et britanniques au Nord et à l'Est de Sierra-Leone, les Commissaires nommés par les deux Puissances ont été amenés à examiner la situation qui serait faite par la mise à exécution de l'arrangement du 10 août 1889 aux riverains d'une certaine partie de la Grande Scarcie.

Bien que, par l'article 1er de l'arrangement du 21 janvier 1895, la frontière britannique suivît la rive droite de la Grande Scarcie d'un point situé sur la rive droite, à 500 mètres au Sud de la route qui conduit de Wulia à Wossu par la voie de Lucenia, au point où la petite Mola se jette dans ce fleuve, le Gouvernement de Sa Majesté est néanmoins disposé à permettre aux riverains qui habitent les villages situés sur la rive droite, dans les limites qui viennent d'être spécifiées, de continuer à se servir de ce fleuve dans la même mesure qu'autrefois.

Il est entendu toutefois que les habitants de ces villages seront soumis aux Lois et Ordonnances qui pourront être, de temps à autre, promulguées par les autorités de la colonie de Sierra-Leone, dans le but de réglementer la navigation de ce fleuve, ou par rapport à l'inspection de ses eaux après qu'il en aura été dûment donné avis par le Gouverneur de Sierra-Leone au Gouverneur de la Guinée française.

DUFFERIN AND AVA.

M. HANOTAUX, Ministre des Affaires Étrangères, au Marquis DE DUFFERIN ET AVA, Ambassadeur d'Angleterre à Paris.

Paris, le 4 février 1895.

J'ai reçu la lettre que Votre Excellence m'a fait l'honneur de m'adresser le 22 janvier dernier, au sujet de l'échange de vues qui a eu lieu entre les Commissaires des deux pays, au cours des récentes négociations relatives à la délimitation des possessions françaises et britanniques au Nord et à l'Est de Sierra-Leone, touchant la situation qui serait faite par la mise à exécution de l'arrangement du 10 avril 1889 aux riverains d'une certaine partie de la Grande Scarcie.

Votre Excellence veut bien me faire connaître que,

bien qu'aux termes de l'arrangement du 21 janvier 1895, la frontière britannique suive la rive droite de la Grande Scarcie d'un point situé sur la rive droite, à 500 mètres au sud de la route qui conduit de Wulia (Ooelia) à Wossu (Ouossou) par Lucenia, jusqu'au point où la petite Mola se jette dans ce fleuve, le Gouvernement de Sa Majesté est néanmoins disposé à permettre aux riverains qui habitent les villages situés sur la rive droite, dans les limites ci-dessus spécifiées, de continuer de se servir de ce fleuve dans les mêmes conditions qu'autrefois.

Il est entendu toutefois que les habitants de ces villages seront soumis aux lois et ordonnances qui pourront être promulguées par la Colonie de Sierra-Leone en vue de réglementer la navigation de ce fleuve ou la police de ces eaux, après qu'il en aura été dûment donné avis par le Gouverneur de Sierra-Leone au gouverneur de la Guinée française.

Je m'empresse de remercier Votre Excellence de cette communication, dont je n'ai pas manqué de faire part à M. le Ministre des Colonies.

G. HANOTAUX.

IV

NIGER ET LAC TCHAD

CONVENTION DU 14 JUIN 1898

I. — Documents relatifs a la négociation.

M. Hanotaux, Ministre des Affaires étrangères, au Baron de Courcel, Ambassadeur de la République française, à Londres.

Paris, le 12 décembre 1896.

En raison des nouvelles parvenues à mon Département relativement à certains projets d'expédition prêtés à la Compagnie royale du Niger, je crois utile de préciser avec vous le point où en sont restés les travaux de la Commission mixte qui s'est réunie à Paris, au commencement de cette année, en exécution de l'article 5 de la déclaration du 15 janvier dernier.

Comme vous avez pu le voir par la lettre de mon prédécesseur du 7 mars dernier, les commissaires, après un échange de vues préliminaires d'ordre général sur l'objet ainsi que sur l'étendue de leur mandat, avaient décidé de procéder, toutes réserves faites sur les autres difficultés pendantes, à l'examen des traités sur lesquels s'appuyaient les prétentions respectives des deux Puissances dans les régions situées à l'ouest du Niger. A la suite de ce travail de vérification qui ne remplit pas moins de douze séances, les délégués anglais proposèrent, dans la réunion du 27 avril, de prendre comme ligne de démarcation du côté du Niger, mais sous la condition expresse que les vues formulées par leur Gouvernement sur la question de la ligne Say-Barroua ne seraient pas discutées, le tracé suivant :

Partant du point d'intersection du méridien qui forme la frontière entre le Dahomey et la colonie de Lagos (0°26'41" E. de Paris, 2°46'45" E. de Greenwich) avec le 9ᵉ degré de latitude Nord, la ligne de démarcation se confondrait avec ce parallèle jusqu'à 1° E. de Paris (3°20'15" E. de Greenwich) pour suivre ensuite ce méridien dans la direction du Nord jusqu'à sa rencontre avec une ligne tirée directement de Say à Barroua.

Ce tracé eût impliqué, de notre part, sans compensations, des concessions importantes tant à l'Est qu'à l'Ouest du fleuve. Il eût aussi coupé toute communication de l'hinterland de notre colonie du Dahomey avec la mer par le cours inférieur du fleuve, en nous rejetant bien au-dessus des rapides de Boussa. Nos délégués firent en conséquence remarquer qu'une entente semblait ne pouvoir être obtenue que si, des deux côtés, on tenait compte non seulement des efforts et des résultats constatés par des traités avec les chefs indigènes, mais aussi des considérations supérieures qui militaient en faveur d'un partage d'influence équitable entre les deux pays. Il convenait donc, pour répondre à ces vues, de prendre, comme limite des sphères respectives d'influence dans la boucle du Niger, le 8ᵉ parallèle depuis la frontière orientale du Dahomey jusqu'au Niger et, de là jusqu'à Say, la rive droite du fleuve.

Après une discussion de ce tracé ainsi que des propositions anglaises, nous nous sommes déclarés prêts, dans la séance du 22 mai, à accepter à titre transactionnel une ligne qui, partant du point où la frontière orientale du Dahomey coïncide avec le 8ᵉ parallèle, se dirigerait en ligne droite vers l'intersection du 4ᵉ degré de longitude Est de Greenwich (1° 40 est de Paris) et du 9ᵉ parallèle et suivrait ce parallèle dans la direction de l'Est jusqu'au Niger pour s'identifier ensuite jusqu'à Say avec la rive droite du fleuve. Nous reconnaissions ainsi à la Grande-Bretagne tous les territoires situés à l'Est du Niger et au sud de la ligne tirée directement de Say-Barroua. Les Commissaires britanniques ayant déclaré ne pouvoir adhérer à cette proposition, les conférences se sont interrompues et n'ont pas été reprises depuis lors.

G. Hanotaux.

M. Hanotaux, Ministre des Affaires étrangères,
à M. André Lebon, Ministre des Colonies.

Paris, le 20 septembre 1897.

L'Ambassadeur d'Angleterre à Paris vient de m'exprimer, au nom de son Gouvernement, le désir de rouvrir les négociations relatives à la délimitation des possessions françaises et anglaises de la région du Bas-Niger.

J'ai proposé à sir Edmund Monson de fixer au 25 de ce mois la reprise des conférences qui, comme vous le savez, sont interrompues depuis le mois de juin 1896.

Je vous serais très obligé, en conséquence, de vouloir bien désigner le fonctionnaire à qui vous désireriez confier la mission de représenter le Ministère des colonies aux négociations dont il s'agit.

G. Hanotaux.

Sir Edmund Monson, Ambassadeur d'Angleterre, à Paris,
à M. Hanotaux, Ministre des Affaires étrangères.

Paris, le 10 décembre 1897.

A la séance des Commissaires du Niger du 26 du mois dernier, les Représentants du Gouvernement français ont communiqué à leurs Collègues britanniques un aperçu de ce qu'ils considéraient comme les vues de Votre Excellence sur certains points qui se trouvent dans la sphère des négociations, points que je me propose de préciser plus loin, et, le 27 du mois dernier, M. Lecomte s'est rendu à l'Ambassade et a confirmé les déclarations faites la veille, sous réserve de certaines assurances que Votre Excellence avait exprimé le désir de recevoir.

Je me suis empressé de rendre compte à Lord Salisbury de ce qui s'était passé au sujet des propositions de Votre Excellence, et Sa Seigneurie ayant estimé nécessaire, vu leur importance, de s'abstenir de tout commentaire à leur sujet jusqu'au moment où le Cabinet serait en mesure de les examiner, vient de me donner connaissance de l'opinion du Gouvernement de Sa Majesté à l'égard des propositions dont il s'agit.

Tout d'abord, je suis chargé de déclarer que le Gouvernement de Sa Majesté désire exprimer sa cordiale appréciation du ton conciliant adopté par Votre Excellence pour formuler les propositions actuellement en examen, et de vous assurer qu'il est animé par un désir également sincère d'amener la conclusion rapide et satisfaisante des différends qui se sont produits.

Le Gouvernement de Sa Majesté a conclu, des rapports que je lui ai adressés, que les suggestions de Votre Excellence étaient les suivantes :

1° La ligne Say-Barroua sera dorénavant tracée conformément à la convention d'août 1890.

2° La Grande-Bretagne reconnaîtra les droits de la France sur une portion de la rive du lac Tchad, à partir de Barroua vers le nord, et comprenant le nord et l'est du lac jusqu'à la limite des possessions allemandes, ainsi que sur les régions situées derrière cette partie des rives du lac.

3° La France reconnaîtra comme britanniques les territoires compris entre la ligne Say-Barroua, la rive du lac Tchad, la limite des possessions allemandes, le Niger et la mer.

4° Cette reconnaissance de la part de la France aura lieu sous la réserve de la conclusion d'un arrangement satisfaisant au sujet des territoires en litige à l'Ouest du Niger, et de l'adoption de règlements satisfaisants pour la France en ce qui concerne la navigation du Niger.

Si les propositions de Votre Excellence ont été exactement reproduites ci-dessus, je suis chargé par Lord Salisbury de vous assurer que le Gouvernement de Sa Majesté est tout disposé à les prendre comme bases d'une négociation ultérieure. Cependant, de l'avis du Gouvernement de Sa Majesté, ces propositions n'avancent pas beaucoup les négociations, étant donné que les questions les plus contestées ne sont aucunement touchées. On n'y trouve nulle indication des dispositions qui seraient de nature à satisfaire la France, tant au sujet des territoires à l'Ouest du Niger qu'à celui des règlements à convenir pour la navigation du Niger.

Le Gouvernement de Sa Majesté acceptant les propositions françaises dans la limite où elles sont formulées, il n'y a pas lieu de les commenter davantage. Il y a cependant deux questions subsidiairement soulevées par ces propositions, et sur chacune desquelles le Gouvernement de Sa Majesté a une observation à faire.

Au cours d'un entretien que j'eus avec Votre Excellence le 29 du mois dernier, et dont je fis connaître aussitôt les détails à Lord Salisbury, le langage tenu par Votre Excellence impliquait qu'à votre point de vue, le Gouvernement français accorderait une concession considérable en reconnaissant les droits de la Grande-Bretagne sur le Bornou. Ceci est un malentendu. Lord Salisbury me prie de faire observer qu'il était en personne le négociateur pour l'Angleterre quand la ligne Say-Barroua fut acceptée, et que, pendant cette négociation, Sa Seigneurie n'entendit jamais émettre de doute sur le fait que l'acceptation de cette ligne par la France plaçait le Bornou dans la sphère d'influence anglaise. Lord Salisbury exprima officiellement la même manière de voir devant le Parlement dans les deux ou trois jours de la signature de la Déclaration, et cette constatation n'a été contredite par aucune autorité française. Les jurisconsultes les plus autorisés de la Grande-Bretagne ont été récemment consultés sur cette question, et leur opinion a pleinement confirmé le Gouvernement de Sa Majesté dans sa précédente manière de voir. L'Angleterre ne peut admettre que la convention anglo-française laisse de doutes quelconques sur ses droits sur le Bornou.

L'autre point sur lequel il est nécessaire d'appeler l'attention est la proposition de la reconnaissance des droits de la France sur les rives Nord et Est du lac Tchad. Si d'autres questions sont réglées, le Gouvernement de Sa Majesté ne fera pas de difficultés pour cette condition. Mais, ce faisant, il ne peut oublier que la possession de ce territoire peut, dans l'avenir, ouvrir une route vers le Nil; et il ne faut pas comprendre que le Gouvernement de Sa Majesté puisse admettre qu'aucune Puissance européenne autre que la Grande-Bretagne puisse avoir de droits quelconques à occuper une portion, quelle qu'elle soit, de la vallée du Nil. Les vues du Gouvernement Britannique sur ce point ont été exposées nettement devant le Parlement par Sir Ed. Grey, il y a quelques années, pendant l'administration du comte de Rosebery, et ont été communiquées en due forme au Gouvernement français à cette époque. Le Gouvernement actuel de Sa Majesté adhère pleinement au langage employé à cette occasion par ses prédécesseurs.

Edm. Monson.

M. HANOTAUX, Ministre des Affaires étrangères, à Sir Edmund Monson, Ambassadeur d'Angleterre, à Paris.

Paris, le 24 décembre 1897.

Par une lettre du 10 de ce mois, Votre Excellence a bien voulu m'informer de l'adhésion du Gouvernement de la Reine au principe de certaines déclarations faites par les Commissaires français au cours de la séance du 26 novembre dernier de la Commission du Niger, et qui avaient été l'objet d'éclaircissements complémentaires fournis verbalement le lendemain à l'Ambassade d'Angleterre par l'un d'eux.

Les articulations formulées à ce sujet dans la communication de Votre Excellence reproduisent dans sa substance le langage tenu par nos Commissaires. En ce qui concerne, toutefois, les articles 1 et 3, je noterai, qu'à titre d'indication générale, les délégués français avaient rappelé que la délimitation proposée l'année dernière sur le Niger par le Plénipotentiaire anglais n'atteignait la ligne Say-Barroua qu'à une certaine distance à l'est du fleuve. Ils avaient aussi demandé que le tracé de cette ligne fût l'objet d'un accord simultané des deux Gouvernements.

Je crois devoir également constater que les communications visées dans la lettre de Votre Excellence n'ont été faites qu'à la suite d'un vœu exprimé par les Commissaires britanniques au cours de la séance du 26 novembre. Les délégués français ayant eu à mentionner les droits que nous pouvons revendiquer à l'est du Niger et, notamment, dans le Bornou et dans l'Adamoua, leurs Collègues britanniques signalèrent le prix qu'ils attacheraient à savoir si, « au cas où l'arrangement général aboutirait », le Gouvernement français serait disposé à ne pas faire état de ses prétentions de ce côté du fleuve. C'est à cette demande qu'ont eu pour objet de répondre les indications données verbalement, le 27 novembre, à l'Ambassade d'Angleterre, par un des Commissaires français.

A cette occasion, Votre Excellence m'a fait savoir que le Gouvernement de la Reine ne saurait considérer comme une concession l'abandon de nos prétentions sur le Bornou, la Convention de 1890 ne pouvant laisser, à ses yeux, aucun d   sur les droits de l'Angleterre dans cette région. En vous chargeant de faire cette déclaration, Lord Salisbury s'est référé non seulement aux souvenirs personnels qu'il avait conservés de la négociation de 1890 et à un avis exprimé récemment par les jurisconsultes britanniques, mais aussi à un discours prononcé par Sa Seigneurie presque immédiatement après la conclusion de l'arrangement devant le Parlement anglais, et dont vous avez bien voulu, par une lettre particulière du 14 de ce mois, me communiquer un extrait.

Cette question a été déjà trop fréquemment traitée pour qu'il paraisse nécessaire de reprendre dans leur détail l'exposé des considérations pour lesquelles nous ne saurions acquiescer à l'interprétation donnée par le Gouvernement britannique à l'article 2 de l'arrangement du 5 août 1890. Je mentionnerai seulement, qu'à nos yeux, la portée de cette stipulation était caractérisée par le fait que la condition à laquelle devait satisfaire le tracé de la ligne Say à Barroua était de comprendre dans la zone d'action de la Compagnie du Niger *tout ce qui appartient équitablement (fairly) au Royaume de Sokoto*. Cette appréciation ne semblait en rien contredite par les pourparlers antérieurs à la signature de l'arrangement, non plus que par les termes du discours prononcé peu après sa conclusion par Lord Salisbury devant la Chambre des Lords. Le texte envoyé à cette époque au Ministère des Affaires étrangères par l'Ambassade de France à Londres et qui, en l'absence de publications officielles, avait été emprunté au journal *the Standard* du 12 août 1890, constatait en effet que tandis que la Compagnie du Niger avait conclu des traités avec le Sokoto, elle n'avait aucune convention avec l'Empire de Bornou. On y lisait ensuite cette phrase : « Cette contrée est ouverte aux « opérations de quiconque pourra persuader aux chefs indi- « gènes de conclure un traité, » — « that country is open to « the operations of any one who can persuade the native « rulers to negotiate a treaty ».

Votre Excellence a cru devoir ajouter qu'en reconnaissant les droits de la France sur la rive Nord et Est du lac Tchad et sur les territoires situés en arrière, le Gouvernement britannique n'entend pas admettre qu'une Puissance autre que la Grande-Bretagne puisse prétendre à occuper une portion quelconque de la vallée du Nil.

La situation réciproque de la France et de la Grande-Bretagne dans les régions du lac Tchad a donné déjà lieu, en 1894, à des pourparlers qui avaient abouti à l'article 5 des bases d'arrangement remises par M. Phipps, le 9 octobre de la même année.

Les termes dans lesquels était conçu ce projet semblaient impliquer le règlement des difficultés pendantes à l'ouest comme à l'est du Niger, abstraction faite des questions du Haut-Nil. C'est dans cet ordre d'idées et en reproduisant la substance de l'article précité ainsi que des passages y relatifs des deux lettres échangées entre M. Phipps et moi le 10 octobre 1894, qu'il a été répondu à la question posée par les Commissaires britanniques.

En tout cas, le Gouvernement français ne saurait, en la circonstance présente, se dispenser de reproduire les réserves qu'il n'a jamais manqué d'exprimer toutes les fois que les questions afférentes à la vallée du Nil ont pu être mises en cause. C'est ainsi, notamment, que les déclarations de sir Edward Grey, auxquelles vient de se reporter le Gouvernement britannique, ont motivé de la part de notre Représentant à Londres une protestation immédiate, dont il a repris et développé les termes dans les entretiens ultérieurs qu'il a eus ensuite sur ce sujet au Foreign Office. J'ai eu moi-même occasion, au cours de la séance du Sénat du 5 avril 1895, de faire, au nom du Gouvernement, des déclarations auxquelles je crois être d'autant plus fondé à me référer qu'elles n'ont amené aucune réponse de la part du Gouvernement britannique.

Ainsi que je l'ai déjà spécifié, les Commissaires français, pour répondre à une demande d'éclaircissements de leurs Collègues, n'ont fait que se reporter aux bases d'arrangement posées en 1894 par le Plénipotentiaire britannique.

La position prise par le Cabinet de Londres dans la lettre à laquelle je réponds tendrait à avoir pour conséquence de préjuger des questions d'ordre tout différent et qui sont complètement étrangères aux difficultés dont la Commission du Niger a pour mandat de poursuivre le règlement.

C'est pourquoi j'ai pensé que, pour le bon ordre d'une discussion que les deux parties ont un égal désir de voir se terminer par un arrangement équitable, ces explications étaient nécessaires et je les fais parvenir à Votre Excellence dans le même esprit de conciliation et d'entente qu'elle a bien voulu invoquer dans sa propre communication.

G. HANOTAUX.

II. — CONVENTION

Entre la France et la Grande-Bretagne, fixant la délimitation des possessions françaises de la Côte d'Ivoire, du Soudan et du Dahomey, des colonies britanniques de la Côte d'Or et de Lagos et des autres possessions britanniques à l'ouest du Niger ainsi que des possessions françaises et britanniques et des sphères d'influence des deux pays à l'est du Niger, signée le 14 juin 1898.

Le gouvernement de la République française et le gouvernement de Sa Majesté la reine du Royaume-Uni, de la Grande-Bretagne et d'Irlande, impératrice des Indes, ayant résolu, dans un esprit de bonne entente mutuelle, de confirmer le Protocole avec ses quatre annexes, préparé par leurs Délégués respectifs pour la délimitation des possessions françaises de la Côte d'Ivoire, du Soudan et du Dahomey et des colonies britanniques de la Côte d'Or et de Lagos, et des autres possessions britanniques à l'Ouest du Niger, ainsi que pour la délimitation des possessions françaises et britanniques et des sphères d'influence des deux pays à l'est du Niger, les soussignés :

Son Excellence M. Gabriel Hanotaux, Ministre des Affaires étrangères de la République française ;

Et son Excellence le Très honorable Sir Edmund Monson, Ambassadeur de Sa Majesté la Reine du Royaume-Uni, de la Grande-Bretagne et d'Irlande, Impératrice des Indes, près le Président de la République française, dûment autorisés à cet effet, confirment le Protocole avec ses Annexes, dressé à Paris le 14 juin 1898, et dont la teneur suit :

PROTOCOLE

Les soussignés, René Lecomte, Ministre plénipotentiaire, Sous-Directeur adjoint à la direction des affaires politiques du Ministère des affaires étrangères ; Louis-Gustave Binger, Gouverneur des colonies hors cadres, Directeur des affaires d'Afrique au Ministère des colonies; Martin Gosselin, Ministre plénipotentiaire, Premier secrétaire de l'Ambassade de Sa Majesté Britannique à Paris; William Everett, Colonel de l'armée de terre de Sa Majesté Britannique et Assistant adjudant-général au bureau des renseignements au Ministère de la Guerre; délégués respectivement par le Gouvernement de la République française et par le Gouvernement de Sa Majesté Britannique à l'effet de préparer, en exécution des déclarations échangées à Londres le 5 août 1890 et le 15 janvier 1896, un projet de délimitation définitive entre les possessions françaises de la Côte d'Ivoire, du Soudan et du Dahomey, et les colonies britanniques de la Côte d'Or et de Lagos, et les autres possessions britanniques à l'ouest du Niger, et entre les possessions françaises et britanniques et les sphères d'influence des deux pays à l'est du Niger, sont convenus des dispositions suivantes, qu'ils ont résolu de soumettre à l'agrément de leurs Gouvernements respectifs.

Article premier

La frontière séparant les colonies françaises de la Côte d'Ivoire et du Soudan de la colonie britannique de la Côte d'Or partira du point terminal Nord de la frontière déterminée par l'arrangement franco-anglais du 12 juillet 1893, c'est-à-dire de l'intersection du thalweg de la Volta noire avec le 9° degré de latitude nord, et suivra le thalweg de cette rivière vers le nord jusqu'à son intersection avec le 11° degré de latitude Nord. De ce point, elle suivra, dans la direction de l'Est, ledit parallèle de latitude jusqu'à la rivière qui est marquée sur la carte n° 1 annexée au présent Protocole, comme passant immédiatement à l'est des villages de Souaga (Zwaga) et de Sebilla (Zebilla). Elle suivra ensuite le thalweg de la branche occidentale de cette rivière en remontant son cours jusqu'à son intersection avec le parallèle de latitude passant par le village de Sapeliga. De ce point, la frontière suivra la limite septentrionale du terrain appartenant à Sapeliga jusqu'à la rivière Nouhau (Nuhau) et se dirigera ensuite par le thalweg de cette rivière en remontant ou en descendant, suivant le cas, jusqu'à un point situé à 3,219 mètres (2 milles) à l'est du chemin allant de Gambaga à Tingourkou (Trukrugu), par Baukou (Bawku). De là, elle rejoindra en ligne droite le point d'intersection du 11e degré de latitude Nord avec le chemin indiqué sur la carte n° 1 comme allant de Sansanné-Mango à Pama par Djebiga (Jebigu).

Art. 2.

La frontière entre la colonie française du Dahomey et la colonie britannique de Lagos, qui a été délimitée sur le terrain par la Commission franco-anglaise de délimitation de 1895, et qui est décrite dans le rapport signé le 12 octobre 1896 par les Commissaires des deux nations, sera désormais reconnue comme la frontière séparant les possessions françaises et britanniques de la mer au 9e degré de latitude Nord.

A partir du point d'intersection de la rivière Ocpara avec le 9e degré de latitude Nord, tel qu'il a été déterminé par lesdits Commissaires, la frontière séparant les possessions françaises et britanniques se dirigera vers le Nord, et suivra une ligne passant à l'Ouest des terrains appartenant aux localités suivantes : Tabira, Okouta (Okuta), Boria, Tere, Gbani, Yassikéra (Assigere), et Dekala.

De l'extrémité Ouest du terrain appartenant à Dekala la frontière sera tracée dans la direction du Nord, de manière à coïncider autant que possible avec la ligne indiquée sur la carte n° 1 annexée au présent Protocole, et atteindra la rive droite du Niger en un point situé à 16.093 mètres (10 milles) en amont du centre de la ville de Guiris (Géré) [port d'Ilo], mesurés à vol d'oiseau.

Art. 3.

Du point spécifié dans l'article 2, où la frontière séparant les possessions françaises et britanniques atteint le Niger, c'est-à-dire d'un point situé sur la rive droite de ce fleuve, à 16.093 mètres (10 milles) en amont du centre de la ville de Guiris (Géré) [port d'Ilo], la frontière suivra la perpendiculaire élevée de ce point sur la rive droite du fleuve jusqu'à son intersection avec la ligne médiane du fleuve. Elle suivra ensuite, en remontant la ligne médiane du fleuve jusqu'à son intersection avec une ligne perpendiculaire à la rive gauche et partant de la ligne médiane du débouché de la dépression ou cours d'eau asséché, qui, sur la Carte n° 2, annexée au présent Protocole, est appelé Dallul Mauri et y est indiqué comme étant situé à une distance d'environ 27.350 mètres (17 milles) mesurés à vol d'oiseau d'un point sur la rive gauche en face du village ci-dessus mentionné de Guiris (Géré).

De ce point d'intersection, la frontière suivra cette perpendiculaire jusqu'à sa rencontre avec la rive gauche du fleuve.

Art. 4.

A l'est du Niger, la frontière séparant les possessions françaises et britanniques suivra la ligne indiquée sur la carte n° 2 annexée au présent Protocole.

Partant du point sur la rive gauche du Niger, indiqué à l'article précédent, c'est-à-dire la ligne médiane du Dallul Mauri, la frontière suivra cette ligne médiane jusqu'à sa rencontre avec la circonférence d'un cercle décrit du centre de la ville de Sokoto avec un rayon de 160.932 mètres (100 milles). De ce point, elle suivra l'arc septentrional de ce cercle jusqu'à sa seconde intersection avec le 14° degré de latitude Nord. De ce second point d'intersection, elle suivra ce parallèle vers l'Est sur une distance de 112.652 mètres (70 milles), puis se dirigera au Sud vrai jusqu'à sa rencontre avec le parallèle 13° 20' de latitude Nord ; puis vers l'Est, suivant ce parallèle sur une distance de 402,230 mètres (250 milles); puis au Nord vrai, jusqu'à ce qu'elle rejoigne le 14° parallèle de latitude Nord ; puis vers l'Est sur ce parallèle, jusqu'à son intersection avec le méridien passant à 35' est du centre de la ville de Kuka : puis ce méridien vers le Sud jusqu'à son intersection sur la rive Sud du lac Tchad.

Le Gouvernement de la République Française reconnaît comme tombant dans la sphère britannique le territoire à l'Est du Niger, compris entre la ligne susmentionnée, la frontière anglo-allemande et la mer.

Le Gouvernement de Sa Majesté Britannique reconnaît comme tombant dans la sphère française les rives nord, est et sud du lac Tchad, qui sont comprises entre le point d'intersection du 14° degré de latitude Nord avec la rive occidentale du lac et le point d'incidence sur le lac de la frontière déterminée par la convention franco-allemande du 15 mars 1894.

ART. 5.

Les frontières déterminées par le présent Protocole sont inscrites sur les cartes n°s 1 et 2 ci-annexées.

Les deux Gouvernements s'engagent à désigner, dans le délai d'un an pour les frontières à l'Ouest du Niger, et de deux ans pour les frontières à l'Est de ce même fleuve, à compter de la date de l'échange des ratifications de la Convention qui doit être conclue aux fins de confirmer le présent Protocole, des Commissaires qui seront chargés d'établir sur les lieux les lignes de démarcation entre les possessions françaises et britanniques, en conformité et suivant l'esprit des stipulations du présent Protocole.

En ce qui concerne la délimitation de la portion du Niger dans les environs d'Ilo et du Dallul Mauri visée à l'article 3, les commissaires chargés de la délimitation, en déterminant sur les lieux la frontière fluviale, répartiront équitablement entre les deux Puissances contractantes les îles qui pourront faire obstacle à la délimitation fluviale telle qu'elle est décrite à l'article 3.

Il est entendu entre les deux Puissances contractantes qu'aucun changement ultérieur dans la position de la ligne médiane du fleuve n'affectera les droits de propriété sur les îles qui auront été attribuées à chacune des deux Puissances par le procès-verbal des Commissaires dûment approuvé par les deux Gouvernements.

Art. 6.

Les deux Puissances contractantes s'engagent réciproquement à traiter avec bienveillance (« *consideration* ») les chefs indigènes qui, ayant eu des traités avec l'une d'elles, se trouveront, en vertu du présent Protocole, passer sous la souveraineté de l'autre.

Art. 7.

Chacune des deux Puissances contractantes s'engage à n'exercer aucune action politique dans les sphères de l'autre, telles qu'elles sont définies par les articles 1, 2, 3 et 4 du présent Protocole.

Il est convenu par là que chacune des deux Puissances s'interdit de faire des acquisitions territoriales dans les sphères de l'autre, d'y conclure des traités, d'y accepter des droits de souveraineté ou de protectorat, d'y gêner ou d'y contester l'influence de l'autre.

Art. 8.

Le gouvernement de Sa Majesté Britannique cédera à bail au Gouvernement de la République Française, aux fins et conditions spécifiées dans le modèle du bail annexé au présent Protocole, deux terrains à choisir par le Gouvernement de la République Française de concert avec le Gouvernement de Sa Majesté Britannique, dont l'un sera situé en un endroit convenable sur la rive droite du Niger, entre Leaba et le confluent de la rivière Moussa (Mochi) avec ce fleuve, et l'autre sur l'une des embouchures du Niger.

Chacun de ces terrains sera en bordure sur le fleuve sur une étendue de 400 mètres au plus, et formera un tènement dont la superficie ne sera pas inférieure à 10 hectares, ni supérieure à 50 hectares. Les limites exactes de ces terrains seront indiquées sur un plan annexé à chacun des baux.

Les conditions dans lesquelles s'effectuera le transit des marchandises sur le cours du Niger, de ses affluents, de ses embranchements et issues, ainsi qu'entre le terrain ci-dessus mentionné situé entre Leaba et le confluent de la Rivière Moussa (Mochi), et le point à désigner par le Gouvernement de la République française sur la frontière française, feront l'objet d'un règlement dont les détails seront discutés par les deux Gouvernements immédiatement après la signature du présent Protocole.

Le Gouvernement de Sa Majesté Britannique s'engage à donner avis, quatre mois à l'avance, au Gouvernement de la République française de toute modification dans le Règlement en question, afin de mettre ledit Gouvernement français en mesure d'exposer au Gouvernement britannique toutes représentations qu'il pourrait désirer faire.

Art. 9.

A l'intérieur des limites tracées sur la carte n° 2, annexée au présent Protocole, les citoyens français et protégés français, les sujets britanniques et protégés britanniques, pour leurs personnes comme pour leurs biens, les marchandises et produits naturels ou manufacturés de la France et de la Grande-Bretagne, de leurs colonies, possessions et protectorats respectifs, jouiront pendant trente années, à partir de l'échange des ratifications de la Convention mentionnée à l'article 5, du même traitement pour tout ce qui concerne la navigation fluviale, le commerce, le régime douanier et fiscal et les taxes de toute nature.

Sous cette réserve, chacune des deux Puissances contractantes conservera la liberté de régler sur son territoire et à sa convenance le régime douanier et fiscal et les taxes de toute nature.

Dans le cas où aucune des Puissances contractantes n'aurait notifié douze mois avant l'échéance du terme précité de trente années son intention de faire cesser les effets du présent article, il continuera à être obligatoire jusqu'à l'expiration d'une année à partir du jour où l'une ou l'autre des Puissances contractantes l'aura dénoncé.

En foi de quoi les délégués soussignés ont dressé le présent Protocole et y ont apposé leurs signatures.

Fait à Paris, en double expédition, le quatorze juin mil huit cent quatre-vingt-dix-huit.

René Lecomte.
G. Binger.
Martin Gosselin.
William Everett.

ANNEXE.

Bien que le tracé des lignes de démarcation sur les deux cartes annexées au présent Protocole soit supposé être généralement exact, il ne peut être considéré comme une représentation absolument correcte de ces lignes, jusqu'à ce qu'il ait été confirmé par de nouveaux levés.

Il est donc convenu que les Commissaires ou Délégués locaux des deux pays, qui seront chargés, par la suite, de délimiter tout ou partie des frontières sur le terrain, devront se baser sur la description des frontières telle qu'elle est formulée par le Protocole.

Il leur sera loisible, en même temps, de modifier lesdites lignes de démarcation en vue de les déterminer avec une plus grande exactitude et de rectifier la position des lignes de partage, des chemins ou rivières, ainsi que des villes ou villages indiqués dans les cartes susmentionnés.

Les changements ou corrections proposés d'un commun accord par lesdits Commissaires ou Délégués seront soumis à l'approbation des Gouvernements respectifs.

René Lecomte.
G. Binger.
Martin Gosselin.
William Everett.

ANNEXE.

MODÈLE DE BAIL.

1. Le Gouvernement de Sa Majesté britannique cède à bail au Gouvernement de la République française un terrain situé....... du Niger, ayant en bordure du fleuve un développement de........., et formant un tènement d'une superficie de..... hectares, dont les limites exactes sont indiquées sur le plan annexé au présent bail.

2. Le bail aura une durée de trente années consécutives à partir de........., mais, dans le cas où aucune des Parties contractantes n'aura notifié douze mois avant l'échéance du terme susmentionné de trente ans son intention de mettre fin au présent bail, ledit bail restera en vigueur jusqu'à l'expiration d'une année à partir du jour où l'une ou l'autre des Parties contractantes l'aura dénoncé.

3. Ledit terrain sera soumis aux lois en vigueur pendant cette période dans le Protectorat Britannique des Districts du Niger.

4. Une partie du territoire ainsi cédé à bail, et dont l'étendue n'excédera pas 10 hectares, sera utilisée exclusivement pour les opérations de débarquement, d'emmagasinage et de transbordement des marchandises, et pour

toutes fins pouvant être considérées comme subsidiaires à ces opérations, et les seuls résidents permanents seront les personnes employées pour le service et la sécurité desdites marchandises, avec leurs marchandises et leurs domestiques.

5. Le Gouvernement de la République française s'engage :

a) A clore la partie dudit terrain mentionnée à l'article 4 du présent bail (à l'exception du côté bordant le Niger) par un mur ou par une palissade ou par toute autre sorte de clôture continue, dont la hauteur ne sera pas inférieure à 3 mètres ; il n'y aura qu'une seule porte sur chacun des trois côtés de la clôture.

b) A ne pas permettre, dans ladite partie de terrain, la réception ou la sortie d'aucune marchandise en convention avec les Règlements douaniers britanniques. Tout acte fait en violation de cette stipulation sera considéré comme équivalent à une fraude de droit de douane et sera puni en conséquence.

c) A ne pas vendre ni autoriser à vendre des marchandises au détail sur ladite partie de terrain. La vente de quantités d'un poids ou d'une mesure inférieure à 1.000 kilogrammes, 1.000 litres ou 1.000 mètres, sera considérée comme vente au détail. Il est entendu que cette stipulation n'est pas applicable aux marchandises en transit.

d) Le Gouvernement de la République française, ou ses sous-locataires ou agents, auront le droit de construire sur ladite portion de terrain, des magasins, des maisons pour bureaux et tous autres édifices nécessaires, pour les opérations de débarquement, d'emmagasinement et de transbordement des marchandises, et également de construire, dans la partie de l'avant-rivage du Niger comprise dans le bail, des quais, des ponts, des docks, et tous autres ouvrages nécessaires en vue desdites opérations, pourvu que les plans de tout ouvrage à construire ainsi sur l'avant-rivage du fleuve soient communiqués pour examen aux autorités britanniques, afin que vérification puisse être faite que ces ouvrages ne sauraient, en aucune manière, gêner la navigation du fleuve, ni être en opposition avec les droits de tiers ou avec le système douanier.

e) Il est entendu que l'embarquement, le débarquement et l'emmagasinement des marchandises sur ladite partie de terrain seront effectués à tous égards conformément aux lois alors en vigueur dans le Protectorat Britannique des Districts du Niger.

6. Le Gouvernement de la République française s'engage à payer annuellement au Gouvernement britannique, le 1er janvier de chaque année un loyer de 1 fr.

7. Le Gouvernement de la République française aura le droit de sous-louer tout ou partie du terrain faisant l'objet du présent bail, pourvu que les sous-locataires ne fassent usage de ce terrain à d'autres fins que celles stipulées dans le présent bail, et que ledit Gouvernement demeure responsable envers le Gouvernement de Sa Majesté Britannique de l'observation des stipulations du présent bail.

8. Le Gouvernement de Sa Majesté Britannique s'engage à remplir à l'égard du preneur à bail toutes les obligations qui lui incombent en sa qualité de propriétaire dudit terrain.

9. A l'expiration du terme de trente ans spécifié à l'article 2 du présent bail, le Gouvernement français ou ses sous-locataires pourront rester, pour une période qui, cumulée avec ledit terme de trente ans, n'excédera pas quatre-vingt-dix-neuf ans, en possession et jouissance des constructions et installations qui auront été faites sur le terrain cédé à bail. Toutefois le Gouvernement de Sa Majesté Britannique se réservera, à l'expiration ou à la mise à terme du présent bail survenue dans les conditions spécifiées à l'article 2, le droit de racheter à dire d'experts, qui seront nommés par les deux Gouvernements, lesdites constructions et installations, moyen-

nant que notification de son intention soit donnée au Gouvernement français, au plus tard dix mois avant l'expiration ou mise à terme du bail. En cas de dissentiment entre eux, les experts désigneront un tiers arbitre, dont la décision sera définitive.

Pour calculer la valeur des constructions et installations ci-dessus mentionnées, les experts se guideront d'après les considérations suivantes :

a) Dans le cas où le bail expirerait à la fin des trente premières années, la valeur de rachat des biens sera la pleine valeur marchande ;

b) Dans le cas où le bail cesserait postérieurement au terme de trente ans, la valeur à payer sera la pleine valeur marchande, moins une fraction dont le numérateur sera le nombre d'années qu'aura duré le bail diminué de trente, et dont le dénominateur sera soixante-neuf.

10. Le terrain compris dans le bail sera arpenté et délimité sans retard.

Dans le cas où une différence d'opinion surgirait entre les deux Gouvernements sur l'interprétation du bail ou sur tout autre sujet se rapportant à ce bail, la question sera réglée par l'arbitrage d'un jurisconsulte d'une nationalité tierce désigné d'accord par les deux Gouvernements.

René LECOMTE.
G. BINGER.
Martin GOSSELIN.
William EVERETT.

La présente Convention sera ratifiée, et les ratifications en seront échangées à Paris dans le délai de six mois, ou plus tôt si faire se peut.

En foi de quoi les Soussignés ont signé la présente Convention et y ont apposé leurs cachets.

Fait à Paris, en double exemplaire, le 14 juin 1893.

G. HANOTAUX.
Edmund MONSON.

Sir Edmund Monson, ambassadeur d'Angleterre à Paris,
à M. G. Hanotaux, ministre des Affaires étrangères.

Paris, le 14 juin 1898.

Me référant à la Convention conclue à la date de ce jour entre la Grande-Bretagne et la France relativement aux intérêts territoriaux et autres des deux nations dans la région du Niger, j'ai l'honneur, conformément aux instructions que j'ai reçues du principal Secrétaire de Sa Majesté Britannique pour les Affaires étrangères, d'informer Votre Excellence que le Gouvernement de Sa Majesté s'engage à examiner immédiatement, de concert avec le Gouvernement français, les règlements de navigation du Niger et de ses tributaires existant actuellement, en vue de supprimer toute restriction préjudiciable au commerce français qui serait reconnue par les deux Pays comme étant en désaccord avec les termes de l'Acte de navigation du Niger contenu dans l'Acte général de Berlin du 26 février 1885.

J'ai, en même temps, l'honneur, conformément aux instructions du principal Secrétaire d'Etat de Sa Majesté Britannique pour les Affaires étrangères, de demander à Votre Excellence l'assurance que le Gouvernement de Sa Majesté aura de son côté la facilité d'examiner, de concert avec le Gouvernement français, les règlements de navigation à établir à une date à venir pour cette partie du cours du Niger et de ses tributaires, qui est placée sous la souveraineté ou le protectorat de la France, en vue de supprimer toute restriction préjudiciable au commerce britannique qui serait reconnue des deux côtés comme étant en désaccord avec les termes de l'Acte de navigation du Niger contenu dans l'Acte général de la Conférence de Berlin du 26 février 1885.

Edmund Monson.

M. G. Hanotaux, ministre des Affaires étrangères, à Sir Edmund Monson, Ambassadeur d'Angleterre à Paris.

Paris, le 14 juin 1898.

Se référant à la Convention conclue en date de ce jour entre la France et la Grande-Bretagne, relativement aux intérêts territoriaux et autres des deux nations dans la région du Niger, Votre Excellence a bien voulu me faire savoir, par une lettre également de ce jour, que le Gouvernement de Sa Majesté Britannique s'engageait à examiner immédiatement, de concert avec le Gouvernement de la République française, le règlement existant pour la navigation du Niger et de ses affluents, en vue d'écarter toute restriction préjudiciable au commerce français qui serait de part et d'autre reconnue comme étant en désaccord avec les termes de l'Acte de navigation du Niger contenu dans l'Acte général de la Conférence de Berlin du 26 février 1885.

Me référant également à la Convention précitée, et pour répondre au désir exprimé par Votre Excellence, j'ai l'honneur de lui donner l'assurance que le Gouvernement britannique sera mis à même d'examiner, de concert avec le gouvernement français, le règlement de navigation qui viendrait à être établi ultérieurement sur la partie du cours du Niger et de ses affluents placée sous la souveraineté ou le protectorat de la France, en vue d'écarter toute restriction préjudiciable au commerce britannique qui serait reconnue de part et d'autre comme étant en désaccord avec les termes de l'Acte de navigation du Niger contenu dans l'Acte général de la Conférence de Berlin du 26 février 1885.

G. Hanotaux.

DÉCLARATION ADDITIONNELLE
à la Convention franco-anglaise du 14 juin 1898.
(21 mars 1899).

Les Soussignés, dûment autorisés à cet effet par leurs Gouvernements, ont signé la déclaration suivante :

L'article 5 de la Convention du 14 juin 1898 est complété par les dispositions suivantes qui seront considérées comme en faisant partie intégrante :

1. Le Gouvernement de la République française s'engage à n'acquérir ni territoire ni influence politique à l'est de la ligne frontière définie dans le paragraphe suivant, et le Gouvernement de Sa Majesté Britannique s'engage à n'acquérir ni territoire ni influence politique à l'ouest de cette même ligne.

2. La ligne frontière part du point où la limite entre l'État libre du Congo et le territoire français rencontre la ligne de partage des eaux coulant vers le Nil de celles qui s'écoulent vers le Congo et ses affluents. Elle suit en principe cette ligne de partage des eaux jusqu'à sa rencontre avec le 11e parallèle de latitude nord. A partir de ce point elle sera tracée jusqu'au 15e parallèle, de façon à séparer en principe le royaume de Ouadaï de ce qui était, en 1882, la province de Darfour; mais son tracé ne pourra en aucun cas dépasser à l'ouest le 21e degré de longitude est de Greenwich (18° 40' est de Paris), ni à l'est le 23e degré de longitude est de Greenwich (20° 40' est de Paris).

3. Il est entendu en principe, qu'au nord du 15e parallèle, la zone française sera limitée au nord-est et à l'est par une ligne qui partira du point de rencontre du Tropique du Cancer avec le 16e degré de longitude est de Greenwich (13° 40' est de Paris), descendra dans la direction du sud-est jusqu'à sa rencontre avec le 24e degré de longitude est de Greenwich (21° 40' est de Paris) et suivra ensuite le 24e degré jusqu'à sa rencontre au nord du 15e parallèle de latitude avec la frontière du Darfour telle qu'elle sera ultérieurement fixée.

4. Les deux Gouvernements s'engagent à désigner des Commissaires qui seront chargés d'établir sur les lieux une

ligne frontière conforme aux indications du paragraphe 2 de la présente Déclaration. Le résultat de leurs travaux sera soumis à l'approbation de leurs Gouvernements respectifs.

Il est convenu que les dispositions de l'article 5 de la Convention du 14 juin 1898 s'appliqueront également aux territoires situés au sud du 14° 20' de latitude nord et au nord du 5° degré de latitude nord, entre le 14° 20' de longitude est de Greenwich (12° est de Paris) et le cours du Haut-Nil.

Fait à Londres, le 21 mars 1899.

Paul CAMBON.
SALISBURY.

V

POSSESSIONS ALLEMANDES ET FRANÇAISES

PROTOCOLE

Concernant les possessions FRANÇAISES et ALLEMANDES à la CÔTE OCCIDENTALE d'Afrique et en OCÉANIE.

Le Gouvernement de la République française et le Gouvernement de Sa Majesté l'Empereur d'Allemagne ayant résolu de régler, dans un esprit de bonne entente mutuelle, les rapports qui peuvent résulter entre eux de l'extension de leurs droits respectifs de souveraineté ou de protectorat sur la côte occidentale d'Afrique et en Océanie, les soussignés :

Le baron de Courcel, ambassadeur extraordinaire et plénipotentiaire de la République française auprès de Sa Majesté l'Empereur d'Allemagne ;

Et le comte de Bismarck Schœnhausen, sous-secrétaire d'État au département des Affaires étrangères, dûment autorisés à cet effet, sont convenus des stipulations suivantes :

I

Golfe de Biafra.

Le Gouvernement de Sa Majesté l'Empereur d'Allemagne renonce, en faveur de la France, à tous droits de souveraineté ou de protectorat sur les territoires qui ont été acquis au sud de la rivière Campo par des sujets de l'Empire allemand et qui ont été placés sous le protectorat de Sa Majesté l'Empereur d'Allemagne. Il s'engage à s'abstenir de toute action politique au sud d'une ligne suivant ladite rivière, depuis quarante minutes de longitude Est de Paris (dix degrés de longitude Est de Greenwich) et, à partir de ce point, le parallèle prolongé jusqu'à sa rencontre avec le méridien situé par douze degrés quarante minutes de longitude Est de Paris (quinze degrés de longitude Est de Greenwich).

Le Gouvernement de la République française renonce à tous droits et à toutes prétentions qu'il pourrait faire valoir sur des territoires situés au nord de la même ligne, et il s'engage à s'abstenir de toute action politique au nord de cette ligne.

Aucun des deux Gouvernements ne devra prendre des mesures qui puissent porter atteinte à la liberté de la navigation et du commerce des ressortissants de l'autre Gouvernement sur les eaux de la rivière Campo, dans la portion qui restera mitoyenne et dont l'usage sera commun aux ressortissants des deux pays.

II

Côte des Esclaves.

Le Gouvernement de la République française, en reconnaissant le protectorat allemand sur le territoire de Togo, renonce aux droits qu'il pourrait faire valoir sur le territoire de Porto-Seguro, par suite de ses relations avec le roi Mensa.

Le Gouvernement de la République française renonce également à ses droits sur le Petit-Popo et reconnaît le protectorat allemand sur ce territoire.

Les commerçants français à Porto-Seguro et au Petit-Popo conserveront, pour leurs personnes et pour leurs biens, de même que pour les opérations de leur commerce, jusqu'à la conclusion de l'arrangement douanier prévu ci-dessous, le bénéfice du traitement dont ils jouissent actuellement, et tous les avantages ou immunités qui seraient accordés aux nationaux allemands leur seront également acquis. Ils conserveront notamment la faculté de transporter et d'échanger librement leurs marchandises entre leurs comptoirs ou magasins de Porto-Seguro et du Petit-Popo et le territoire français limitrophe, sans être astreints au payement d'aucun droit. La même faculté sera assurée, à titre de réciprocité, aux négociants allemands.

Les Gouvernements français et allemand se réservent d'ailleurs de se concerter, après enquête faite sur les lieux, afin d'arriver à l'établissement de règlements douaniers communs aux deux pays sur les territoires compris entre les possessions anglaises de la Côte d'Or à l'ouest et le Dahomey à l'est.

La limite entre les territoires français et les territoires allemands de la Côte des Esclaves sera fixée sur les lieux par une Commission mixte. La ligne séparative partira d'un point sur la Côte à déterminer entre les territoires du Petit-Popo et d'Agoué.

Dans le tracé de cette ligne vers le Nord, il sera tenu compte des délimitations des possessions indigènes.

Le Gouvernement allemand s'engage à s'abstenir de toute action politique à l'est de la ligne ainsi déterminée. Le Gouvernement français s'engage à s'abstenir de toute action politique à l'ouest de la même ligne.

III

Côte de Sénégambie. — Rivières du Sud.

Le Gouvernement de Sa Majesté l'Empereur d'Allemagne renonce à tous droits ou prétentions qu'il pourrait faire valoir sur des territoires situés entre le Rio-Nunez et la Mellacorée, notamment sur le Koba et le Kabitaï, et reconnaît la souveraineté de la France sur ces territoires.

IV

Océanie.

Le Gouvernement de Sa Majesté l'Empereur d'Allemagne s'engage envers le Gouvernement de la République française à ne rien entreprendre qui puisse entraver une prise de possession éventuelle par la France des îles et îlots formant le groupe dit des Iles-Sous-le-Vent en Océanie et se rattachant à l'archipel de Tahiti ou de la Société. Il prend le même engagement à l'égard de l'Archipel des Nouvelles-Hébrides, situé à proximité de la Nouvelle-Calédonie.

Le Gouvernement de la République française, dans le cas d'une prise de possession par la France de l'un des groupes d'îles susmentionnés, prend l'engagement de respecter les droits acquis des sujets allemands, notamment en ce qui concerne le recrutement des travailleurs indigènes, et de se concerter, à cet effet, avec le Gouvernement impérial d'Allemagne.

Fait en double à Berlin, le 24 décembre 1893.

Alphonse DE COURCEL.

Comte BISMARCK.

ARRANGEMENT

Conclu à Berlin pour la délimitation des colonies du CONGO FRANÇAIS et du CAMEROUN et des sphères d'influence française et allemande dans la région du LAC TCHAD, Protocole du 4 février 1894. Acte confirmatif du 15 mars suivant.

Le Gouvernement de la République française et le Gouvernement de Sa Majesté l'Empereur d'Allemagne, ayant résolu, dans un esprit de bonne entente mutuelle, de donner force et vigueur à l'accord préparé par leurs délégués respectifs pour la délimitation des colonies du Congo français et du Cameroun, et pour la détermination des sphères d'influence française et allemande dans la région du lac Tchad, les soussignés :

M. Jules Herbette, ambassadeur extraordinaire et plénipotentiaire de la République française auprès de Sa Majesté l'Empereur d'Allemagne, et

Le Baron de Marschall, secrétaire d'État des Affaires étrangères de l'Empire d'Allemagne,

Dûment autorisés, à cet effet, confirment le protocole (avec ses annexes), dressé à Berlin le 4 février dernier, et dont la teneur suit :

PROTOCOLE

Les soussignés :

Jacques Haussmann, chef de division au sous-secrétariat des colonies ;

Parfait Louis Monteil, chef de bataillon d'infanterie de marine ;

Docteur Paul Kayser, conseiller privé actuel de Légation, dirigeant les Affaires coloniales au département des Affaires étrangères ;

Docteur Alexandre Baron de Danckelman, professeur ;

Délégués par le Gouvernement de la République française et par le Gouvernement de l'Empire allemand à l'effet de préparer un accord destiné à régler les questions pendantes entre la France et l'Allemagne dans la région comprise entre les colonies du Congo français et du Cameroun, et à établir la ligne de démarcation des zones d'influence respectives des deux pays dans la région du lac Tchad, sont convenus des dispositions suivantes :

Article premier.

La frontière entre la colonie du Congo français et la colonie du Cameroun suivra, à partir de l'intersection du parallèle formant la frontière avec le méridien 12°40 Paris (15° Greenwich), le dit méridien jusqu'à sa rencontre avec la rivière Ngoko, le Ngoko jusqu'à sa rencontre avec le parallèle 2° (1), de là en se dirigeant vers l'Est, ce parallèle jusqu'à sa rencontre avec la rivière Sangha. Elle suivra ensuite, en remontant vers le nord sur une longueur de 30 kilomètres, la rivière de Sangha ; du point qui sera ainsi déterminé sur la rive droite de la Sangha, une ligne droite aboutissant, sur le parallèle de Bania, à 62 minutes (62′) à l'ouest de Bania ; de ce point, une ligne droite aboutissant, sur le parallèle de Gaza, à 43 minutes (43′) à l'ouest de Gaza.

(1) Voir annexe, paragraphe 2.

De là, la frontière se dirigea en ligne droite vers Koundé, laissant Koundé à l'Est avec une banlieue déterminée à l'Ouest par un arc de cercle d'un rayon de cinq kilomètres, partant, au Sud, du point où il sera coupé par la ligne allant à Koundé, et finissant au nord, à son intersection, avec le méridien de Koundé; de là, la frontière suivra le parallèle de ce point jusqu'à sa rencontre avec le méridien 12°40′ Paris (15° Greenwich) (1).

Le tracé suivra ensuite le méridien 12°40′ Paris (15° Greenwich) jusqu'à sa rencontre avec le parallèle 8°30′, puis une ligne aboutissant à Lamé, en laissant une banlieue de cinq kilomètres à l'ouest de ce point.

De Lamé, une ligne droite aboutissant sur la rive gauche du Mayo-Kebbi, à hauteur de Bifara (2). Du point l'accès à la rive gauche du Mayo-Kebbi, la frontière traversa la rivière et remontera en ligne droite vers le nord, laissant Bifara à l'est, jusqu'à la rencontre du 10° parallèle. Elle suivra ce parallèle jusqu'à sa rencontre avec le Chari (3), enfin le cours de Chari jusqu'au lac Tchad (4).

Art. 2.

Le Gouvernement français et le Gouvernement allemand prennent l'engagement réciproque de n'exercer aucune action politique dans les sphères d'influence qu'ils se reconnaissent par la ligne de démarcation déterminée à l'article précédent. Il est convenu par là que chacune des deux puissances s'interdit de faire des acquisitions territoriales, de conclure des traités, d'accepter des droits de souveraineté ou de protectorat, de gêner ou de contester l'influence de l'autre puissance dans la zone qui lui est réservée.

(1) Voir annexe, paragraphe 2.
(2) Voir annexe, paragraphe 3.
(3) Voir annexe, paragraphe 4.
(4) Voir annexe, paragraphe 5.

Art. 3.

L'Allemagne, en ce qui concerne la partie des eaux de la Benoué et de ses affluents comprise dans sa sphère d'influence; la France, en ce qui concerne la partie du Mayo-Kebbi et des autres affluents de la Benoué comprise dans sa sphère d'influence, se reconnaissent respectivement tenues d'appliquer et de faire respecter les dispositions relatives à la liberté de navigation et de commerce énumérées dans les articles 26, 27, 28, 29, 31, 32, 33, de l'acte de Berlin du 26 février 1885, de même que les clauses de l'acte de Bruxelles relatives à l'importation des armes et des spiritueux.

La France et l'Allemagne s'assurent respectivement le bénéfice de ces mêmes dispositions en ce qui concerne la navigation du Chari, du Lagone et de leurs affluents et l'importation des armes et des spiritueux dans les bassins de ces rivières.

Art. 4.

Dans les territoires de leur zone d'influence respective, compris dans les bassins de la Benoué et de ses affluents, du Chari, du Lagone et de leurs affluents, de même que dans les territoires situés au sud et au sud-est du lac Tchad, les commerçants ou les voyageurs des deux pays seront traités sur le pied d'une parfaite égalité en ce qui concerne l'usage des routes ou autres voies de communication terrestre. Dans ces mêmes territoires, les nationaux des deux pays seront soumis aux mêmes règles et jouiront des mêmes avantages au point de vue des acquisitions et installations nécessaires à l'exercice et au développement de leur commerce et de leur industrie.

Sont exclues de ces dispositions les routes et voies terrestres de communication des bassins côtiers de la colonie du Cameroun ou des bassins côtiers de la colonie du Congo français non compris dans le bassin conventionnel du Congo tel qu'il a été défini par l'Acte de Berlin.

Ces dispositions toutefois s'appliquent à la route Yola, Ngaoundéré, Koundé, Gaza, Bania et *vice versa*, telle qu'elle est repérée sur la carte annexée au présent Protocole, alors même qu'elle serait coupée par des affluents des bassins côtiers.

Les tarifs des taxes ou droits qui pourront être établis de part et d'autre ne comporteront, à l'égard des commerçants des deux pays, aucun traitement différentiel.

Art. 5.

En foi de quoi les délégués ont dressé le présent protocole et y ont apposé leurs signatures.

Fait à Berlin, en double expédition, le 4 février 1894.

Les délégués français : Haussmann, Monteil.

Les délégués allemands : Kayser, Danckelman.

ANNEXE.

§ 1er. La ligne de démarcation des sphères d'influence respectives des deux Puissances contractantes, telle qu'elle est décrite à l'article premier du protocole du même jour, sera conforme au tracé porté sur la carte annexée au présent protocole, qui a été établie d'après les données géographiques actuellement connues et admises de part d'autre.

§ II. Dans le cas où la rivière Ngoko, à partir de son intersection avec le méridien 12°40 (15 degrés Greenwich), ne couperait pas le deuxième parallèle, la frontière suivrait le Ngoko sur une longueur de 35 kilomètres à l'est de son intersection avec le méridien 12°40′ Paris (15° Greenwich) ; à partir du point ainsi déterminé à l'Est, elle rejoindrait par une ligne droite l'intersection du deuxième parallèle avec la Sangha.

§ III. S'il venait à être démontré, à la suite d'observations nouvelles dûment vérifiées, que les positions de Bania, de Gaza ou de Koundé sont erronées, et que par suite la frontière, telle qu'elle est définie par le présent protocole, se trouve reportée, au regard de l'un de ces trois points, d'une distance supérieure à dix minutes de degré (10 minutes) à l'Ouest du méridien 12°40' Paris (15° Greenwich), les deux gouvernements se mettraient d'accord pour procéder à une rectification du tracé, de manière à établir une compensation équivalente au profit de l'Allemagne dans la région en question.

Une rectification du même genre interviendrait, en vue d'établir une compensation au profit de la France. s'il était démontré que l'intersection du parallèle 10° avec le Chari reporte la frontière à une distance de plus dix minutes (10') à l'Est du point indiqué sur la carte (longitude 14°50' Paris, 17°10' Greenwich).

§ IV. En ce qui concerne le point d'accès au Mayo Kebbi, il demeure entendu que, quelle que soit la position définitivement reconnue pour ce point, la frontière laissera dans la sphère d'influence française les villages de Bifara et de Lamé.

§ V. Dans le cas où le Chari, depuis Goulfei jusqu'à son embouchure dans le Tchad, se diviserait en plusieurs bras, la frontière suivrait la principale branche navigable jusqu'à l'entrée dans le Tchad, avec cette réserve que, pour que ce tracé soit définitif, la différence de longitude entre le point ainsi atteint par la frontière sur la rive Sud du Tchad et Kouka, capitale du Bornou, pris comme point fixe, sera un degré.

Dans le cas où des observations ultérieures, dûment vérifiées, démontreraient que l'écart en longitude entre Kouka et ladite embouchure diffère de cinq minutes de degré en plus ou en moins, de celui qui vient d'être indiqué, il y aurait lieu, par une entente amiable, de modifier le tracé de cette partie de la frontière, de manière que les deux pays conservent, au point de l'accès au Tchad et des territoires qui leur sont reconnus dans cette région, des avantages équivalents à ceux qui leur sont assurés par le tracé porté sur la carte annexée au présent protocole.

§ VI. Toutes les fois que le cours d'un fleuve ou d'une rivière est indiqué comme formant la ligne de démarcation, c'est le thalweg du fleuve ou de la rivière qui est considéré comme frontière.

§ VII. Les deux Gouvernements admettent qu'il y aura lieu, dans l'avenir, de substituer progressivement aux lignes idéales qui ont servi à déterminer la frontière telle qu'elle est définie par le présent protocole, un tracé déterminé par la configuration naturelle du terrain et jalonné par des points exactement reconnus, en ayant soin, dans les accords qui interviendront à cet effet, de ne pas avantager l'une des deux Parties sans compensation équitable pour l'autre.

Vu pour être annexé au protocole du 4 février 1894.

Les délégués français :   Les délégués allemands :
  Haussmann.   Kayser.
  Monteil.   Danckelman.

La présente Convention sera ratifiée et les ratifications seront échangées à Berlin dans le délai de six mois, ou plus tôt si faire se peut.

Fait à Berlin, le 15 mars 1894, en double exemplaire.

    Jules Herbette.
    Freiherr von Marschall.

Convention

Relative à la délimitation des possessions françaises du Dahomey et du Soudan et des possessions allemandes du Togo.

Le Gouvernement de la République française et le Gouvernement de Sa Majesté l'Empereur d'Allemagne ayant résolu, dans un esprit de bonne entente mutuelle, de donner force et vigueur à l'accord préparé par leurs délégués respectifs pour la délimitation des possessions françaises du Dahomey et du Soudan et des possessions allemandes du Togo, les soussignés :

Son Excellence M. Gabriel Hanotaux, Ministre des Affaires étrangères de la République française.

Son Excellence M. le Comte de Münster, Ambassadeur de Sa Majesté l'Empereur d'Allemagne, Roi de Prusse, près le Président de la République française ;

Dûment autorisés à cet effet, confirment le Protocole avec son annexe dressé à Paris, le 9 de ce mois, et dont la teneur suit :

PROTOCOLE

Les soussignés :

René LECOMTE, Secrétaire d'ambassade de première classe, sous-directeur adjoint à la Direction des affaires politiques du Ministère des Affaires étrangères ;

Louis-Gustave BINGER, Gouverneur des colonies, chargé de la Direction des affaires d'Afrique au Ministère des Colonies ;

Félix DE MULLER, Conseiller de légation et premier secrétaire de l'Ambassade d'Allemagne à Paris ;

Docteur Alfred ZIMMERMANN, Consul impérial, chargé des affaires du Togo à la section coloniale du Ministère des Affaires étrangères ;

Ernst VOHSEN, Consul impérial en retraite ;

Délégués par le Gouvernement de la République française et par le Gouvernement de l'Empire allemand à l'effet de préparer un projet de délimitation définitive entre les possessions françaises du Dahomey, et du Soudan et les possessions allemandes du Togo, sont convenus des dispositions suivantes, qu'ils ont résolu de soumettre à l'agrément de leurs Gouvernements respectifs.

Article premier.

La frontière partira de l'intersection de la côte avec le méridien de l'île Bayol, se confondra avec ce méridien jusqu'à la rive sud de la lagune, qu'elle suivra jusqu'à une distance de 100 mètres environ au-delà de la pointe est de l'île Bayol, remontera ensuite directement au nord jusqu'à mi-distance de la rive sud et de la rive nord de la lagune, puis suivra les sinuosités de la lagune, à égale distance des deux rives, jusqu'au thalweg du Mono, qu'elle suivra jusqu'au 7° degré de latitude nord.

De l'intersection du thalweg du Mono avec le 7° degré de latitude nord, la frontière rejoindra par ce parallèle le méridien de l'île Bayol, qui servira de limite jusqu'à son intersection avec le parallèle passant à égale distance de Bassila et de Penesoulou. De ce point, elle gagnera la rivière Kara, suivant une ligne équidistante des chemins de Bassila à Baflo par Kirikiri et de Penesoulou à Séméré par Aledjo, et ensuite des chemins du Sudu à Séméré et d'Aledjo à Séméré de manière à passer à égale distance de Daboni et d'Aledjo ainsi que du Sudu et d'Aledjo. Elle descendra ensuite le thalweg de la rivière Kara sur une longueur de cinq kilomètres, et de ce point, remontera en ligne droite vers le nord jusqu'au 10° degré de latitude nord, Séméré devant, dans tous les cas, rester à la France.

De là, la frontière se dirigera directement sur un point situé à égale distance entre Djé et Gandou, laissant Djé à la France et Gandou à l'Allemagne, et gagnera le 11° degré de latitude nord en suivant une ligne parallèle à la route de Sansanné-Mango à Pama et distante de celle-ci de trente kilomètres. Elle se prolongera ensuite vers l'ouest sur le 11° degré de latitude nord jusqu'à la Volta blanche, de manière à laisser en tout cas Pougno à la France et Koun-Djari à l'Allemagne. Puis elle rejoindra par le thalweg de cette rivière le 10° degré de latitude nord, qu'elle suivra jusqu'à son intersection avec le méridien 3°52' ouest de Paris (1°32' ouest de Greenwich).

ART. 2.

Le Gouvernement français conservera, pour ses troupes et son matériel de guerre, le libre passage par la route de Kouandé à la rive droite de la Volta par Sansanné-Mango et Gambaga, ainsi que de Kouandé à Pama par Sansanné-Manho pour une durée de quatre années à partir de la ratification du présent Arrangement.

ART. 3.

La frontière déterminée par le présent Arrangement est inscrite sur la carte ci-annexée.

ART. 4.

Les deux Gouvernements désigneront des commissaires qui seront chargés de tracer sur les lieux la ligne de démarcation entre les possessions françaises et allemandes en conformité et suivant l'esprit des dispositions générales qui précèdent.

ART. 5.

En foi de quoi, les Délégués ont dressé le protocole et y ont apposé leurs signatures.

Fait à Paris, en double expédition, le 9 juillet 1897.

Les Délégués français :
René LECOMTE. G. BINGER.

Les Délégués allemands :
F. VON MULLER. A. ZIMMERMANN. Ernest VOHSEN.

La présente Convention sera ratifiée et les ratifications en seront échangées à Paris dans le délai de six mois ou plus tôt, si faire se peut.

Fait à Paris, le 23 juillet 1897, en double exemplaire.
G. HANOTAUX. MUNSTER.

VI

DAHOMEY

3 décembre 1892.

PROCLAMATION DU GÉNÉRAL DODDS

Au nom de la République française :
Nous, général de brigade, commandant supérieur des établissements français du Bénin, commandeur de la Légion d'Honneur;
En vertu des pouvoirs qui nous sont conférés;
Déclarons :
Le roi Behanzin Ahy-Djéré est déchu du trône de Dahomey et banni à jamais de ce pays;
Le royaume de Dahomey est et demeure placé sous le protectorat exclusif de la France, à l'exception des territoires de Whydah, Savi, Avrékété, Godomé et Abomey-Calavy, qui constituaient les anciens royaumes de Ajuda et de Jacquin, lesquels sont annexés aux possessions de la République française.
Les limites des territoires annexés sont, à l'Ouest, la rivière Ahémé; au Nord et à l'Est, la rivière de Savi et les frontières Nord-Est du territoire d'Abomey-Calavy; au Sud, l'Océan Atlantique (1).

Fait à Porto-Novo, le 3 décembre 1892.

---

(1) Pour les délimitations, voir ci-dessus (p. 305).

VII

CONGO

Convention

Entre le gouvernement de la République française et l'Association Internationale du Congo pour la délimitation de leurs possessions respectives.

Le Gouvernement de la République française et l'Association internationale du Congo, désirant fixer d'une manière définitive les limites de leurs possessions respectives dans l'Afrique Occidentale, ont muni de pleins pouvoirs à cet effet, savoir :

Le Gouvernement de la République française, M. Jules Ferry, député, Président du Conseil des ministres, Ministre des affaires étrangères ;

L'Association internationale du Congo, M. le Comte Paul de Borchgrave d'Altena, secrétaire de S. M. le Roi des Belges ;

Lesquels, après s'être communiqué leurs pouvoirs trouvés en bonne et due forme, sont convenus des articles suivants :

Article premier.

L'Association internationale du Congo déclare étendre à la France les avantages qu'elle a concédés aux Etats-Unis d'Amérique, à l'empire d'Allemagne, à l'Angleterre, à l'Italie, à l'Autriche-Hongrie, aux Pays-Bas et à l'Espagne, en vertu des conventions qu'elle a conclues avec les diverses Puissances aux dates respectives des 22 avril, 8 novembre, 16, 19, 24, 29 décembre 1884 et 7 janvier 1885, et dont les textes sont annexés à la présente Convention.

Art. 2.

L'Association s'engage, en outre, à ne jamais accorder d'avantages, de quelque nature qu'ils soient, aux sujets d'une autre nation, sans que ces avantages soient immédiatement étendus aux citoyens français.

Art. 3.

Le Gouvernement de la République française et l'Association adoptent pour leurs frontières entre leurs possessions :

La rivière Chiloango, depuis l'Océan jusqu'à sa source la plus septentrionale ;

La crête de partage des eaux du Niadi-Quillou et du Congo jusqu'au delà du méridien de Manyanga ;

Une ligne à déterminer et qui, suivant autant que possible une division naturelle du terrain, aboutisse entre la station de Manyanga et la cataracte de Ntombo Mataka, en un point situé sur la partie navigable du fleuve ;

Le Congo jusqu'au Stanley-Pool ;

La ligne médiane du Stanley Pool ;

Le Congo jusqu'en un point à déterminer en amont de la rivière Licona-Nkundja ;

Une ligne à déterminer depuis ce point jusqu'au 17° degré Est de Greenwich, en suivant autant que possible la ligne de partage d'eaux du bassin de la Licona-Nkundja, qui fait partie des possessions françaises ;

Le 17° degré de longitude Est de Greenwich.

Art. 4.

Une Commission composée des représentants des Parties contractantes, en nombre égal des deux côtés, sera chargée d'exécuter sur le terrain le tracé de la frontière, conformément aux stipulations précédentes.

En cas de différend, le règlement en sera arrêté par des délégués à nommer par la Commission internationale du Congo.

Art. 5.

Sous réserve des arrangements à intervenir entre l'Association internationale du Congo et le Portugal pour les territoires situés au sud du Chiloango, le Gouvernement de la République française est disposé à reconnaître la neutralité des possessions de l'Association internationale comprises dans les frontières indiquées sur la carte ci-jointe, sauf à discuter et à régler les conditions de cette neutralité d'accord avec les Puissances représentées à la Conférence de Berlin.

Art. 6.

Le Gouvernement de la République française reconnaît le drapeau de l'Association internationale du Congo, drapeau bleu avec étoile d'or au centre, comme drapeau d'un Gouvernement ami.

En foi de quoi, les Plénipotentiaires respectifs ont signé la présente Convention et y ont apposé leurs cachets.

Fait à Paris, le 5 février 1885.

Jules FERRY.

Comte Paul DE BORCHGRAVE D'ALTENA.

PROTOCOLE

Délimitant les frontières entre les possessions françaises et l'état indépendant du Congo dans la région de l'Oubanghi.

Le Gouvernement de la République française et le Gouvernement de l'Etat indépendant du Congo, après s'être fait rendre compte des travaux des Commissaires qu'ils avaient chargés d'exécuter sur le terrain, autant qu'il serait possible, le tracé des frontières entre leurs possessions, se sont trouvés d'accord pour admettre les dispositions suivantes comme réglant définitivement l'exécution des derniers paragraphes de l'article 3 de la Convention du 5 février 1885.

Depuis son confluent avec le Congo, le thalweg de l'Oubanghi formera la frontière jusqu'à son intersection avec le quatrième parallèle nord.

L'Etat indépendant du Congo s'engage, vis-à-vis du Gouvernement de la République française, à n'exercer aucune action politique sur la rive droite de l'Oubanghi, au nord du quatrième parallèle. Le Gouvernement de la République française s'engage, de son côté, à n'exercer aucune action politique sur la rive gauche de l'Oubanghi, au nord du même parallèle, le thalweg formant dans les deux cas la séparation.

En aucun cas, la frontière septentrionale de l'État du Congo ne descendra au-dessous du quatrième parallèle nord, limite qui lui est déjà reconnue par l'article 5 de la Convention du 5 février 1885.

Les deux Gouvernements sont convenus de consigner ces dispositions dans le présent Protocole. En foi de quoi, les soussignés, dûment autorisés, l'ont revêtu de leurs signatures et y ont apposé leurs cachets.

Fait à Bruxelles, le 29 avril 1887.

L'Envoyé extraordinaire et Ministre plénipotentiaire de la République française à Bruxelles,

Signé : BOURÉE.

L'Administrateur général des Affaires étrangères de l'État indépendant du Congo,

Edm. VAN EETEVELDE.

ARRANGEMENT

Entre la France et l'État indépendant du Congo.

(14 août 1894)

Les soussignés, Gabriel Hanotaux, Ministre des Affaires étrangères de la République française, Officier de l'Ordre de la Légion d'Honneur, etc. ;

Et Jacques Haussmann, directeur des Affaires politiques et commerciales au Ministère des Colonies, Officier de l'Ordre de la Légion d'Honneur, Chevalier de l'Ordre de Léopold de Belgique, etc. ;

Joseph Devolder, ancien Ministre de la Justice et ancien Ministre de l'Intérieur et de l'Instruction publique de S. M. le Roi des Belges, Vice-Président du Conseil supérieur de l'État Indépendant du Congo, Officier de l'Ordre de Léopold de Belgique, Grand Officier de l'Ordre de la Légion d'Honneur, etc. ;

Et le Baron Constant Goffinet, Chevalier de l'Ordre de Léopold de Belgique, Chevalier de l'Ordre de la Légion d'Honneur, etc. ;

Plénipotentiaires de la République française et de l'État indépendant du Congo à l'effet de préparer un accord relatif à la délimitation des possessions respectives des deux États et de régler les autres questions pendantes entre eux, sont convenus des dispositions suivantes :

Article premier.

La frontière entre l'État Indépendant du Congo et la Colonie du Congo français, après avoir suivi le thalweg de l'Oubanghi jusqu'au confluent du M'Bomou (1) et du Ouellé, sera constituée ainsi qu'il suit :

1° Le thalweg du M'Bomou jusqu'à sa source ;

2° Une ligne droite rejoignant la crête de partage des eaux entre les bassins du Congo et du Nil.

A partir de ce point, la frontière de l'État Indépendant est constituée par ladite crête de partage jusqu'à son intersection avec le 30° degré de longitude Est Greenwich (27° 40' Paris).

Art. 2.

Il est entendu que la France exercera, dans des conditions qui seront déterminées par un arrangement spécial, le droit de police sur le cours du M'Bomou, avec un droit de suite sur la rive gauche. Ce droit de police ne pourra s'exercer sur la rive gauche qu'exclusivement le long de la rivière, en cas de flagrant délit, et autant que la poursuite par les agents français serait indispensable pour amener l'arrestation des auteurs d'infractions commises sur le territoire français ou sur les eaux de la rivière.

Elle aura, au besoin, un droit de passage sur la rive gauche pour assurer ses communications le long de la rivière.

---

(1) Les termes « M'Bomou » et « sources du M'Bomou » se rapportent aux indications contenues dans la carte de Junker (Gotha, Justus Perthes, 1888).

Art. 3.

Les postes établis par l'Etat Indépendant au nord de la frontière stipulée par le présent arrangement seront remis aux agents accrédités par l'autorité française, au fur et à mesure que ceux-ci se présenteront sur les lieux.

Des instructions, à cet effet, seront concertées immédiatement entre les deux Gouvernements et seront adressées à leurs agents respectifs.

Art. 4.

L'État Indépendant s'engage à renoncer à toute occupation et à n'exercer, à l'avenir, aucune action politique d'aucune sorte à l'ouest et au nord d'une ligne ainsi déterminée :

Le 30e degré de longitude Est de Greenwich (27° 40′ Paris), à partir de son intersection avec la crête de partage des eaux des bassins du Congo et du Nil, jusqu'au point où ce méridien rencontre le parallèle 5° 3′, puis ce parallèle jusqu'au Nil.

Art. 5.

Le présent arrangement sera ratifié, et les ratifications en seront échangées, à Paris, dans le délai de trois mois ou plus tôt, si faire se peut.

Art. 6.

En foi de quoi les Plénipotentiaires ont dressé le présent arrangement et y ont apposé leurs signatures.

Fait à Paris, en double exemplaire, le 14 août 1894.

G. Hanotaux.
J. Haussmann.
J. Devolder.
Baron C. Goffinet.

Arrangement

Portant règlement du droit de préférence de la France sur les territoires de l'État du Congo.

Considérant qu'en vertu des lettres échangées les 23-24 avril 1884, entre M. Strauch, Président de l'Association internationale du Congo, et M. Jules Ferry, Président du Conseil et Ministre des Affaires étrangères de la République française, un droit de préférence a été assuré à la France pour le cas où l'Association serait amenée un jour à réaliser ses possessions, que ce droit de préférence a été maintenu lorsque lorsque l'État Indépendant du Congo a remplacé l'Association internationale ;

Considérant qu'en vue du transfert à la Belgique des possessions de l'État indépendant du Congo, en vertu du traité de cession de 9 janvier 1895, le Gouvernement belge se trouvera substitué à l'obligation contractée sous ce rapport par le Gouvernement dudit État ;

Les soussignés sont convenus des dispositions suivantes qui régleront désormais le droit de préférence de la France à l'égard de la Colonie belge du Congo :

Article premier.

Le Gouvernement belge reconnaît à la France un droit de préférence sur ses possessions congolaises, en cas d'aliénation de celles-ci à titre onéreux en tout ou en partie.

Donneront également ouverture au droit de préférence de la France, et feront, par suite, l'objet d'une négociation préalable entre le Gouvernement de la République française et le Gouvernement belge, tout échange des territoires congolais avec une Puissance étrangère, toute location desdits territoires, en tout ou en partie, aux mains d'un État étranger ou d'une Compagnie étrangère investie de droits de souveraineté.

ART. 2.

Le Gouvernement belge déclare qu'il ne sera jamais fait de cession à titre gratuit de tout ou partie de ces mêmes possessions.

ART. 3.

Les dispositions prévues aux articles ci-dessus s'appliquent à la totalité des territoires du Congo belge.

En foi de quoi les soussignés ont dressé le présent Arrangement qu'ils ont revêtu de leur cachet.

Fait, en double exemplaire, à Paris, le 5 février 1895.

G. HANOTAUX.
Baron D'ANETHAN.

DÉCLARATION
relative aux limites des possessions françaises
et belges dans le Stanley-Pool.

Le Gouvernement de la République française et le Gouvernement belge conviennent d'adopter pour limites de leurs possessions respectives dans le Stanley-Pool :

La ligne médiane de Stanley-Pool jusqu'au point de contact de cette ligne avec l'île de Bamou, la rive méridionale de cette île jusqu'à son extrémité orientale, ensuite la ligne médiane du Stanley-Pool.

L'île de Bamou, les eaux et les îlots compris entre l'île de Bamou et la rive septentrionale du Stanley-Pool seront à la France ; les eaux et les îles comprises entre l'île de Bamou et la rive méridionale du Stanley-Pool seront à la Belgique.

Il ne sera pas créé d'établissements militaires dans l'île de Bamou.

En foi de quoi les soussignés ont dressé la présente déclaration, qu'ils ont revêtue de leur cachet.

Fait, en double exemplaire, à Paris, le 5 février 1895.

G. HANOTAUX.
Baron D'ANETHAN.

VIII

OBOCK ET COTE DES SOMALIS

FRANCE ET ANGLETERRE

ARRANGEMENT

Entre le Gouvernement de la République française et le Gouvernement de Sa Majesté Britannique concernant la côte Somali, signé à Londres les 2, 9 février 1888.

I. — *Note adressée le 2 février 1888 par M. Waddington, Ambassadeur de France à Londres, au marquis de Salisbury, principal secrétaire d'État pour les Affaires étrangères.*

Londres, le 2 février 1888.

Monsieur le Marquis,

Le Gouvernement de la République française et le Gouvernement de Sa Majesté Britannique étant désireux d'arriver à un accord relativement à leurs droits respectifs dans le Golfe de Tadjourah et sur la Côte Somali, j'ai eu l'honneur d'entretenir Votre Seigneurie à plusieurs reprises de cette question. Après un échange amical de vues nous sommes tombés d'accord hier sur les arrangements suivants :

1. — Les Protectorats exercés ou à exercer par la France et la Grande-Bretagne seront séparés par une ligne droite partant d'un point de la côte situé en face des puits d'Hadou et dirigée sur Abassouën en passant à travers les dits puits ; d'Abassouën la ligne suivra le chemin des caravanes jusqu'à Bia-Kabouba, et de ce point elle suivra la route des caravanes

de Zeylah à Harrar, passant par Gildessa. Il est expressément convenu que l'usage des puits d'Hadou sera commun aux deux parties.

2. — Le Gouvernement de Sa Majesté Britannique reconnaît le Protectorat de la France sur les côtes du Golfe de Tadjourah, y compris le groupes des îles Muchah et l'îlot de Bab, situés dans le Golfe, ainsi que sur les habitants, les tribus et les fractions de tribus situés à l'ouest de la ligne ci-dessus indiquée.

Le Gouvernement de la République française reconnaît le Protectorat de la Grande-Bretagne sur la côte à l'est de la ligne ci-dessus jusqu'à Bender-Ziadeh, ainsi que sur les habitants, les tribus et les fractions de tribus situés à l'est de la même ligne.

3. — Les deux Gouvernements s'interdisent d'exercer aucune action ou intervention, le Gouvernement de la République à l'est de la ligne ci-dessus, le Gouvernement de Sa Majesté Britannique à l'ouest de la même ligne.

4. — Les deux Gouvernements s'engagent à ne pas chercher à annexer le Harrar ou à le placer sous leur Protectorat. En prenant cet engagement, les deux Gouvernements ne renoncent pas au droit de s'opposer à ce que toute autre Puissance acquière ou s'arroge des droits quelconques sur le Harrar.

5. — Il est expressément entendu que la route des caravanes de Zeylah à Harrar, passant par Gildessa, restera ouverte dans toute son étendue au commerce des deux nations ainsi que des indigènes.

6. — Les deux Gouvernements s'engagent à prendre toutes les mesures nécessaires pour empêcher le commerce des esclaves et l'importation de la poudre et des armes dans les territoires soumis à leur autorité.

7. — Le Gouvernement de Sa Majesté Britannique s'engage à traiter avec bienveillance les personnes, soit chefs, soit membres des tribus, placées dans son Protectorat, qui avaient précédemment adopté le Protectorat français. Réciproquement, le Gouvernement de la République prend le même engagement relativement aux personnes et aux tribus placées désormais sous son Protectorat.

En m'accusant réception de la présente note, je serais reconnaissant à Votre Seigneurie si elle voulait bien constater officiellement l'accord que nous avons conclu au nom de nos Gouvernements respectifs.

Veuillez, etc.

WADDINGTON.

II. — *Réponse du Marquis de Salisbury à M. Waddington.*

Foreign Office, February 9, 1888.

Monsieur l'Ambassadeur,

I have the honour to acknowledge the receipt of your Excellency's note of the 2 nd instant, reciting the arrangement upon which we have agreed with regard to the respective rights of Great Britain and France in the Gulf of Tajourra and on the Somali Coast.

The provisions of this arrangement are as fallows :

1. — The Protectorates exercised, or to be exercised, by Great Britain and France shall be separated by a straight line starting from a point on the coast opposite to the wells of Hadou, and passing through the said wells Abassouen; from Abassouen the line shall follow the caravan road as far as Bia-Habouba, and from this latter point is shall follow the caravan road from Zeyla to Harrar, passing through Gildessa. It is expressly agreed that the use of the wells of Hadou shall be common to both parties.

2. — Her Britannic Majesty's Government recognize the Protectorate of France over the coasts of the Gulf of Tajourra, including the group of the Mushah Islands and the Islet of Bab, situated in the gulf, as well as over the inhabitants, tribes, and fractions of tribes situated to the west of the line above mentioned.

The Government of the French Republic recognize the Protectorate of Great Britain over the coast to the east of the above line as far a Bender-Ziadeh, as well as over the inhabitants, tribes, and fractions of tribes situated to the east of the same line.

3. — The two Governments pledge themselves to abstain from taking any action or exercising any intervention, the Government of the Republic to the east of the above line, Her Britannic Majesty's Government to the west of the same line.

4. — The two Governments engage not to endeavour to annex Harrar, nor to place it under their Protectorate. In

taking this engagement, the two Governments do not renounce the right of opposing attempts by any other Power to acquire or assert any rights over Harrar.

5. — It is expessly agreed that the caravan road from Zeyla to Harrar, by way of Gildessa, shall remain open in its entire extent to the commerce of ths two nations, as well as to that of the natives.

6. — The two Governments engage to take all necessary measures to prevent the Slave Trade and the importation of gunpowder and arms in the territories subject to their authority.

7. — The Government of Her Britannic Majesty engage to treat with consideration (« bienveillance ») those persons, whether chiefs or members of the tribes placed under their Protectorate, who had previously adopted the French Protectorate. The Government of the Republic, on their part, take the same engagement wiht regard to the persons and tribes henceforth placed undsr their Protectorate.

I have the honour to state that the arrangement recited in your Excellency's note, of which the above is a textual translation, is accepted by Her Majesty's Government, and will be considered by them as binding upon the two countries from the present date.

In doing so, I will add, for the sake of record, that I understand the third clause of the Agreement to preclude the granting by either party of protection to natives within the Proectorate of the other party; and that I gathered in conversation that your Excellency concurred with me in that opinion.

I have, etc

SALISBURY.

III. — *Deuxième note du Marquis de Salisbury à M. Waddington.*

Foreign Office, February 9, 1888.

Monsieur l'Ambassadeur,

With reference to the note which I have this day addressed to your Excellency, accepting, on behalf of Her Majesty's Government the arrangement agreed upon between us respecting the British and French Protectorates in the Gulf of

Tajourra ond on the Somali Coast, I think it right to the Turkish Ambassador at this Court that in any understanding which might be arrived at on this subject the rights of His Imperial Majesty the Sultan might be respected.

I assured his Excellency, in reply, that the British Government would carefully abstain in the future, as in the past, from any interference with the just rights of the Sultan, and that I was convinced that the Government of the French Republic would act in a similar spirit.

I have, etc.

SALISBURY.

ÉTHIOPIE ET FRANCE

CONVENTION

Pour les frontières, signée Addis-Abeba, le 20 mars 1897.

Entre sa Majesté Ménélik II, Roi des Rois d'Ethiopie, et M. Lagarde, ministre Plénipotentiaire, représentant du Gouvernement de la République française, officier de la Légion d'honneur, Grand-croix de l'ordre impérial d'Ethiopie, il a été convenu ce qui suit :

La frontière de la zône côtière conservée par la France comme possession ou protectorat direct sera indiquée par une ligne partant de la frontière franco-anglaise à Djabelo, passant à Kahali, Gobad, Airoli, le bord du lac Abbé, Mergada, le bord du lac Alli, et de là, remontant par Daïmuli et Adghino Marei, puis gagnant Doumeirah par Ettaga en côtoyant Kareitah. (Voir la carte de Chaurand, 1894).

Il reste bien entendu qu'aucune Puissance étrangère ne pourra se prévaloir de cet arrangement pour s'immiscer, sous quelque forme et quelque prétexte que ce soit, dans les régions situées au delà de la zône côtière française.

Le lac Assal étant l'héritage de l'Empire d'Ethiopie, il est convenu qu'on ne défendra jamais de prendre dans ce lac le sel destiné à l'Ethiopie et que l'arrangement qui a été fait avec une Compagnie au sujet du lac Assal reste intact.

Fait à Addis-Abeba le 12 mégabit 1889 (20 mars 1897).

(Sceau de l'Empereur MÉNÉLIK).

Signé : LAGARDE.

FRANCE ET ITALIE

PROTOCOLE

Signé entre le ministre italien des Affaires étrangères et l'ambassadeur de France au sujet de la région côtière et du golfe d'Aden, le 24 janvier 1900.

Les Gouvernements d'Italie et de France ayant convenu de procéder à la délimitation mutuelle de leurs possessions dans la région côtière de la Mer Rouge et du Golfe d'Aden, les soussignés, dûment autorisés à cet effet, ont stipulé ce qui suit :

ARTICLE PREMIER. — Les possessions italiennes et les possessions françaises sur la côte de la Mer Rouge sont séparées par une ligne ayant son point de départ à l'extrémité du Ras Doumeirah, suivant la ligne de partage des eaux du promontoire de ce nom, et se prolongeant ensuite, dans la direction du Sud-Ouest, pour atteindre, après un parcours d'environ soixante kilomètres depuis Ras Doumeirah, un point à fixer d'après les données suivantes :

Après avoir pris comme point de repère, sur une ligne suivant, à environ soixante kilomètres d'écart, la direction générale de la côte de la Mer Rouge, le point équidistant du littoral italien d'Assab et du littoral français de Tadjourah, on fixera, comme point extrême de la ligne de démarcation dont il est question ci-dessus, un point au nord-ouest du point de repère, à une distance de 15 à 20 kilomètres. Le point extrême et la direction de la ligne de démarcation devront, en tout état, laisser du côté italien les routes caravanières se dirigeant de la côte d'Assab vers l'Aussa.

ART. 2. — Des commissaires spéciaux, délégués à cet effet

par les deux Gouvernements, procéderont sur les lieux, d'après les données énoncées à l'article précédent, à une démarcation effective. En prenant pour point de départ de la frontière le Ras Doumeirah et en déterminant le tracé de cette frontière, ils feront en sorte que le point extrême de la ligne puisse être facilement identifié par le choix d'un mamelon, d'un rocher ou d'un autre accident de terrain.

Art. 3. — Les deux Gouvernements se réservent de régler plus tard la situation de l'île Doumeirah et des îlots sans nom adjacents à cette île. En attendant, ils s'engagent à ne les pas occuper, et à s'opposer, le cas échéant, à toute tentative, de la part d'une tierce puissance, de s'y arroger des droits quelconques.

En foi de quoi, le présent protocole a été signé en double exemplaire.

Fait à Rome, ce 24 janvier 1900.

Le Ministre des Affaires étrangères de
Sa Majesté le Roi d'Italie,
VISCONTI VENOSTA.

L'Ambassadeur de France,
CAMILLE BARRÈRE.

PROTOCOLE ANNEXE

La Commission spéciale visée par l'article 2 du protocole signé à Rome, le 24 janvier 1900, entre la France et l'Italie au sujet de la frontière délimitant leurs possessions respectives dans la région côtière de la Mer Rouge et du golfe d'Aden, ayant achevé, sur les lieux, le travail dont elle avait été chargée, et le dit protocole devant maintenant être complété d'après les résultats de ce travail, les soussignés, dûment autorisés à cet effet, ont stipulé ce qui suit :

La ligne de frontière stipulée dans l'article 1 du protocole 24 janvier 1900, a son point de départ à la pointe extrême du Ras Doumeirah ; elle s'identifie ensuite avec la ligne de partage des eaux du promontoire de ce nom; après quoi, à savoir après le parcours d'un kilomètre et demi, elle se dirige en ligne droite au point, sur le Weima, marqué Bisidiro dans la carte ci-annexée.

A partir de Bisidiro, la ligne se confond avec le *thalweg* du Weïma, en le remontant jusqu'à la localité que la carte ci-annexée dénomme Daddato, cette localité marquant le point extrême de la délimitation franco-italienne établie par le susdit protocole du 24 janvier 1900.

En foi de quoi, le présent protocole a été dressé et signé en double exemplaire,

Fait à Rome, le 10 juillet 1901.

Le Ministre des Affaires étrangères de
Sa Majesté le Roi d'Italie,

PRINETTI.

L'Ambassadeur de France,

CAMILLE BARRÈRE.

IX

MADAGASCAR

I

Arrangement

Du 5 août 1890, par lequel la Grande-Bretagne reconnaît le protectorat de la France sur Madagascar avec ses conséquences. (Voir ci-dessus, p. 373.)

II

Communications

Échangées le 17 novembre 1890 entre l'Ambassadeur de la République à Berlin et le Secrétaire d'Etat pour les Affaires étrangères relativement aux rapports réciproques de l'Allemagne et de la France à Madagascar et à Zanzibar.

Son Excellence M. Herbette, ambassadeur de France à Berlin, à Son Excellence M. le baron Marschall de Biberstein, Secrétaire d'Etat aux Affaires étrangères.

Berlin, 7 novembre 1890.

Monsieur le Baron,

Au cours des entretiens que nous avons eus ensemble au mois d'août dernier sur les rapports réciproques de l'Allemagne et de la France à la Côte orientale d'Afrique, Votre Excellence m'a déclaré que le Gouvernement Impérial était disposé à reconnaître le protectorat de la France à Madagascar avec toutes ses conséquences.

De mon côté, j'ai été en mesure de vous donner, lors de

notre entretien du 6 de ce mois, l'assurance que, dans ces conditions, le Gouvernement de la République française n'élèverait pas d'objection contre l'acquisition par l'Allemagne de la partie continentale des Etats du Sultan de Zanzibar ainsi que de l'île de Mafia.

Il a, d'ailleurs, été entendu que les ressortissants allemands à Madagascar, et les ressortissants français dans les territoires cédés à l'Allemagne par le Sultan de Zanzibar bénéficieraient, sous tous les rapports, du traitement de la nation la plus favorisée.

Dans le but de consacrer définitivement le complet accord des deux Gouvernements sur les points ci-dessus spécifiés, j'ai l'honneur d'adresser à Votre Excellence la présente communication et je vous prie de m'en faire parvenir un accusé de réception confirmatif.

Veuillez agréer, etc.
Jules HERBETTE.

Son Excellence M. le baron Marschall de Biberstein, Secrétaire d'Etat pour les Affaires étrangères, à Son Excellence M. Herbette, Ambassadeur de la République française à Berlin (traduction).

Berlin, 17 novembre 1890.

Le soussigné a l'honneur d'accuser réception à Son Excellence M. Herbette, Ambassadeur extraordinaire et plénipotentiaire de la République française, de la lettre que celui-ci lui a adressée en date de ce jour, et de lui faire connaître que le Gouvernement Impérial adhère aux déclarations qui y sont contenues.

Il en résulte que le Gouvernement de la République française n'oppose aucune objection à l'acquisition par l'Allemagne des possessions continentales du Sultan de Zanzibar et de l'île de Mafia, et que l'Allemagne, de son côté, reconnaît le protectorat de la France sur Madagascar, avec toutes ses conséquences.

Il est, de plus, expressément convenu que les ressortissants allemands à Madagascar, les ressortissants français dans les territoires sus-désignés que le Sultan de Zanzibar cède à l'Allemagne, jouiront, sous tous les rapports, du traitement de la nation la plus favorisée.

MARSCHALL.

LOI

Du 6 août 1896 déclarant Madagascar et les îles qui en dépendent colonie française (*Journal Officiel* du 8 août).

Exposé des motifs de la loi présentée le 30 mai 1896, par M. Méline, Président du Conseil, Ministre de l'Agriculture, par M. G. Hanotaux, Ministre des Affaires étrangères et par M. André Lebon, Ministre des Colonies.

Messieurs, Depuis huit mois les troupes françaises sont entrées à Tananarive et le régime diplomatique et politique de la grande île n'est pas encore défini. Il est inutile d'insister sur les inconvénients d'un tel retard, tant en ce qui concerne la pacification intérieure de notre nouvelle possession qu'en ce qui touche aux problèmes internationaux posés par la conquête.

Dès le début de l'entreprise, deux systèmes se sont trouvés en présence : l'un consistait à placer Madagascar sous le protectorat de la France; l'autre, à faire de l'île une colonie française. La Chambre sait que le cabinet présidé par M. Ribot s'était prononcé pour le régime du protectorat avec toutes ses conséquences. C'est ce régime qui était institué soit par le projet de traité remis au général Duchesne, soit par l'acte unilatéral télégraphié le 18 septembre, et qui devait être signé exclusivement par la reine (1).

Le Cabinet auquel nous succédons n'a pas cru devoir adopter ce système. Le traité signé par le général Duchesne n'a pas été ratifié, et la reine a dû signer un acte nouveau, qui écartait la formule du protectorat avec ses conséquences. Dans le nouvel acte, la reine « prenait connaissance de la déclaration de prise de possession de l'île de Madagascar par le Gouvernement français ». On établissait ainsi un état de fait qui « n'entraînait pas, à proprement parler, de cession ou d'adjonction de territoire ». Il s'opérait seulement un « démembrement de la souveraineté » qui laissait à la reine une partie

(1) Pour le traité de Tananarive et les actes antérieurs, voir l'ouvrage : *La France à Madagascar*.

de ses pouvoirs, ceux qui concernent l'administration intérieure de l'île.

Telles étaient les déclarations portées devant la Chambre.

La prise de possession de l'île avait, d'ailleurs, déjà été notifiée aux puissances par dépêche du 11 février 1896. Cette notification a donné lieu, avec les principaux cabinets intéressés, à des échanges de vues qui ont motivé, de la part de certaines puissances, des demandes d'éclaircissements sur la portée d'une « prise de possession de fait » tant au point de vue diplomatique qu'au point de vue judiciaire et législatif.

Celles des puissances qui sont liées avec Madagascar par des traités antérieurs, ne nient pas que la disparition de la souveraineté indigène et la substitution pleine et entière de la souveraineté de la France à celle du Gouvernement hova auraient pour effet de faire disparaître *ipso facto* les anciens traités; mais elles ne paraissent pas disposées à tirer les mêmes conséquences d'une simple déclaration de prise de possession.

Cependant si, en raison des sacrifices faits par la France pour établir son autorité à Madagascar, nous voulons assurer à nos nationaux et à nos produits une situation privilégiée dans la grande île, il est nécessaire que cette question des traités antérieurement existants soit tranchée dans le plus bref délai.

C'est dans ces conditions que le cabinet actuel a dû reprendre l'étude de la question.

Pouvait-il revenir en arrière et s'efforcer de restaurer le système du protectorat, détruit en quelque sorte avant même de naître, par l'acte unilatéral signé par la reine le 18 janvier? Comme le disait M. Charmes dans la séance du 19 mars 1896, « la reine ayant signé un second traité, pouvait-on lui en faire signer un troisième? »

Les événements ont marché. Des déclarations sont faites et notifiées; des décisions inéluctables ont été arrêtées.

En présence de faits acquis et consommés, le Gouvernement, considérant les grands sacrifices faits par la France pour la conquête de l'île, tenant compte de la nécessité de mettre fin à une incertitude et à un état de troubles qui, en se prolongeant, menacent tous les intérêts engagés dans ce pays, vous propose de déclarer, par une loi, que l'île de Madagascar et les îlots qui en dépendent sont désormais une colonie française.

Dans l'état actuel des choses, cette solution nous a paru la plus claire, la plus simple, la plus logique, la seule propre à dissiper les obscurités qui enveloppent encore l'avenir de Madagascar.

Cette disposition de principe n'implique, d'ailleurs, dans notre pensée, aucune modification en ce qui concerne la méthode à appliquer dans le Gouvernement et l'Administration intérieure de l'île. Prémuni contre les inconvénients et les périls de toute nature qui résulteraient d'une immixtion trop directe dans les affaires du pays et des excès du fonctionnarisme, le Gouvernement n'entend nullement porter atteinte au statut individuel des habitants de l'île, aux lois, aux usages, aux institutions locales.

Deux indications vous permettront, d'ailleurs, messieurs, de déterminer et de limiter, en même temps, à ce point de vue, la portée de la décision que nous sollicitons de vous.

Selon le régime du droit commun en matière coloniale, les lois françaises s'étendront désormais à l'île de Madagascar; mais, modifiées ou non, elles n'y entreront en application qu'au fur et à mesure qu'elles y auront fait l'objet d'une promulgation spéciale.

Il est également conforme aux précédents appliqués par un certain nombre de puissances coloniales et par la France elle-même que, dans l'Administration intérieure, l'autorité des pouvoirs indigènes puisse être utilisée. La reine Ranavalo conservera donc, avec son titre, les avantages et les honneurs qu'ils lui confèrent; mais ils lui sont maintenus, dans les conditions de l'acte unilatéral signé par elle « sous la souveraineté de la France. » Il en sera de même des chefs indigènes, avec le concours desquels nous croirons devoir administrer les populations de l'île, qui ne sont pas placées sous la domination hova.

Tel est, messieurs, dans ses grandes lignes, le système que nous vous prions d'adopter pour mettre fin promptement aux incertitudes qui ont duré trop longtemps sur la nature et le principe de notre établissement dans la grande île africaine.

Dès que les questions de l'ordre diplomatique auront été réglées en vertu de l'acte que nous sollicitons de vous, nous vous demanderons d'établir promptement le régime économique de Madagascar, et nous serons prêts à vous faire connaître, au besoin dans un débat spécial, les vues du Gouvernement sur l'organisation générale de notre nouvelle colonie de l'océan Indien.

LOI

ARTICLE UNIQUE

Est déclarée colonie française l'île de Madagascar et les îles qui en dépendent.

FIN

TABLE DES MATIÈRES

Avertissement. v
Chapitre premier. — Le partage de l'Afrique. — Les résistances et la pénétration. 1
Chapitre deuxième. — Fachoda et la Négociation africaine. 65
Chapitre troisième. — L'avenir de l'Afrique 159
Chapitre quatrième. — Études Africaines. — Notre Empire Africain (p. 179). — Le retour de Marchand (p. 188). — Les Explorateurs (p. 194). — Tombouctou (p. 202). — Au Sahara (p. 210). — Dans le Sud (p. 218). — Le Transsaharien (p. 229). — La leçon de Timgad (p. 238.) — Le gouvernement de l'Afrique française (p. 248). 179
Annexes. Recueil des Conventions et Actes consacrant l'expansion française en Afrique, de 1890 à 1898 . 259
Actes et conventions relatifs à la Tunisie (p. 261). — Côte occidentale (p. 265). — Niger et Tchad (p. 295). — Possessions allemandes et françaises (p. 319). — Dahomey (p. 333). — Congo (p. 335). — Obock et côte des Somalis (p. 343). — Madagascar (p. 353).

E. GREVIN — IMPRIMERIE DE LAGNY

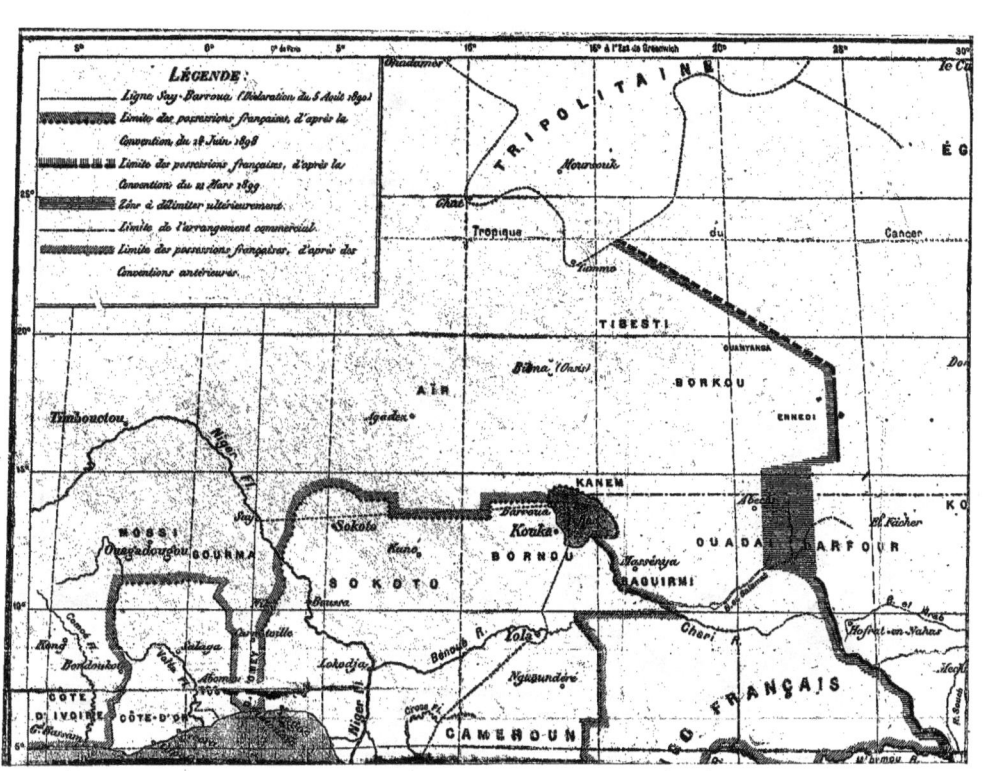

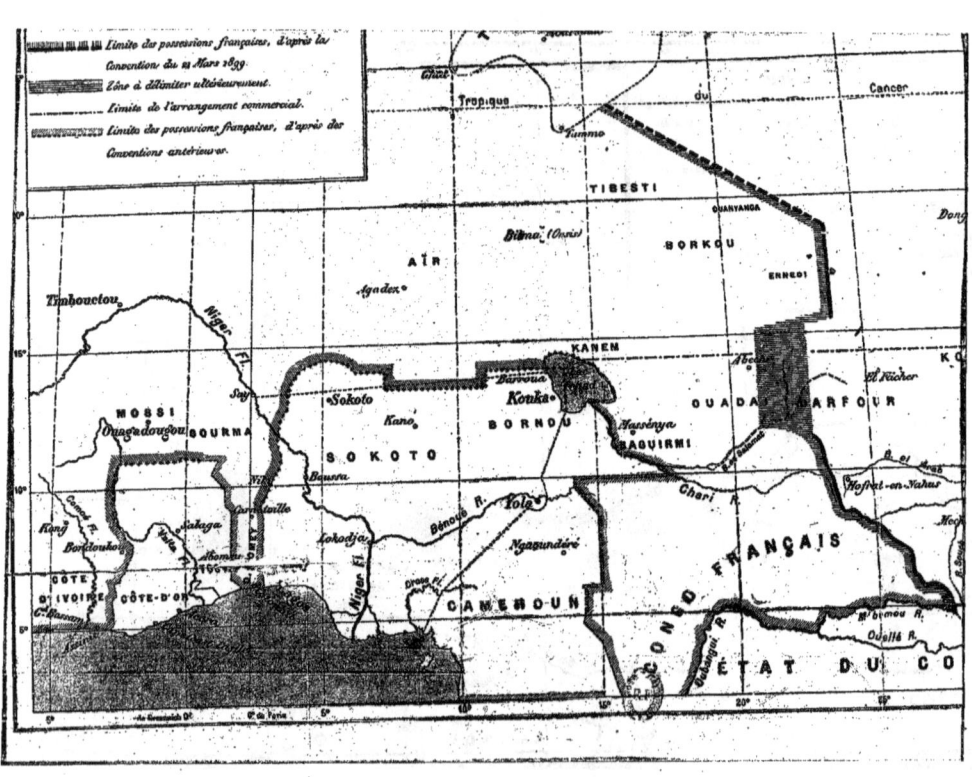

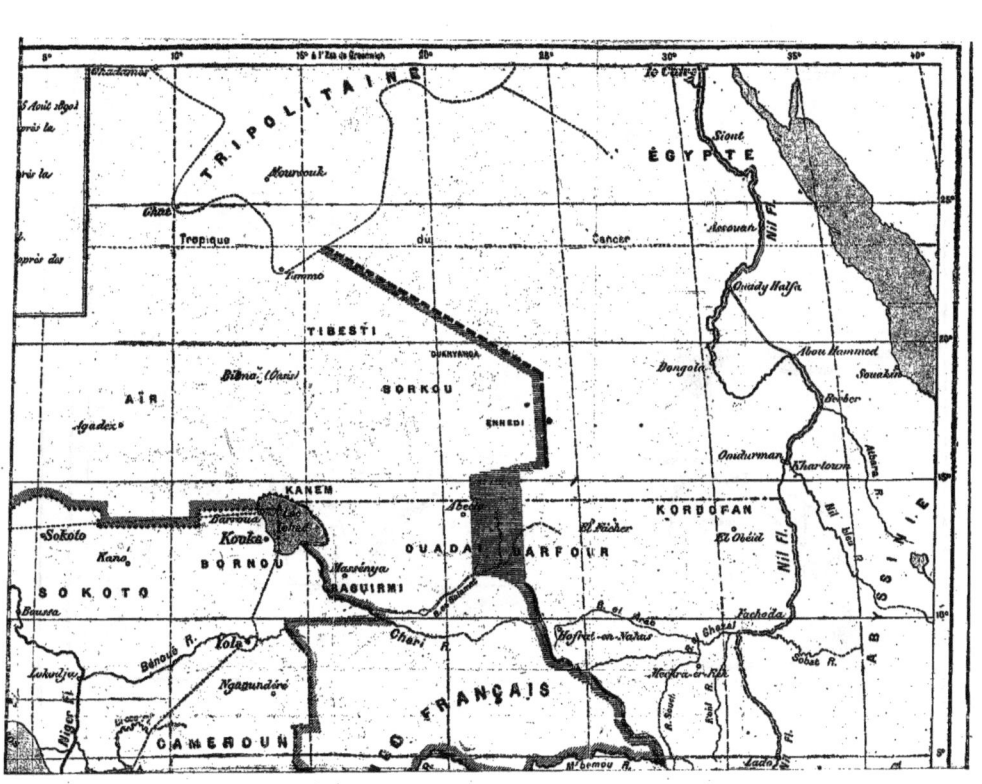

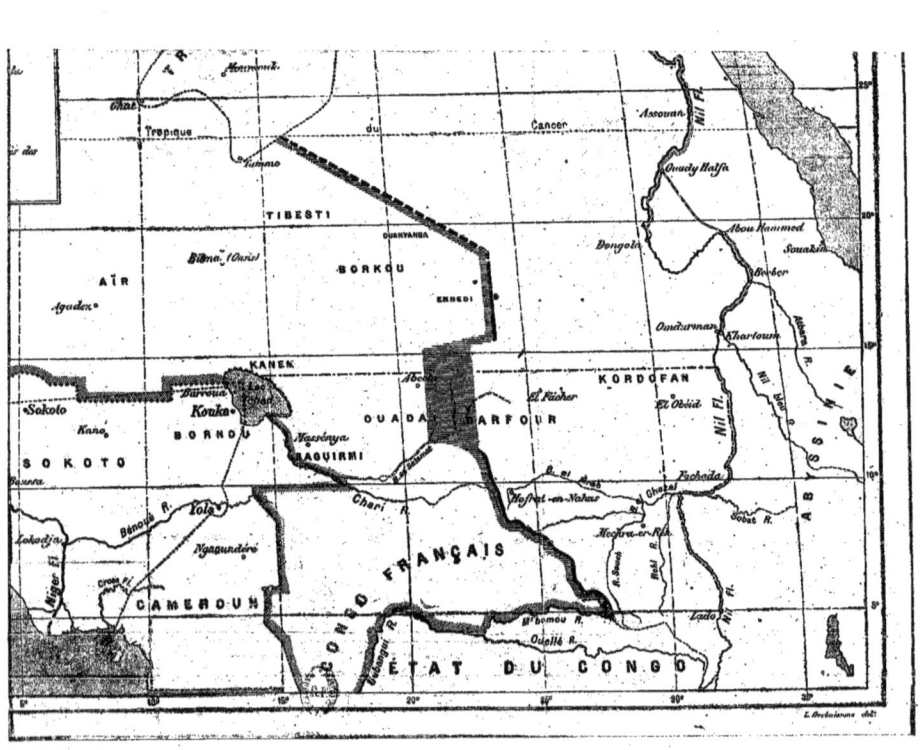

www.ingramcontent.com/pod-product-compliance
Lightning Source LLC
Chambersburg PA
CBHW050547170426
43201CB00011B/1594